本著作得到广东省优势重点学科建设经费资助

中国基本医疗保险财政补贴机制研究

——城乡一体化发展的视角

李亚青　著

中国财经出版传媒集团

中国财政经济出版社

图书在版编目（CIP）数据

中国基本医疗保险财政补贴机制研究：城乡一体化发展的视角 / 李亚青著. —北京：中国财政经济出版社，2019.2

ISBN 978 -7 -5095 -8801 -7

Ⅰ. ①中…　Ⅱ. ①李…　Ⅲ. ①基本医疗保险 - 财政补贴 - 研究 - 中国　Ⅳ. ①F842.613

中国版本图书馆 CIP 数据核字（2019）第 016807 号

责任编辑：胡　博　庄　莉　　　　责任校对：李　丽
封面设计：孙俪铭

中国财政经济出版社出版
URL：http：//www.cfeph.cn
E -mail：cfeph @ cfeph.cn

社址：北京市海淀区阜成路甲 28 号　邮政编码：100142
营销中心电话：010 -88191537
北京财经印刷厂印刷　各地新华书店经销
787 ×1092 毫米　16 开　14 印张　228 000 字
2019 年 2 月第 1 版　2019 年 2 月北京第 1 次印刷
定价：48.00 元
ISBN 978 -7 -5095 -8801 -7
（图书出现印装问题，本社负责调换）
本社质量投诉电话：010 -88190744
打击盗版举报热线：010 -88191661　QQ：2242791300

前　言

城乡医保一体化是中国正在进行的、关系到全国绝大多数人口福祉的重大变革。以财政补贴方式为基本医疗保险提供支持，是政府推动城乡医保一体化的关键手段。为了迅速扩大覆盖面，覆盖城乡居民的新农合和居民医保实行“政府财政补贴为主、家庭（或个人）缴费为辅”的筹资方式，历年财政补贴占比保持在70%—80%的高水平。近年来，随着城乡医保一体化的推进，政府财政在基本医疗保险的投入逐年增加，相关配套制度不断完善。与此同时，现行补贴机制的弊端也逐步暴露出来，如补贴标准缺乏科学测算、补贴分配地区间失衡、各级政府责任分摊“一刀切”、缺乏对补贴资金追踪问效等。能否从全国层面建立起一个规范、长效、制度化的财政补贴机制，巨额补贴资金能否实现公平分配和安全有效运用，直接影响到筹资来源稳定性和整个医疗保险体系的公平可持续发展。为此，本书围绕“理论研究——现状与问题分析——补贴机制构建——关键机制研究——政策建议”的研究主线，对这一问题进行了较全面、系统的研究，得出了一系列有启示意义的结论。

基本医疗保险财政补贴机制是指与补贴标准、支补贴对象、补贴责任和补贴绩效有关的一系列相互影响及相互制衡的制度体系。这一制度体系应当考虑资金筹集、资金分配、资金运营和管理的各个环节，体现支出规模、支出结构、支出责任、支出管理与效果等多方面内容。其中，最为重要的是建立财政补贴的增长机制、动态调整机制、政府间责任分摊机制和绩效评估机制。

基本医疗保险财政补贴增长的精算结果表明，在城乡医保制度整合完成之后，人均筹资和财政补贴增长率只需要稳定在与医疗费用增长率相近的水平。未来城镇居民医保所需的人均筹资水平将远远大于新农合所覆盖的农村居民，且总财政补贴呈持续增长趋势。尽管如此，现有的财政补贴政策依然是长期可持续的。

基本医疗保险财政补贴的动态调整机制的构建，关键是使筹资调整“有据可依”。这是解决现行筹资标准确定的主观性和随意性问题的关键。有必要基于日常预警和定期评估对筹资水平和筹资结构进行动态调整。通过构建动态调整模型研究发现，在个人筹资责任达到既定的上限（居民人均收入水平的2%）之前，财政补贴大约以每年1.8个百分点的速度下降，在个人筹资责任达到这一上限之后，如果医疗费用增长率保持在9%左右，财政补贴占比将稳定在61.5%的水平。

基本医疗保险财政补贴的政府间责任分摊，需要制度化、公式化，尽可能避免“一刀切”，才能够更好地保障基本医疗保险筹资来源的稳定性和促进社会公平。中央和省（自治区、直辖市）两级政府之间的补贴责任分摊不能简单地依赖东、中、西部的区分，而应当有更加细致的分档方案。

基本医疗保险财政补贴及其绩效问题涉及多级政府和多方利益主体，存在复杂的利益博弈关系。因此，绩效评价指标体系设计需要兼顾公平与效率、过程与结果，并体现客观绩效和主观满意度的结合。对样本地区财政补贴绩效评价的实证研究表明：财政补贴投入水平体现出向欠发达地区的明显倾斜，但财政补贴产出水平并未体现出与经济发展水平的相关性。基本医疗保险财政补贴绩效还有很大的提升空间。

为此，本书提出，应当建立以保险精算为核心的补贴标准测算机制和动态调整机制，考虑地区差异构建制度化和长效化的政府间责任分摊机制。财政补贴标准应当进一步合理考虑城乡差异、地区差异和人群差异，要在继续强化中央和省级财政的出资责任的同时，并逐步增加个人的筹资责任，加强对财政补贴资金的绩效评价以促进财政投入资金的有效运用。

本书的研究抓住了城乡医保一体化发展的关键问题，具有较强的现实针对性和政策价值，也在一定程度上弥补了国内相关研究的不足。相关研究思路、方法和结论，对于明晰财政支持责任，稳定资金来源，提升社会公平，改善财政补贴资金的使用效率，最终促进基本医疗保险体系的健康可持续发展有重要的参考价值。但是，也必须指出的是，由于著者才学的限制及数据资料的可得性问题，本研究依然只是探索性的。相关章节对财政补贴的增长、动态调整、政府间分摊和绩效评价等问题的研究，很大程度上尚属初步探讨。这些都还有待未来的进一步研究。

目　录

第一章

导　论

一、研究背景、目标和意义

（一）研究背景

城乡一体化是中国正在进行的一项重大而深刻的社会变革，也是转变“二元”经济结构、缩小城乡差距和促进经济社会和谐发展的长期性战略举措。城乡一体化体现在基本医疗保险领域，就是城乡基本医疗保险制度一体化（以下简称“医保一体化”）。2003 年与 2007 年，在原有城镇职工基本医疗保险（以下简称“职工医保”）的基础上，中国先后建立了新型农村合作医疗（以下简称“新农合”）、城镇居民基本医疗保险（以下简称“居民医保”）两大制度，分别覆盖农村居民和城镇非就业居民。为了迅速扩大覆盖面，新农合和居民医保实行政府财政补贴为主、家庭（或个人）缴费为辅的筹资方式，历年财政补贴占比保持在 70% －80% 的高水平。目前，新农合和居民医保基本实现了对目标人员的全覆盖。根据国家统计局的数据：2017 年年末，参加基本医疗保险人数 11.76 亿人。其中，参加职工医保人数 3.03 亿人，参加城乡居民医保人数 8.73 亿人[①]。

① 国家统计局：《中华人民共和国 2017 年国民经济和社会发展统计公报》，2018 年 2 月 28 日。

近年来，随着经济社会快速发展，基本医疗保险制度城乡分割的弊端逐步显现，重复参保、重复投入、待遇不公、效率低下等问题日益突出。统筹发展城乡基本医疗保险制度，逐步实现城乡医保一体化，已经成为理论与实务界的共识。为此，《社会保障“十二五”规划纲要》提出要“更加注重统筹城乡发展”、“缩小城乡、区域、群体之间的社会保障待遇差距”；2016 年 1 月 12 日，《国务院关于整合城乡居民医保制度的意见》（国发〔2016〕3 号）公布，要求整合这两项制度，建立统一的城乡居民医保制度，并要求各省（区、市）于 2016 年 12 月底前出台具体实施方案。城乡医保一体化开始进入到加速发展阶段。可见，在城乡一体化的背景下，对各项制度进行整合，以最终实现医保一体化，将成为今后很长一段时期基本医疗保险体系发展的重要任务。

医保一体化的核心问题就是资金筹集问题。在三大制度中，职工医保由单位和个人按工资收入的 8% 筹资，财政通常不提供补贴；新农合和居民医保则实行政府补贴为主、家庭或个人缴费为辅的“定额筹资”方式，历年实际财政补贴占比总体上保持在 70% -80% 的高水平。但是，因为起点太低（新农合试点初期的人均筹资仅 30 元/人），这两项制度的筹资水平远远低于职工医保。数据显示，2016 年城乡居民基本医疗保险人均筹资为 626.5 元，而职工医保同年人均筹资达到 3478.9 元①。筹资水平差异直接导致制度之间的保障水平差距。第四次全国卫生服务调查结果显示，职工医保住院实际补偿比为 63.2%，居民医保实际补偿比为 49.3%，新农合实际补偿比最低，仅 33.7%②。为了将三大制度整合成相对统一的制度框架，最终建立城乡一体化的基本医疗保险体系，需要解决的一个关键问题就是更快地提升新农合和居民医保的保障水平，在动态调整中实现与职工医保的趋同。

因为新农合和居民医保筹资主要依赖政府提供的高比例财政补贴，政府不断扩大投入更已成为推动城乡医保一体化发展的关键手段。目前，两大制度覆盖全国近 11 亿人口，根据 2017 年人均财政补贴 450 元计算③，全年中央和地方各级财政投入 4000 多亿元。然而，现行财政补贴政策在实践中存在一系列

① 人均筹资数据根据《中国统计年鉴》（2017）所公布的基金收入和参保人数估算。

② 数据来源：卫生部统计信息中心编，《2008 中国卫生服务调查研究：第四次家庭健康询问调查分析报告》，北京：中国协和医科大学出版社，2009 年，第 147 页。

③ 搜狐网：《2017 居民医保人均个人缴费标准提》，http://www.sohu.com/a/137780790_421880，2017 年 5 月 2 日。

问题，突出地表现在：第一，补贴标准调整存在较强的短期性和随意性（仇雨临等，2011）。近年来，为了缩小城乡差距和制度差距，两大制度的财政补贴标准频频向上调整，2003—2005 年间保持 20 元每人，2008 年、2010 年各调增 40 元，2011 年大幅调增 80 元，2012 - 2014 年各年调增额度又回到 40 元（图 1 - 1）。第二，政府间责任分摊“一刀切”，忽视了地区差异。按照现行政策，通常由中央政府每年下发文件确定当年人均补贴和个人缴费的指导性标准，补贴责任则由中央和各级地方政府按 1∶1 进行分摊，且对于省级及以下各级政府如何分摊，文件未能明确。第三、在逐年扩大投入的同时，忽视了资金的使用效益，政府补贴在无效率的高位运行（林江等，2009），各地医疗保障体系投入产出远未处于最优状态，甚至还出现效率恶化的趋势（宋占军、朱铭来，2014）。

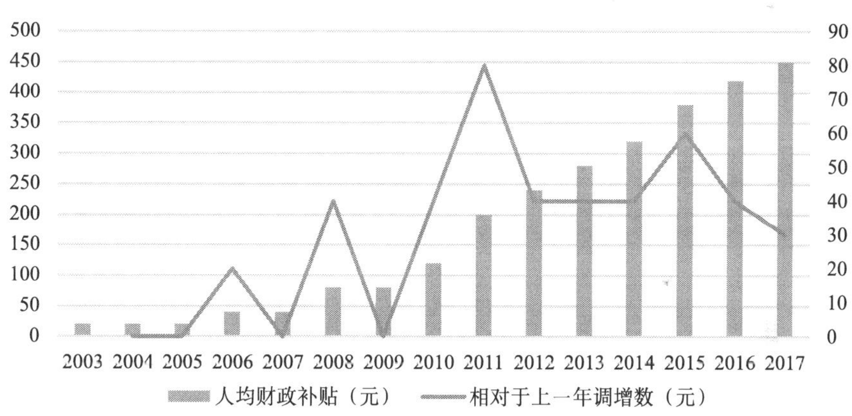

图 1 - 1 新农合和居民医保历年财政补贴和人均筹资标准调整情况

数据来源：根据历年财政、人力资源和社会保障部门公布的文件整理。

可以预见，随着城乡一体化的推进，补贴标准还会不断调整，补贴规模仍需持续扩张。能否从全国层面建立起一个规范、长效、制度化的财政补贴机制，巨额补贴资金能否实现公平分配和安全有效运用，直接影响到筹资来源稳定性和整个基本医疗保险体系的公平可持续发展。因此，尽管现行“摸着石头过河”式的财政补贴政策有着其特定的历史背景，对于迅速实现基本医疗保险全覆盖意义重大，但是已经不适应城乡一体化发展的需要。城乡一体化发展需要我们从“顶层设计”的全局高度去研究和看待上述问题。具体而言：如何科学测算医保一体化过程中的筹资需求和财政补贴水平并实现动态调整？

如何适当考虑地区差异形成制度化的政府间责任分摊机制，将现有分散的政策性保障上升为全面系统的机制性保障？以及如何建立系统化和规范化的财政补贴绩效评价体系，逐步推动财政补贴从“扩大投入”到“有效投入”的转变？这些都是迫切需要解决的、关系到广大国民利益的重大现实问题。也是本书要研究的核心内容。

（二）研究目标

在城乡一体化进程中，财政支持对于中国基本医疗保险体系的发展至关重要。然而，现行财政补贴政策问题重重，相关研究也相对滞后。本书旨在对基本医疗保险财政补贴机制及绩效评价问题进行系统研究，尝试从“顶层设计”的高度建立起规范、长效、制度化的财政补贴机制和绩效评价机制，以推动财政投入制度化和绩效评价常态化，保障筹资来源的稳定性和整个体系的公平可持续发展。研究目标具体包括：

（1）对医保一体化过程中的财政支持规模（筹资需求和财政补贴需求）进行科学测算，从制度上建立财政支持的稳定增长机制和动态调整机制。

（2）从医疗保障均等化目标出发，适当考虑地区差异构建政府间责任分摊的标准化测算体系，以合理划分政府间的财政责任，推动政府间责任分摊制度化，增强补贴资金来源的稳定性和实现财政补贴资金的均等化分配。

（3）从理论上构建基本医疗保险财政补贴绩效及其评价模型，并运用调研数据进行实证研究，以推动财政补贴绩效评价的制度化和规范化，及时发现和反馈问题，逐步推动财政补贴从“扩大投入”到“有效投入”的转变。

（4）考虑资金筹资、资金分配、资金运营和管理的各个环节，从支出规模、支出结构、支出责任、支出管理与效果等多个方面构建基本医疗保险财政补贴机制，并结合相关研究结论提出优化财政补贴机制的政策建议。

（三）研究意义

1. 理论意义

（1）拓展了基本医疗保险的研究领域，有利于促进多学科的融合。从理论上看，医疗保险的财政补贴问题涉及医疗保障、财政学、人口学、经济学、管理学等多个学科，具有突出的综合交叉性研究特征。例如，理论框架构建涉及福利经济学、公共产品、公共财政等理论；财政补贴标准增长及动态调整需要综合运用人口模型、保险精算、计量经济学分析等方法；政府间责任分摊研究需要借鉴财政分权、公平正义、效用最大化、转移支付分配等理论与方法。本书有利于促进多学科理论与方法的综合运用，因而具有理论意义。

（2）对基本医疗保险财政支持问题进行系统研究以弥补国内研究的不足。中国当前基本医疗保险体系的两个突出特征，就是城乡差距过大和筹资对财政的强烈依赖。这就决定了城乡统筹发展的紧迫性和完善财政补贴机制的必要性。近年来，随着医保一体化成为社会各界关注的焦点，很多学者运用规范分析方法对一体化的发展模式和路径等进行了研究，针对单项制度（主要是新农合）筹资和财政补贴问题的研究也很多，但从医保一体化视角对整个财政补贴机制进行研究的非常欠缺。另一方面，过于依赖政府投入规模的扩大，而忽视绩效评价和投入资源的有效配置，是当前医疗保险体系缺乏效率的重要原因。因此，未来应当更加重视财政补贴绩效评价，才能及时发现和反馈问题，及时调整财政补贴政策，促进财政投入资金的有效运用。近年来，越来越多的学者注意到这一问题的重要性和紧迫性（Yip & Hsiao et al.，2012），其中，毛翠英（2011a）等少数学者已经对新农合的财政专项资金绩效进行了专门研究，但是遗憾的是，目前还缺乏对整个基本医疗保险体系财政补贴绩效的系统研究。

2. 现实意义

（1）有利于明晰财政支持责任，稳定资金来源，加快推进医保一体化进程。补贴标准缺乏合理测算，政府间责任分摊普遍采取“一刀切”，没有建立一种与下级财政支持能力相联系的补贴制度，导致政府间的利益博弈和责任承担的随意性，使筹资稳定性存在潜在的风险。因此，将现有的行政指令性政策安排内化为长期稳定的体制性保障，是一个比单纯增加财政投入更为重要的问题（吕炜，2006）。本书通过对财政补贴机制进行系统的研究，有利于形成科学合理的补贴标准测算机制和制度化的政府间责任分摊机制，从而解决医保一体化发展的核心问题——资金来源问题，确保医保一体化的顺利推进。

（2）有利于形成基本医疗保险财政补贴支出的追踪问效机制，优化财政资源配置，提高财政补贴资金的使用效益。强有力的财政扶持对医保一体化起到了关键性的支撑作用。但是，过度依赖高投入而忽视对产出和结果的追踪问效，已经被证明是2009年“新医改”以来医疗保障体系效率不佳的根源之一（宋占军、朱铭来，2014）。为了改变现有的“次优低效”局面，理论和实务界都日渐意识到医疗保险财政支出绩效评价的重要性。遗憾的是，与此相关的研究目前还非常缺乏。本书尝试建立起医疗保险财政补贴的绩效评价框架，有利于提高医疗保险专项财政资金的使用效益，优化财政资源配置，增强财政管理的科学化和精细化。

（3）有利于缩小城乡差距，提升社会公平，促进基本医疗保险体系的可持续发展。统筹城乡和医保一体化的核心在于公平筹资和均等受益（仇雨临等，2011）。政府对医疗保险制度提供财政补贴，是促进城乡之间、地区之间基本医疗保险公平发展的重要力量。特别是在当前“城市反哺农村”的发展阶段，政府通过财政补贴方式对新农合提供有力支持，对于缩小城乡差距尤为重要。本书以医保一体化和公平理念贯穿整个研究过程，通过对医疗保险财政补贴机制和绩效评价的理论和实证研究，有利于促进财政投入制度化和绩效评价常态化，促进社会公平和整个基本医疗保险体系的可持续发展。

二、研究思路、内容与方法

（一）研究思路

本书以医保一体化为研究视角，围绕财政补贴机制及绩效评价问题开展系统的研究。总体上可分为相互衔接的四个层次（图 1－2）。

第一个层次：基本医疗保险财政补贴机制的理论构成（第一部分）。结合当前财政补贴政策的现状及问题，系统考虑资金筹资、资金分配、资金运营和管理的各个环节，从支出规模、支出结构、支出责任、支出管理与效果等多方面构建财政补贴机制，形成整个课题的研究框架。

第二个层次：基本医疗保险财政补贴的关键机制研究（第二部分和第三部分）。综合运用宏微观数据和保险精算等定量研究方法，对财政补贴增长机制、动态调整机制、差异化分配机制和政府间责任分摊机制分别进行研究，尝试解决财政支持规模的科学测算和财政补贴的均衡化问题。

第三个层次：基本医疗保险财政补贴绩效评价研究。并运用实地调研数据进行因子分析和数据包络分析，对代表性地区的财政补贴绩效进行评价，借鉴“新公共管理”的“4E”原则，建立基本医疗保险财政补贴绩效评价的 SEM

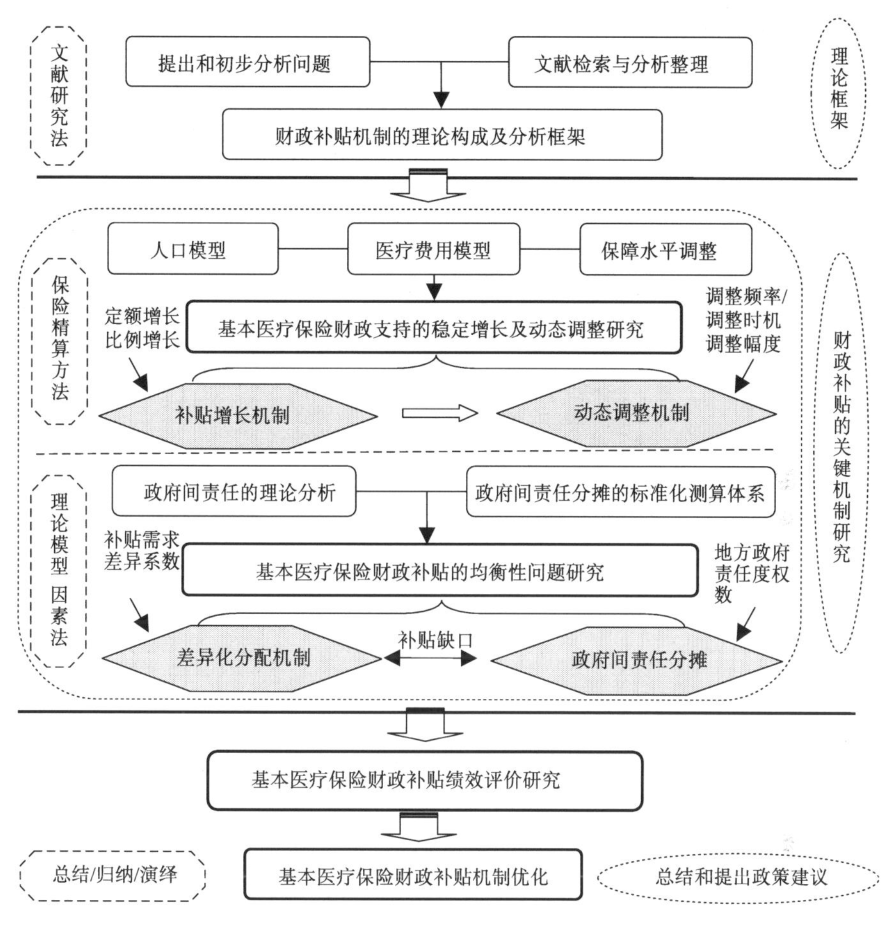

图 1－2　分析框架和技术路线

理论模型，以形成具有实践运用价值的财政补贴绩效评价指标体系和综合评价框架；

第四个层次，财政补贴机制优化研究。总结前面四个部分的研究结论，提出以绩效预算管理为核心优化财政补贴机制等政策建议。

（二）研究内容和章节安排

根据上述研究思路，本书将大致分十章，其主要内容和章节安排如下：

第一章：导论。包括对选题背景、研究目标和意义的阐述，对研究思路、内容和方法的介绍，对样本地市的选择和调研数据的说明，以及总结本章的重点难点和研究创新等。

第二章：文献综述。沿着“政府责任——筹资与补贴机制——补贴责任分摊——财政补贴绩效”的基本脉络，笔者从“医保一体化和政府责任”、“医疗保险筹资机制与财政支持”、“医疗保险财政补贴责任分摊”和“医疗保险财政补贴绩效评价”四个方面对国内外研究现状及发展动态进行了综述，并最后进行总体评述。

第三章：城乡医保一体化和政府的财政责任。试图从理论上探讨：基本医疗保险的本质特征和新时代背景下的制度目标，政府积极介入城乡医保一体化进程的理论依据以及政府责任的理论边界等问题。

第四章：中国基本医疗保险财政补贴制度：历史、现状与问题。首先分析中国基本医疗保险财政补贴制度的历史背景，然后对现状和存在的主要问题进行分析。

第五章：中国基本医疗保险财政补贴机制构建。考虑资金筹集、资金分配、资金运营和管理的各个环节，从支出规模、支出结构、支出责任、支出管理与效果等多方面构建财政补贴机制，并对其中的关键机制进行研究。

第六章：中国基本医疗保险财政补贴的规模及增长研究。以新农合为例，运用保险精算方法，将通常被忽略的人口迁移、人口老龄化和医疗保险制度整合等关键因素纳入分析框架，在动态人口预测的基础上结合医疗保险制度整合战略，对未来新农合财政补贴需求及增长问题进行测算，并对财政承受能力进行初步评估。

第七章：中国基本医疗保险财政补贴的动态调整机制研究。从指导原则、组成要素、调整依据、机制构建等各个方面对这一问题进行理论探讨，并试图综合考虑上述多种因素建立保险精算模型，从调整频率、调整时机和调整幅度三个方面研究财政补贴的动态调整机制问题。通过定性分析和定量研究，期望可以为建立公平和可持续的财政补贴机制提供启示。

第八章：中国基本医疗保险财政补贴的政府间责任分摊研究。对政府间责任分摊应遵循的原则进行了分析，并重点引入“熵值法”和“因素法”两种不同的定量测算方法来研究政府间基本医疗保险财政补贴责任分摊问题，尝试性提出初步的分摊思路与方案，使责任分摊尽可能体现不同地区在财政支持能力和财政补贴需求方面的差异。

第九章：中国基本医疗保险财政补贴绩效研究。从理论与实证两个方面研究这一问题，包括基本医疗保险财政补贴绩效评价的内涵、评价准则、价值取向和主流评价方法，以代表性地区的数据为基础对基本医疗保险财政补贴绩效进行定量研究，以及基于 SEM 方法提出更加综合性的基本医疗保险财政补贴绩效评价框架。

第十章：研究结论和政策建议。总结前面各个章节的研究结论，提出以绩效预算管理为核心优化财政补贴机制等政策建议。

（三）研究方法

1. 文献研究法

通过收集国内外与本书相关的文献和数据资料，掌握有关医疗保障筹资及财政补贴的相关理论与文献，通过对国家和地方相关政策文件的收集和分析，明确中国基本医疗保险财政补贴的历史、现状及存在的主要问题。

2. 实地调研法

为了更好地认识掌握各样本地区的基本医疗保险补贴现状和问题，本书将采用实地调研法。选取 Z 省有代表性的若干地区实地调查和访谈，通过与医疗保险实务部门的相关人员交流，获取第一手资料，一方面保证数据的真实性和原始性，另一方面也便于结合实务提出政策建议，使得建议更具可操作性和实用性。

3. 比较研究法

在第四章、第六章至第八章等核心章节，都需要不同程度地使用比较研究法。例如，比较不同地区的基本医疗保险财政补贴制度及水平差异，比较不同财政补贴方案下各年新农合人均财政补贴及其调整情况，比较不同研究方法（熵值法和因素法）下的财政补贴政府间责任分摊方案，比较不同样本地区的财政补贴绩效等。

4. 保险精算方法

在第六章和第七章，主要引入保险精算方法，对城乡一体化进程中的筹资增长、财政补贴规模及其动态调整等问题进行定量研究，包括运用生存模型综合考虑人口出生、死亡和迁移对新农合和居民医保的参保人口动态影响，从长期精算平衡的角度对两项制度未来的筹资水平进行预测，在此基础上对筹资能力及财政承受能力进行测算、对筹资与补贴水平的动态调整进行研究等。

5. 统计分析和计量模型方法

在第八章和第九章，主要采用统计分析和计量模型方法。其中，第八章先是运用熵值法对中央和地方政府间的补贴责任分摊进行实证研究，随后引入因素法，从经济因素和社会因素两个方面来构建中国的财政补贴需求差异指标体系；第九章以 Z 省十六个地区为例，采用因子分析和数据包络分析方法（DEA）研究各个地区的基本医疗保险财政补贴绩效，并基于结构方程模型（SEM）构建财政补贴绩效的综合评价框架。

三、可能的创新之处

（一）研究视角方面

医保一体化需要我们从城乡统筹和整个医疗保险体系的全局高度去研究筹资需求、财政支持及相应的绩效评价问题，而不能仅仅考虑某个单项制度的基金平衡需要。遗憾的是，当前绝大部分与财政支持相关的研究仅仅关注单项制度（特别是新农合）。这与过去“先试点、再推广”的医疗保险发展战略有着密切关系。经过十年的实践，过去“摸着石头过河”的财政补贴政策已经滞后于医保一体化发展的需要。三大制度之间明显的筹资与保障水平差异，财政支持在新农合和居民医保两大制度筹资中的绝对主体地位，意味着应当紧密结合医保一体化的发展战略去研究和构建制度化、规范化和系统化的财政补贴机制。本书从城乡统筹和医保一体化的战略需求出发，将新农合、居民医保和职工医保看作相互动态联系的整体，从“顶层设计”的高度系统地研究医疗保险财政支持及其绩效评价问题，是一种全新的研究视角，也更加契合中国医疗保险发展的现实需要。

（二）研究内容方面

第一，对基本医疗保险财政补贴机制进行系统研究。首次基于城乡一体化的背景系统地研究基本医疗保险的财政补贴机制，将这一机制划分为财政补贴增长机制、动态调整机制、差异化分配机制、资金到位机制和预算管理机制等六个部分，并对其中的关键机制进行专门研究。其中，对财政补贴增长机制和财政补贴动态机制的研究将有助于促进财政支持规模增长的制度化和调整的动态化；对财政支持的差异化分配机制和政府间责任分摊机制的系统研究，有助于增强财政补贴资金分配的公平性和财政筹资来源的稳定性。

第二，对政府间责任分摊问题进行系统研究。过去十年来，中国医疗保险领域的财政支持基本采用行政指令性政策安排。“一刀切”式的政府间责任划分，忽略地区差异的补贴制度，极大地影响了筹资来源的稳定性，也忽视了社会公平。医保一体化的发展需要长期稳定的体制性保障，政府间责任分摊更需要制度化。本书通过引入“财政补贴缺口”、“财政补贴需求差异系数”和“下级政府责任度权数”等概念，构建政府间责任分摊的标准化测算体系，力图使政府责任分摊建立在程序化定量测算的基础上，并合理体现不同地区在财政支持能力等方面的差异，以解决责任分摊制度化和财政支持均衡化问题。

第三，对医保一体化进程中的基本医疗保险财政补贴绩效进行初步探讨。对基本医疗保险财政支持进行绩效评价，既是预算管理的核心部分，也是及时发现和反馈问题，及时调整财政补贴政策，实现资金有效运用的关键。近年来，理论和实务界都日渐意识到医疗保险财政支出绩效评价的重要性，但目前与此相关的研究还非常缺乏。本书将从理论和实证层面对这一问题进行系统的研究，有利于弥补现有研究的不足。

（三）研究方法方面

第一，建立了财政补贴增长和动态调整的精算研究框架。现有政策下，财政补贴标准调整的短期性和随意性已经越来越不适应医保一体化发展的需要。近年来，也有少数学者财政补贴增长问题进行了定量研究，但通常属于对单项制度的定量测算，缺乏医保一体化背景下对整个医疗保险体系的考量。本书基于医保一体化的研究视角，在医疗费用预测模型和人口模型构建的基础上建立财政补贴增长和动态调整的精算研究框架。这一研究框架通过引入动态死亡率假设，将人口结构转变、保障水平调整、医疗费用增长及城镇化过程中的人口迁移等多种因素纳入分析，使财政补贴标准及规模的确定和调整建立在科学测算的基础上，并能够合理考虑制度差异和各筹资主体的支付能力差异。

第二，运用 SEM 方法系统地研究基本医疗保险的财政补贴绩效。首次将管理学、心理学等领域得到广泛运用的 SEM 方法引入医疗保险财政支持领域，尝试建立起医疗保险财政补贴绩效的综合评价模型，力图构建符合实际和具有应用价值的绩效评价指标体系和绩效综合评价框架。与相关文献普遍运用的

DEA 或 SPA 方法，以及微观计量经济学的 DID - PSM、LOGIT 等方法相比，SEM 方法融因子分析和路径分析于一体，在绩效评估中能够较好地体现主客观标准相结合的思想，可能是一种更适用于基本医疗保险财政支持领域的、更为全面的综合评价方法。

第二章

文献综述

因为与本书相关的文献众多，且涉及医保一体化、医疗保险筹资、财政补贴绩效等多个方面的内容，沿着“政府责任——筹资与补贴机制——补贴责任分摊——财政补贴绩效”的基本脉络，笔者从“医保一体化和政府责任”、“医疗保险筹资机制与财政支持”、“医疗保险财政补贴责任分摊”和“医疗保险财政补贴绩效评价”四个方面对国内外研究现状及发展动态进行了综述，并最后进行总体评述。

一、城乡医保一体化和政府责任

（一）研究现状

城乡医保一体化的诉求源自中国的“二元”社会经济体制，其首要前提是实现基本医疗保险制度对城乡全体国民的全覆盖，才能在此基础上去追求“人人都能公平地享有基本医疗保险”的目标（申曙光和侯小娟，2012），即实现“全民基本医疗保险”（Universal Health Coverage，UHC）。无论政府在医疗保险领域承担责任采用何种方式，全民基本医疗保险是世界各国普遍追求的目标。国际经验表明，政府在全民基本医疗保险实践中起着重要作用（申曙光和彭浩然，2009）。如 Lagomarsino et al. （2012）研究发现，印度、印尼、加纳、越南等国推进全民基本医疗保险的基本经验之一，就是政府为穷人、孕妇和小孩等弱势群体提供财政补贴；Savedoff et al.（2012）描述了典型国家成功实现全民基本医疗保险的一般路径，指出通过政府财政补贴、实施强制性医疗保险等措施减少家庭的自付医疗费用支出比重，是实现全民基本医疗保险的必要条件；Damrongplasit & Melnick（2015）研究发现，泰国“30 铢计划”实施之后，政府筹资占比在 2005 -2010 年间增长至 75%，是这一计划效果显著的重要原因，而泰国政府能否在未来继续保持财政投入的不断增长，是这一计划保持成功并可持续发展的关键。

近年来，随着城乡医保一体化的推进，相关的研究浩如烟海（仇雨临和郝佳，2011；郝佳和仇雨临，2011），逐步加大财政对城乡居民医保（特别是农村基本医疗保险）的财政补贴力度，以缩小城乡差距、加快实现城乡统筹和城乡医保一体化，已成为学者们的共识（仇雨临等，2011；申曙光，2014）。但总体上看，从医保一体化背景出发研究政府责任的文献还比较少见，相关内容主要体现在部分文献的结论性论述中，例如：仇雨临和郝佳（2011）结合东莞、太仓、成都、西安四地的调研，提出了医疗保障城乡统筹发展的总体构想和对策措施，指出城乡统筹的核心内容在于筹资的统筹衔接，需要建立政府主导的财政投入机制，稳步提高个人缴费标准，以缩小制度之间的筹资差距；张翠（2014）对上海的实践经验进行了研究认为，为实现医保一体化，不能仅仅依靠企业和个人缴费，政府提供财政补贴是实现城乡一体化的关键所在；申曙光（2014）对职工医保和城乡居民医保制度整合的思路、战略重点与步骤进行了理论思考，指出应逐步加大财政对城乡居民医保的补贴力度，才能缩小城乡居民医保与职工医保在筹资水平上的差距，实现公平、普惠的医疗保障目标。

（二）发展动态分析

上述关于城乡医保一体化和政府责任的前期成果可以概括为：①众多学者从战略层面充分认识到政府应该起到的作用，也有很多文献基于单项制度的基金平衡需要对政府责任进行了专门研究，但总体上基于城乡医保一体化背景研究政府责任的文献依然缺乏；②对于政府与个人责任的具体划分，尽管已有少数学者进行了初步的探索，大多数相关研究还停留在理论分析和经验总结层面。从理论上看，“单项制度的政府责任”与“城乡医保一体化的政府责任”尽管有着密切的联系，但是二者也存在根本性区别。现有体系在城乡之间与制度之间存在的巨大差异，决定了基本医疗保险制度的筹资与保障水平调整均需服从城乡医保一体化的战略步骤。在城乡一体化的进程中，政府承担多大的财政责任才是适度的？如何更加合理地划分政府和个人之间的责任？这些问题还有待进一步研究。

二、医疗保险筹资机制与财政补贴的相关研究

（一）研究现状

筹资是医疗保险制度的核心环节，筹资标准的高低是决定财政支持力度的关键变量之一。国内外与医疗保险筹资相关的文献非常丰富，可大致归纳为三个方面：一是对中国新农合和居民医保筹资水平的测算。例如：毛瑛和汪浩等（2010）根据重庆市、陕西省二地的调研在医疗保险费用测算的基础上构建了新农合筹资水平测算模型，分别估算了不同报销比例下的人均筹资额；关理和董叶菁（2014）利用系统动力学方法对辽宁省 2013－2022 年间医疗保险筹资额进行二次指数平滑模拟与预测，发现十年之后的筹资标准将增长至 2013 年的 2 倍左右。二是医疗保险筹资公平研究（Wagstaff et al.，1992；Wagstaff et al.，1999；Dai et al.，2014），一些文献运用基尼系数、集中指数、Kakwani 指数等方法研究了筹资公平，强调了政府财政的介入对筹资公平的重要影响（牟俊霖，2010）。三是医疗保险筹资机制创新研究，如施华斌和杨波（2008）指出建立长效的筹资机制是新农合良性运行的关键；詹长春、周绿林（2011）提出要建立与农民人均纯收入挂钩的新农合筹资机制；李琼（2010a）强调了西部贫困地区新农合筹资标准要实现动态化；赵绍阳和臧文斌（2013）从参保人的偏好异质性视角提出有必要对基本医疗保险实施差别缴费政策。

尽管越来越多的学者认识到建立医疗保险长效筹资机制的重要性，但是对于如何实现较长期内筹资与财政补贴的增长与调整，相关文献非常有限，目前主要有：张仲芳（2009）对新农合的筹资增长机制构建问题进行了研究，指出应科学测算各年度筹资需求水平，并建议新农合人均筹资额应采取每隔 1－2 年增长一次的定额增长方式，中央财政补贴每次调增 25－30 元，地方财政补贴每次调增 15－20 元；毕红霞（2011）在对现行新农合财政补贴政策进行

评价的基础上，从静态和动态的角度对新农合 2010－2020 年人均筹资及各级财政补贴需求进行了推算，认为 2020 年新农合人均筹资应增加到 1000 元，中央和地方财政补贴分别增加到 400 元。

医疗保险筹资也是财政介入医疗保险领域并发挥作用的主要方面。事实上，政府为医疗保险提供保费补贴（Premium Subsidies），几乎出现在全球所有公有和一些私有的医疗保险体系中（Jaspersen & Richter，2013）。在以美国为典型代表的市场化国家，政府以保费补贴方式鼓励购买私人保险，一直被作为基本医疗保险的替代。从理论上看，政府提供补贴的医疗保险要比直接补贴给家庭或医疗服务提供者等其他改善健康措施的效果更好（Chou & Grossman et al.，2014）。这也是包括中国在内的很多发展中国家采用基本医疗保险的原因。在学术界，研究者们对此见解则各有不同。Zweifel & Breuer（2006）认为，基本医疗保险对所有群体强制实行统一费率，不利于实现收入向弱势群体的再分配，有违公平原则。解决的最佳途径是市场化条件下的风险保费（Risk－Based Premiums）和保费补贴的结合（即美国模式）。但 Van de Ven（2006）对此表示反对，认为对那些医疗保险费用超过收入一定比例的群体提供保费补贴，将使获得补贴者没有动机寻找适当的保险计划或倾向于过度保险。Kifmann & Roeder（2011）据此提出，政府对医疗保险市场的干预应当存在一个最优点。他们采用一个福利函数最大化模型对此进行了研究发现，保费补贴对基本医疗保险而言是互补品，基本医疗保险加保费补贴的模式是一种理想的政策选择。

近年来，一些学者开始关注城乡医保一体化进程中的筹资与财政补贴水平问题。如夏芹（2010）在其博士论文中对城乡医保一体化筹资可行性进行了研究，并按照个人承担 30%，政府承担 70% 的分摊标准，测算了四种假设补偿方案下各方筹资的承担能力，得出个人筹资占居民收入水平的比例和政府财政补贴占 GDP 的比例都在 0.8%－2% 之间；李亚青（2015）从基本医疗保险制度整合的背景出发，运用保险精算方法对新农合和居民医保人均筹资和补贴增长进行了测算，得出未来三十六年人均筹资和补贴标准的定额参考值，同时对财政承受能力进行了测算并得出了肯定的结论；蒋云赟和刘剑（2015）运用代际核算方法分析了中国医疗保险统筹对财政体系负担的影响，得出结论：仅仅整合城乡居民医保制度，无论是短期还是长期都不会给政府财政造成太大压力。若是要实现城乡居民医保与城镇职工基本医疗保险的完全统筹和保障水平趋同，则需要将新农合和居民医保的缴费提高目前水平的 8 倍左右（达到人均纯收入的 6.42%），才不会增加政府的财政负担。

（二）发展动态分析

上述关于基本医疗保险筹资和财政补贴的前期成果可以概括为：①因为体制原因，国外相关研究主要体现在对财政承受能力及财政补贴作用的考察。②国内学者普遍关注新农合筹资并对筹资标准进行了初步的定量研究，少数学者对医疗保险财政补贴增长进行了定量测算并得出了未来定额标准的参考值。③直接研究基本医疗保险财政投入绩效的文献很少且主要集中在新农合领域。对于医疗保险财政支持在推动城乡医保一体化方面的综合绩效评价，相关研究非常欠缺。④在研究方法上，已有的筹资和补贴水平测算研究大多是基于“收支平衡”原则建立简单的测算模型，少数文献引入保险精算方法进行研究。无论方法如何，对于至为关键的医疗费用增长，通常仅仅简单的假定一个增长率；财政补贴水平测算则通常是在筹资水平测算基础上根据既定的财政补贴比例计算得出。而且，现有研究基本上是在现有的定额筹资框架下进行的，缺乏对学界普遍呼吁的比例筹资模式的考虑（仇雨临等，2011；李琼，2010b）。

城乡医保一体化首先需要我们从城乡统筹和整个医疗保险体系的全局高度去看待和研究筹资和补贴问题。但遗憾的是，现有文献绝大部分都是基于单项制度（新农合）的研究。在当前新农合保障水平低于居民医保，且总体保障水平均较低的情况下，筹资与财政补贴水平的确定和调整不能仅仅考虑某个单项制度的基金平衡需要，而更加需要对城乡医保一体化战略步骤下保障水平向上调整的趋同过程的考量。其次，医疗费用增长是筹资测算的关键参数，财政补贴比例则是财政补贴水平测算的关键参数。要想实现对筹资和补贴水平的科学合理测算，其前提是对医疗费用增长和适度财政补贴比例（责任）问题进行研究。特别注意的是，对两大制度实行高比例补贴政策，是试点初期为了鼓励居民自愿参合（保），尽快实现基本医疗保险制度“从无到有”的转变。在已经实现全民覆盖之后，未来财政补贴比例还有下调空间。国务院 2016 年最新发布的《关于整合城乡居民基本医疗保险制度的意见》也明确提出“适当提高个人缴费比重”，因此，对筹资和补贴的测算还需要适度考虑城乡医保一体化进程中的财政责任调整等因素。这就为以后的研究留下了空间。

三、医疗保险财政责任分摊的相关研究

（一）研究现状

中国中央政府对各地医疗保险的财政支持，是以财政专项资金的方式提供的，是中央转移支付的重要组成部分。而转移支付的主要功能之一，是解决同级地方政府之间财力的横向不均衡问题（岳希明和蔡萌，2014）。因此，与医疗保险财政责任分摊密切相关第一组文献是关于均等化转移支付公式的研究。

考虑到转移支付制度效果并不理想的现状，很多学者从横向均衡的目标出发，提出以“因素法”为基础来设计中央对各个地区的转移支付公式。例如，马骏（1997）提出了一套详尽、具体的均等化转移支付公式，并建立一个示范性的模型来说明公式化转移支付体系在中国的具体运用；曾红颖（2012）运用“因素法”建立了基本公共服务均等化支出与收入标准体系和转移支付测算模型，基以测算和评价了中央对全国 31 个省的均等化转移支付；贾晓俊和岳希明（2012）根据均等化转移支付一般公式中的公共服务均等化理念和资金分配原则，对中国均衡性转移支付分配问题进行了研究；张恒龙和秦鹏亮（2012）从基本公共服务均等化目标出发，设计出了一套期望兼顾均等与激励目标的转移支付制度，并用实际财政数据进行了数据模拟检验；伏润民和王卫昆等（2011）以“因素法”为基础，从标准财政收入测算、标准财政支出测算和均衡性转移支付绩效评价三个层面构建中国省对县（市）均衡性转移支付制度，并对云南省均衡性转移支付资金分配进行了实证分析。

近年来，医疗保险财政补贴的政府责任分摊问题越来越受到关注。例如：顾昕和方黎明（2006）从公共服务均等化视角研究新农合的筹资问题，指出政府间责任分摊的“一刀切”，补贴资金的逐级“配套”要求，以及中央补贴未能与地方财政支持能力相联系，容易导致基层政府“苦乐不均”，财力较弱、农业人口比重高的地方政府责任过重，有必要在政府间转移支付上探寻更为制度化的方法。李琼（2010b）对西部贫困地区新农合筹资的财政补贴机制进行了研究，认为政府间责任的划分未能很好地体现事权与财力

的统一，普遍出现的财政赤字严重制约了西部地区财政对新农合的支出责任。因而提出，中央财政应当对西部地区承担筹资的主要责任，并取消县财政承担的筹资份额。毛翠英（2011b）基于某省新农合实践的研究发现，在地方政府之间的责任分摊中，省级政府往往依赖行政垄断权力自上而下“逐级派发”各下级地方政府应当承担的补贴责任，忽视了地方经济能力差异，存在明显的“甩包袱”倾向，提出构建“复式”的新农合政府间公共资金分配机制。

（二）发展动态分析

上述关于医疗保险财政责任分摊的前期成果可以概括为：①在基本公共服务均等化的背景下，中央对地方转移支付的制度化问题受到普遍关注，很多学者就转移支付公式设计问题进行了研究，“因素法”基础上的标准化收入与支出缺口测算，成为转移支付均等化的主流方法；②越来越多的学者认识到基层政府负担过重等问题并对新农合财政补贴责任的政府间分摊问题进行了初步研究，但目前尚无文献提出具体可行的政府间责任分摊方案。

已有文献形成的丰富成果，特别是针对转移支付领域（特别是均衡性转移支付领域）的公式化测算思路，为医疗保险财政补贴政府间责任分摊研究提供了重要启示。但我们也要看到，医疗保险补贴责任的分摊有着其区别于转移支付的特殊性。后者可以直接将标准财政收入和支出之间的差额（缺口）作为确定转移支付力度的依据，而中央医疗保险财政补贴的下达，不仅与地方政府的财政支出能力等供给因素相关，还受到个人收入、人口结构、医疗保险制度等需求性因素的影响。过去十年来，中国医疗保险领域的财政支持基本采用行政指令性政策安排。“一刀切”式的政府间责任划分，忽略了地区社会经济差异的补贴制度，极大地影响了筹资来源的稳定性，也忽视了社会公平。这些问题的存在，导致利益博弈和责任承担的随意性，使筹资稳定性存在潜在的风险。总之，政府间财政责任分摊问题，是一项复杂、敏感但又不容回避的重要课题，需要我们从理论与实践上进行较深入的研究。

四、医疗保险财政补贴绩效的相关研究

（一）研究现状

医疗保险财政补贴支出是政府财政支出的一部分。当前，有关政府财政支出效率的研究可谓是汗牛充栋（如陈诗一和张军，2006；Wang & Alvi，2011；张峥，2012）。但梳理浩瀚的文献，与本书关系密切的文献主要体现在公共卫生支出绩效、医疗保险的制度绩效和医疗保险财政补贴绩效三个方面。

1. 公共卫生支出绩效

众多学者研究政府卫生支出绩效，且大多得出了效率较低的结论。例如：刘叔申（2007）通过构建公共卫生支出绩效评价指标体系，采用“纵向比较法”对 1997 -2004 年中国公共卫生支出绩效进行了评价，发现虽然整体绩效有一定程度的上升，但是由于政府的责任缺失和资源配置结构失衡，上升幅度有限；许光建和魏义方（2012）运用模糊层次分析法对北京市政府卫生支出绩效评价进行了实证分析发现，虽然政府卫生财政投入规模较大，但政府卫生支出对资源配置的效率却相对偏低；管彦庆等（2014）基于中国 2007 -2011 年 30 个省市的面板数据，构建了以数据包络分析（DEA）为核心的四阶段分析框架，对公共医疗卫生的投入与产出效率进行了动态评价，发现省级公共医疗卫生支出年均存在 29.5% 的效率损失。

区别于上述学者对综合效率的关注，一些学者对公共卫生支出的健康绩效进行了研究，如 Tanzi & Schuknecht（1997）和张宁等（2006）研究认为，公共卫生支出对健康的影响不显著甚至不存在；而 Mayer & Sarin（2005）和孙菊（2011）等的结论则相反，他们发现公共卫生支出对健康具有显著的改善作用。其中，孙菊（2011）基于固定效应模型和全国 28 个省的面板数据的研究表明，中国居民的健康改善更多地依赖于政府的财政投入而不是私人卫生支出。

2. 保险制度绩效

新农合作为中国覆盖人口最多、政府扶持力度最大的医疗保险制度，自试点以来获得了国内外学者的广泛关注。绝大多数文献从个人负担、医疗服务利

用和健康状态等方面对新农合的制度效果进行了研究，并得出了不尽一致的结论。在国内，一些学者充分肯定了财政投入对新农合绩效的正面影响（如何世文，2009；孙翠芬，2009；于长永，2012b）。如何世文（2009）研究认为，人均财政投入与新农合绩效之间存在显著的正相关关系。但是，国外的相关研究大多得出了负面的评价。例如：Wagstaff et al.（2009）运用双重差分（DID）和倾向得分匹配法（PSM）研究了新农合对医疗服务利用的影响，发现新农合增加了门诊和住院利用，但是未能减少参合人的自付医疗支出；Lei & Lin（2009）运用 CHNS 数据，同样采用 DID - PSM 框架研究发现，新农合不仅并未降低个人自付支出，也没有增加正式医疗服务的利用和改善健康状态；Chen & Jin（2012）运用 2006 年中国农村调查数据研究发现，新农合在降低死亡率和改善儿童教育方面的效果总体上为 0。至于新农合制度效果不理想的原因，Lei & Lin（2009）和 Chen & Jin（2012）等将其归结为过低的补偿水平；Yip & Hsiao（2009）则认为，忽视了慢性病患病率上升引发的医疗费用支出控制，而只是一味扩大政府投入，导致新农合在缓解因病致贫方面差强人意。Yip & Hsiao et al.（2012）对 2009 年"新医改"以来中国的实践进行总结点评并指出，尽管中国在短期内实现制度对 13 亿人口的全覆盖值得称道，但现有体系依然存在浪费、无效、医疗服务质量低下等问题，建立和完善结果导向的监管和绩效评价机制是推动改革的关键。

另有一些学者研究整个国家或地区的医疗保障体系绩效，并将财政投入作为其中的一个影响变量进行分析（宋占军和朱铭来，2014；Damrongplasit et al.，2015；Spaan et al.，2012；Chou et al.，2014；锁凌燕和完颜瑞云，2013；李新平，2013）。例如，Damrongplasit & Melnick（2015）研究了泰国"30 铢计划"实施以来的效果，认为这一计划之所以效果显著，是因为泰国政府能够保持筹资占比最高达到 75% 的财政投入并不断增长；锁凌燕和完颜瑞云（2013）和李新平（2013）运用 DEA 等方法对 OECD 国家的医疗保障体系效率及其影响因素进行了分析，发现只强调政府的作用和投入并不利于提升医疗体系的运行绩效；宋占军和朱铭来（2014）运用 DEA 两阶段分析，评价了中国 2007 - 2011 年 9 个省市医疗保障体系的绩效和全要素生产率变化情况，发现尽管 2009 年"新医改"以来政府投入大幅增加，医疗保障体系的绩效不升反降。因而提出，未来不应以财政持续大幅投入为方向，而是应当注重市场机制的发挥以改善投入资源的有效配置。

还有大量文献从特定视角来研究医疗保险制度绩效，主要包括：基于医疗服务利用公平的研究（Lu et al.，2007；Parmar et al.，2014）和基于满意度视角对新农合的研究（如王红漫等，2006；Liu et al.，2008）。其中，满意度研究方面，现有文献普遍运用 Logistic 回归或 Ordered－Logit 模型（徐强，2012；陈东和赵丽凤，2012），少数文献引用美国顾客满意度指数模型（ACSI）（俞彤和张曙光，2010）或模糊综合评价法（张乐等，2009），且不少研究都发现，新农合保障水平和受益程度是影响参合人满意度的重要因素（王红漫等，2006；徐强，2012；陈东和赵丽凤，2012）。

3. 医疗保险的财政补贴绩效

政府提供的财政补贴通常用以增加医疗保险覆盖面和减少逆向选择（Glauber，2004）。在美国，因医疗保障制度长期以来仅仅覆盖老年人和低收入人群，政府为鼓励雇员积极参加雇主提供的医疗保险计划，通常为雇员提供保费补贴。这种保费补贴是否有效减少了无保险人群呢？不少学者从保险购买决策的价格弹性视角，对此进行了研究，并得出了并不一致的结论。Gruber & Washington（2005）的研究表明，雇员的保险购买决策的价格弹性非常小，联邦政府的保费补贴对保险计划普及的作用不大；Krueger & Kuziemko（2013）则得出了相反的结论，其研究结果显示参保的价格弹性在 1 左右，直接补贴个人购买私人医疗保险将显著减少无保险人群，因此，对无保险者的保费补贴对于扩大保险覆盖面起到重要作用。

近年来，随着中国医疗保险领域财政投入的不断扩大，尽管越来越多的学者意识到对其进行绩效评价的重要性（林江和蒋涌，2009；Yip & Hsiao，2012；毕红霞，2011），但目前为止，国内专门研究医疗保险财政投入绩效的文献只有两篇：毛翠英（2011a）运用层次分析法，从经济性、效率性、效益性和公平性四个方面建立了绩效评价体系，对新农合财政补贴资金的综合效果进行了研究，发现参合率、农民受益范围和满意度对该项公共资金绩效的影响程度超过 60%。于长永（2012b）通过分析新农合的财政投入特点，从农民的主观感受和制度实施的客观效果两个层面分析了新农合的实施效果。研究发现，财政投入是新农合快速推广的最大动力。参合农民的参与意愿、满意度等主观绩效显著，但客观绩效多停留在覆盖面、受益人次等广度目标上，农民实际受益范围较低。还有少数文献尽管没有直接研究这一主题，但是从不同侧面或在文章的特定部分论及医疗保障财政投入绩效。如林江和蒋涌（2009）运用随机边界分析（SFA）对新医改中的公共医疗支出效率进行研究时，特别对国家财政补贴的成本效率进行了分析，认为政府对医疗保障的专项资金补贴在无效率的高位运行，指出补贴制度要考虑地区间的财政配套能力差异，并改革现行固定额度制或者是“一刀切”式的补贴模式；杨红燕（2011）采用净转移支付、偏离度、秩相关系数等分析指标研究了美国财政医疗保障支出的均等化效果，发现美国尽管为老年人和贫困群体提供了巨额财政支出，但整个医疗保障体系公平性低下，因而提出，中国财政医疗保障支出要由各级政府合理分担，并以人口、人均收入等因素为基础制定标准化转移支付公式。

（二）发展动态分析

上述关于医疗保险财政补贴绩效的前期成果可以概括为：①大量文献研究新农合的制度绩效，可归结为两个方面：一是普遍采用 DID - PSM 微观计量经济学框架的研究（Wagstaff et al.，2009；Lei & Lin，2009；Chou et al.，2014），且绝大多数（特别是国外文献）得出了效果不佳的结论，而保障水平过低和缺乏对投入资金的监控及绩效评价，被一些学者认为是造成这一现状的主要原因；二是运用 Ordered - Logit 模型、ACSI 模型或模糊综合评价法等方法对新农合满意度的研究，其中不少文献强调了保障水平和受益程度对满意度的重要影响。②医疗保障体系不能仅仅依赖扩大政府投入，而应当更加重视绩效评价和投入资源的有效配置，已经是越来越多学者的共识。

总体而言，目前直接研究医疗保险财政投入绩效的文献非常有限，且已有的相关研究依然集中在新农合领域。尽管财政支持医疗保险发展的最终目的是实现医保一体化，但对于医疗保险财政支持在推动医保一体化方面的综合绩效评价，目前尚是空白。上述文献对本书的启示意义体现在：①参保（合）人的受益程度和满意度应当作为绩效评价的首要考量。“新公共管理运动”以来，以结果和公民为取向已经成为公共服务绩效评价的价值追求（Hatry，2002）。中国推行医保一体化，也正是为保障广大国民基本的健康权利。②绩效评价框架的构建，既要重视对投入产出效率的衡量，更要重视对公平性的评价；既要考虑过程评价，更要重视结果评价；既要考虑客观评价标准，也要重视主观评价标准。③在评价方法的选择上，目前相关领域普遍运用 DEA 方法、DID - PSM 或 Logit 分析框架。考虑到本书的研究领域与上述文献涉及领域存在明显区别，要在分析对比现有主流研究方法的基础上，选择适合医疗保险财政补贴绩效评价特征的评价方法。

五、总结和评述

医保一体化能否得以顺利推进，在很大程度上取决于政府的财政支持和财政投入资金的合理运用。回顾和总结浩瀚的文献，研究者们进行了很多卓有成效的探索。但在以下几个方面还存在缺憾，有待进一步研究：

1. 缺乏基于医保一体化视角的系统研究。推动城乡医保一体化以促进社会公平，本身就是政府为基本医疗保险提供巨额补贴的政策初衷之一。因此，医疗保险的政府责任、支持机制及其绩效评价，也必然离不开医保一体化的全局视角。但现有的相关研究依然以关注新农合为主，这显然是有待改进的。医保一体化战略需要我们从城乡统筹和整个医疗保险体系的全局高度去看待和研究筹资、补贴及相应的绩效评价问题，而不是仅仅关注某个单项制度。然而，现有研究无论是政府责任、筹资和补贴水平测算，还是财政投入绩效评价，绝大多数集中在新农合领域，缺乏医保一体化的大视野，也就相对忽略了医保一体化进程中新农合、居民医保和职工医保三大主干制度之间的动态联系。

2. 筹资与财政补贴水平的科学测算需要加强。尽管也有少数学者对此进行了定量研究，遗憾的是属于基于单项制度基金平衡的定量测算，缺乏城乡医保一体化战略步骤下对整个医疗保险体系的考量，也缺乏对城镇化和老龄化进程中的人口迁移、人口结构转变和医疗费用增长规律等因素的全面分析。特别是，医疗费用增长是筹资测算的关键参数，财政补贴比例则是财政补贴水平测算的关键参数，但现有的定量研究通常是对这两个参数进行简单假定，影响了结果的可靠性。除此以外，已有定量研究囿于当前的定额筹资模式，缺乏对学界纷纷呼吁的比例筹资模式的考虑。2016 年《意见》已经明确提出要逐步建立“个人缴费标准与城乡居民人均可支配收入相衔接”的筹资机制，可见基于比例筹资模式的研究非常具有紧迫性与现实性。上述问题的存在为以后的研究留下了空间。

3. 需要系统地开展基本医疗保险筹资动态调整机制研究。虽然有不少学者强调了基本医疗保险筹资和补贴调整问题的重要性，但通常限于定性分析和经验性建议。自《意见》明确提出要“完善筹资动态调整机制”，政府与学界在这一问题的重要性方面已经达成明确共识。目前，中国的基本医疗保险体系正处于快速变革阶段。伴随着城乡医保一体化进程的，除了老龄化、疾病谱变化等因素带来的医疗费用增长变化，还有报销比例、财政补贴比例等制度变量的变化，以及城乡居民就医行为和医疗消费模式的变化。这储多可能的变化因素，都有可能推动基本医疗保险筹资水平、筹资模式和筹资责任等方面的调整。基本医疗保险制度“现收现付”的基金管理模式，也决定了定期进行筹资调整的必要性。随着城乡医保一体化的加快，如何改变原有筹资调整的短期性、随意性现状，建立健全制度化的、系统化和可持续性的基本医疗保险筹资动态调整机制？还有待深入研究。

4. 需要系统地开展基本医疗保险财政补贴机制研究。财政如何支持医保一体化的发展？其核心是从制度上明确各级政府的责任，在此基础上提出具体可行的政府间责任分摊方案。现有政府间责任分摊机制缺乏法律和制度层面的明确规定，未能合理考虑地区差异和支付能力差异，导致“一刀切”式的责任划分和上级政府的“甩包袱”现象，影响了筹资稳定性和可持续性。虽然有不少专家学者对政府责任分摊机制改革提出了建议和可借鉴的对策，但鲜有文献就具体的责任分摊方案或方法进行研究。而且，已有与财政补贴机制相关的研究，大多限于对某个省份或局部地区的解剖，未能从全国“顶层设计”的高度充分考虑财政补贴的差异化分配策略。

除此以外，基本医疗保险财政补贴绩效评价研究还有待加强。尽管当前对新农合制度绩效的研究已经非常丰富，研究财政支出效率等相关领域的文献也非常众多，但是直接研究医疗保险财政投入绩效的文献非常有限（目前只有两篇文献），且主要是针对新农合的研究。当前，越来越多学者的认识到，医疗保障体系不能仅仅依赖扩大政府投入，而应当更加重视绩效评价和投入资源的有效配置。系统地开展医疗保险财政补贴的绩效评价研究，不仅有利于实现财政补贴资金从“扩大投入”到“有效投入”的转变，也是建设服务型政府过程中绩效预算管理改革的核心内容之一。

第三章

城乡医保一体化和政府的财政责任

城乡医保一体化是目前中国正在进行的重大变革。这一变革惠及全国绝大多数国民，对于促进社会公平、保障城乡居民的基本医疗保险权益意义重大。同时，鉴于基本医疗保险的本质特征，在城乡一体化进程中，政府需要扮演重要角色，其中，以财政补贴方式为基本医疗保险提供支持，是政府推动城乡医保一体化的关键手段。本章试图从理论上探讨：基本医疗保险的本质特征和新时代背景下的制度目标，政府积极介入城乡医保一体化进程的理论依据以及政府责任的理论边界等问题。

一、基本医疗保险的本质和制度目标

（一）基本医疗保险的本质

中国的基本医疗保险沿袭了德国社会医疗保险的互助共济传统。从社会医疗保险制度历史起源来看，其最初形式或可追溯到中世纪时期的行业互助组织。现代的社会医疗保险制度则于19世纪80年代在德国产生，并从此被视为国家主办的事业。从萌芽到产生、发展的漫长的历史过程中，社会医疗保险制度虽然历经政治剧变（包括第二次世界大战），有一个主导原则却始终保持不变——这就是社会互助原则（Richard et al.，2009）①。社会医疗保险是政府主

① Richard B. Saltman，Reinhard Busse，Josep Figueras 编．张晓（译），基本医疗保险体制国际比较［M］．北京：中国劳动社会保障出版社，2009年，第25页。

导下的建立在团结互助基础上一种社会共济。强调社会成员通过收入再分配而达到社会人群利益的最大化，正是社会医疗保险的核心特征。

中国基本医疗保险的政府、企业、个人三方共负的筹资体系，权利与义务的不完全对等性，不以盈利为目的，以及政府主导的强制性等特征，使其明显区别于商业保险。商业保险是建立在精算基础上的维护个人利益的一种手段（Stone，1993）。建立在社会互助基础上，而不是以精算作为原则，基本医疗保险的收入再分配本质，使其明显与商业保险区别开来①。这种收入分配性质不仅体现在收入再分配领域，在初次分配和三次分配环节也起着重要作用（郑功成，2010a）。在初次分配领域，基本医疗保险通过雇主与劳动者缴费分担，政府财税优惠给予支持，同时影响着企业成本和劳动者的工资水平；在再分配领域，基本医疗保险通过资金筹集和风险分担机制，直接体现出国民收入在不同风险个体之间的再分配，而财政对社会救助、社会保险及各项社会福利事业的拨款资助，更是普惠城乡居民的收入再分配手段。

（二）基本医疗保险的功能和制度目标

“医疗保险”的英文翻译有两种：一是“Medical Insurance”，二是“Health Insurance”。大多数英文文献采用的是后者。笔者认为，两种译法所对应的中文含义，实际上代表了医疗保险发展的两个阶段：其中，医疗保险（Medical Insurance）是初级阶段，其主要目标是补偿参保人因病造成的损失，确保“病有所医”；健康保险（Health Insurance）是高级阶段，改善健康状况，提升健康水平，维护公平的健康享有权是其最终目标。从长远来看，中国基本医疗保险的发展目标，应当是逐步建立覆盖全体国民的健康保障体系，形成预防为主的积极的健康保障模式，健康保障理念将深入影响到人们的健康观念、健康行为等更为广泛的领域。

改革开放以来，“看病难、看病贵”问题成为百姓的重要关切，经济困难长期是阻碍居民利用医疗服务的重要原因。第四次全国卫生服务调查结果显示，两周未就诊患者中，24.4%是因为经济困难；而应住院未住院者中70.3%的人是因为经济困难，住院病人中有36.8%的人自己要求出院，而其

① Richard B. Saltman，Reinhard Busse，Josep Figueras编．张晓（译），基本医疗保险体制国际比较［M］．北京：中国劳动社会保障出版社，2009年，第3页。

中又有 35.3% 的人是因为经济困难①。自 1998 年城镇职工基本医疗保险开始实施，二十年来中国基本医疗保险的发展重心是医疗保险（Medical Insurance），补偿疾病经济损失，降低居民的疾病经济负担，以解决“看病难、看病贵”问题是中国基本医疗保险的主要目标。

2000 年世界卫生报告提出：为疾病风险提供财务保护（Financial protection）是卫生系统的三大目标之一（WHO，2010）。因为健康风险的复杂性和医疗费用的不断攀升，现代社会的人特别需要基本医疗保险机制来积累基金，将疾病造成的风险在时空进行分散，并防止患病群体因疾病而陷入财务困境，尤其是保护社会弱势群体免受疾病所带来的灾难性后果。基本医疗保险对患病者的损失补偿，实质上是一种对个人和家庭在经济上的保护——财务保护机制，而这种财务保护正是建立在大数法则和风险分散原理的基础上的。由此可见，分散疾病风险，提供财务保护（Financial protection）以抗衡疾病或意外伤害对个人和家庭造成的严重财务影响，正是基本医疗保险核心作用的体现。

十九大以来，习总书记提出“新时代”的重要论断，同时“健康中国”战略也成为被反复强调的国家战略。人民对美好生活的向往离不开健康。只有全民健康才能够真正实现全民小康。新时代社会主要矛盾的转变和“健康中国”建设要求重新审视医疗保障的作用。健全基本医疗保险制度是“健康中国”建设的战略重点之一。作为中国覆盖面最广的社会保障制度，基本医疗保险在“外延式”扩张之后，将步入更加注重健康结果的“内涵式”发展阶段。在新的历史阶段，解决“看病难、看病贵”只是手段，基本医疗保险的最终目的应当是维护国民健康和缓解健康不平等。实现全覆盖之后，基本医疗保险如何更好地保障弱势群体的健康权利，实现从形式普惠到实质公平、从机会公平到健康结果公平的转变，成为政府和广大国民的核心关切，更是当下理论和实务界的重要议题。相应的，保障国民健康权利和促进健康公平就成为基本医疗保险的主要制度目标。

从社会风险的角度看，医疗保险的产生是源于化解健康风险的客观需求。当前，中国已经进入一个社会风险持续扩张的时期②。随着工业化而来的环境

① 卫生部统计信息中心编.2008 中国卫生服务调查研究：第四次家庭健康询问调查分析报告［M］. 北京：中国协和医科大学出版社，2009 年，第 54 页。

② 郑功成. 科学发展与共享和谐：民生视角下的和谐社会. 人民出版社，2006 年，135 页。

污染、疾病谱的变化，慢性疾病、传染病、工伤事故、癌症等一系列现代文明病都在表明健康风险已经变得更加复杂，并逐渐从个体风险演化为社会风险，成为现代风险社会的主要风险来源之一。因此，现代社会的健康风险不仅受自然环境和遗传因素等的影响，也直接卷入了经济制度、法律制度和政治制度，成为现代社会中威胁人类生存的主要风险①。现代基本医疗保险所承担的历史使命就是帮助人们管理健康风险。根据医疗保险原理，在较大的投保人群中对发生频率较低但治疗费用较高的疾病进行保险是最有经济效率的风险分担方式（保罗·J. 费尔德斯坦，1998）。基本医疗保险与商业医疗保险尽管有明确区别，但二者所要处理的都是健康风险，在风险的突发性和不可预测性、风险的复杂性和社会性等方面是类似的。从这个角度来看，商业保险的大数法则和风险分散原理对基本医疗保险仍然适用（翁小丹，2009）。

二、医保一体化的概念

医保一体化是指打破医疗保险制度的城乡分割、地区分割、人群分割，建立起制度相对统一，责任明确、分担合理、互助共济的医疗保险体系，实现多种基本医疗保险制度和政策在内容、保障、服务、管理等方面的协同配合，以逐步提高筹资水平和统筹层次，缩小保障水平差异，最终实现制度框架的基本统一，在更大范围和更公平的层次上实现对全体国民的基本医疗保险。医保一体化的诉求源自中国的“二元”社会经济体制，其首要前提是实现基本医疗保险制度对城乡全体国民的全覆盖，才能在此基础上去追求“人人都能公平地享有基本医疗保险”的目标（申曙光和侯小娟，2012），即实现“全民基本医疗保险”（Universal Health Coverage，UHC）。全民基本医疗保险也是世界各国普遍追求的目标。

1998 年，中国国务院发布《关于建立城镇职工基本医疗保险制度的决定》（国发［1998］44 号），在原公费医疗和劳保医疗的基础上启动了职工医保的改革。2003 年和 2007 年，中国又先后启动新农合和城镇居民医保的试点，逐步实现了基本医疗保险对全体国民的制度全覆盖。在“先试点、再推广”的

① 乌尔里希·贝克. 风险社会［M］. 何博文，译. 南京：译林出版社，2008 年，第 19 页。

原则指导下，中国基本医疗保险三大制度在参保原则、筹资机制、保障水平、管理部门等方面存在诸多不同，造成全国各地制度规定各异，城乡之间、制度之间和群体之间的保障水平差距明显，出现严重的“碎片化”现象（申曙光和侯小娟，2012）。因此，尽管已经实现了制度全覆盖，但是公平性问题突出，“看病难、看病贵”问题依然普遍存在（Yip & Hsiao，2008），影响了整个体系的可持续发展。众多学者的理论研究和全国各地的实践经验已经表明，首先进行新农合和居民医保的整合以建立起“城乡居民医保”制度，然后逐步实现城乡居民医保与职工医保的整合和相对统一，是实现医保一体化的基本路径（郑功成，2010b）（图 3－1）。

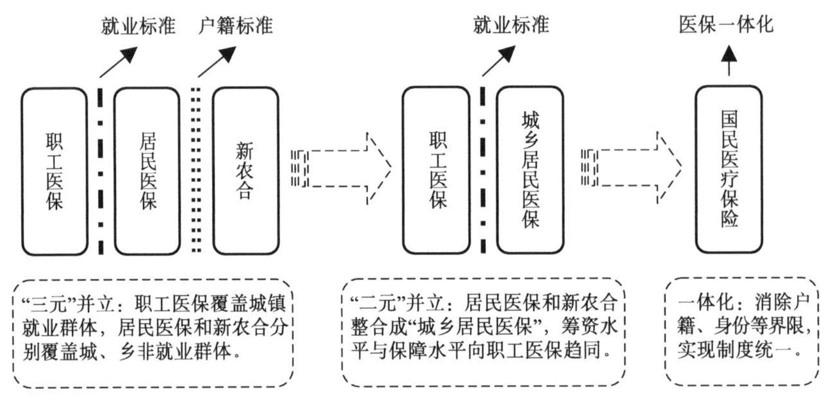

图 3－1 中国城乡医保一体化的发展路径

三、城乡医保一体化进程中的政府责任

政府在基本医疗保险发展进程中承担应有的责任，有着广泛的理论依据并已经为世界各国的实践所证明。无论是健康经济学理论，还是公共产品、公平分配、公平与效率理论，都从同角度诠释着政府责任的重要性。特别是对于中国而言，长期存在的城乡“二元”经济社会体制，造成了城乡居民在收入水平、医疗保障水平等方面的差距，已经成为影响社会公平和谐的关键因素，特别离不开政府的积极介入，以加快城乡医保一体化进程。

（一）信息不对称、医疗服务与医疗保障供求

Arrow（1963）指出：任何人都有可能发生疾病风险且这种风险具有不确定性，医患双方的信息不对称使医疗服务的数量和质量也是不确定的。这两个方面的不确定性使得医疗保险部门很难控制医生和消费者产生的道德风险。基本医疗保险涉及医疗保险和医疗服务两个市场，医疗保险机构作为第三方引入了医疗服务提供者和需求者之间的供求关系，使医疗保险市场的关系复杂化。因为一系列促进竞争市场效率的假设条件没有得到满足，医疗服务市场存在明显缺陷，病人对医疗保健支付的价格并不反映其使用这些服务的边际价值①。这些假设条件包括：消费者有完全的信息，价格自由竞争，市场不存在准入障碍，以及病人和提供者具有购买和提供医疗服务成本最小化的激励等。其中，医疗保险市场的复杂供求关系和医疗服务市场缺陷导致的道德风险，对医疗保险的资源配置效率产生最为突出的影响。

基本医疗保险领域高度的信息不对称，决定了只有政府运用“看得见的手”进行积极介入，才有可能缓解市场失灵。基本医疗保险市场的复杂供求关系，须有政府采取强有力的措施，运用经济和行政等多种手段，来支持、引导、管理和监督基本医疗保险体系的发展。

（二）公共产品理论与基本医疗保险的财政介入

作为覆盖全体国民的制度安排，基本医疗保险体现出对基本人权——健康权的保障。这就决定了无论是何等身份的国民，均有权参加基本医疗保险和享受这一制度的保障，任何人都不能独占专用，而将其他人排斥在这一制度利益之外。即基本医疗保险具有公共产品的特性之一——非排他性。但是，因为基本医疗保险基金的有限性，部分参保人从基本医疗保险中受益（获得统筹基金报销）将在一定程度上影响其他人从这一制度中受益（特别是受益范围），这说明受益对象之间存在一定的利益冲突，即基本医疗保险不满足公共产品的另一个特性——非竞争性。同时，这一制度并非全部由政府出资，而是实行政府、企业、个人三方共同承担筹资责任，进一步决定了基本医疗保险兼具公共

---

① 保罗·J. 费尔德斯坦. 卫生保健经济学［M］. 费朝晖等译，经济科学出版社，1998 年，第 324－325 页。

产品和私人产品属性。因此，基本医疗保险制度是一种“混合产品”，或者说准公共产品。正是由于基本医疗保险所具有的准公共产品属性和较强的正外部性，如果单纯依赖市场机制自发地调节和发展，不仅其市场供应会处于萎缩状态，消费者对基本医疗保险的需求量也将小于社会最佳需要量。因此，基本医疗保险需要政府积极的财政介入。

事实上，鉴于基本医疗保险具有部分公共产品属性，政府为医疗保险提供保费补贴（Premium Subsidies），几乎出现在全球所有公有和一些私有的医疗保险体系中（Jaspersen & Richter，2013）。在以美国为典型代表的市场化国家，政府以保费补贴方式鼓励购买私人保险，一直被作为基本医疗保险的替代。从理论上看，政府提供补贴的医疗保险要比直接补贴给家庭或医疗服务提供者等其他改善健康措施的效果更好（Chou & Grossman et al.，2014）。这也是包括中国在内的很多发展中国家采用基本医疗保险的原因。

中国基本医疗保险之所以短短十余年实现制度“从无到有”的历史性突破，迅速覆盖13亿多人口，建成世界上最大的基本医疗保险体系，一个重要的经验就是政府在筹资中起到的重要作用。国际经验也表明，政府在全民基本医疗保险实践中起着重要作用。如 Lagomarsino et al.（2012）研究发现，印度、印尼、加纳、越南等国推进全民基本医疗保险的基本经验之一，就是政府为穷人、孕妇和小孩等弱势群体提供财政补贴；Savedoff et al.（2012）描述了典型国家成功实现全民基本医疗保险的一般路径，指出通过政府财政补贴、实施强制性医疗保险等措施减少家庭的自付医疗费用支出比重，是实现全民基本医疗保险的必要条件；Damrongplasit & Melnick（2015）研究发现，泰国“30铢计划”实施之后，政府筹资占比在2005—2010年间增长至75%，是这一计划效果显著的重要原因，而泰国政府能否在未来继续保持财政投入的不断增长，是这一计划保持成功并可持续发展的关键。

（三）公平分配理论与城乡医保一体化

无论是发达国家还是发展中国家，公共医疗保险在收入再分配和促进卫生公平方面都起着重要作用。从本质上来看，基本医疗保险是一种收入再分配关系。一方面，基本医疗保险通过风险分担和损失补偿机制，将筹集的医疗保险基金在不同风险群体之间进行分配，风险高的群体将得到更高的补偿，暂时未出现健康风险的群体则不会得到补偿，实质上体现的就是一种健康者与非健康者、年老者和年轻者之间的收入再分配关系；另一方面，因为基本医疗保险的政府主导和准公共产品特性，不仅其筹资机制的设计要体现对弱势群体的照顾，政府财政还需要利用财政转移机制对弱势者进行补贴和救助，这实质上体现的是贫困者和富裕者、弱势阶层和优势阶层之间的收入再分配。中国的基本医疗保险也正是通过其收入再分配机制来发挥社会“稳定器”作用。

基本医疗保险收入再分配功能的出发点是公平分配。通过筹资和待遇政策向低收入者等弱势群体的倾斜，特别是在筹资环节由政府向社会弱势群体提供不同力度的补贴，以实现对每一位国民基本权益的保障。特别是中国城乡“二元”分割的历史背景造成了城乡居民显著的收入差距和社会保障差距，成为社会不公平不和谐的主要原因之一。为了尽快缩小这一差异和尽快实现全民基本医疗保险的目标，政府积极介入推动城乡一体化就成为必要选择。

全民基本医疗保险目标的实现，也正是为了缓解社会矛盾，实现公平正义，建设更加和谐的社会。因此，基本医疗保险也是政府推动国民收入公平分配的重要手段。过去二十年来，逐步加大财政对城乡居民医保（特别是农村基本医疗保险）的补贴力度，以缩小城乡差距、加快实现城乡统筹和医保一体化，已成为理论与实务界的共识（仇雨临等，2011；申曙光，2014）。仇雨临和郝佳（2011）结合东莞、太仓、成都、西安四地的调研，提出了医疗保障城乡统筹发展的总体构想和对策措施，指出城乡统筹的核心内容在于筹资的统筹衔接，需要建立政府主导的财政投入机制，稳步提高个人缴费标准，以缩小制度之间的筹资差距；张翠（2014）对上海的实践经验进行了研究认为，为实现医保一体化，不能仅仅依靠企业和个人缴费，政府提供财政补贴是实现城乡一体化的关键所在；申曙光（2014）对职工医保和城乡居民医保制度整合的思路、战略重点与步骤进行了理论思考，指出应逐步加大财政对城乡居民医保的补贴力度，才能缩小城乡居民医保与职工医保在筹资水平上的差距，实现公平、普惠的医疗保障目标。

（四）基本医疗保险财政投入的效率与公平

财政为基本医疗保险投入大量的资金支持，首要的目的是为了增进公平。而公平目标的实现，需要重要考虑残疾人、贫困老年人和低收入群体等社会弱势者的基本权益。这主要体现在政府采用财政补贴等手段，鼓励和支持他们加入基本医疗保险，从根本上减轻他们对疾病风险的担忧。国际经验表明，由于身份和工作状态的不稳定性，非正式就业群体（农民及灵活就业人员）往往需要财政补贴加个人缴费的形式来筹集资金（汪德华等，2008）。中国的新农合和居民医保便是如此。

但是，基本医疗保险覆盖面的扩大和保障水平的提高，不能过于依赖政府投入规模的扩大，而忽视绩效评价和投入资源的有效配置。因为这将导致巨额财政资金未能起到应有的作用，从而造成财政资源的重大浪费。因此，政府仅仅在基本医疗保险领域“花钱”是不够，还要“花得有效”，即需要在公平和效率之间取得合理平衡。无论是效率还是公平，都需要政府在其中起到相应的引导、控制、考核、监督和管理等责任。

四、政府财政责任的理论边界

尽管政府在城乡医保一体化进程中的有着不可得推卸的责任，但这并不意味着政府责任是无限的。从理论上分析，城乡医保一体化进程中的政府责任包括两个层面：一是政府与个人之间责任的界定，二是各级政府间的财政补贴责任分摊。其中，政府与个人之间的责任界定是各级政府间财政补贴责任分摊的前提①。近年来，关于中国医疗保障体制改革方向的“政府派”与“市场派”之争至今仍在继续，如何恰当发挥政府责任和市场机制的协同作用，如何合理划分政府和个人之间的责任是各方争论和关注的焦点。而这些问题在很大程度上可以看作是如何确立适度的保障水平问题。

（一）适度保障水平的理论分析

1. 凯恩斯主义和“社会共济型”福利模式

1929—1933 年的世界性经济危机为凯恩斯主义以需求管理和政府干预主义经济学提供了机遇。在 1936 年出版的经典著作《就业、利息和货币通论》中，凯恩斯虽然没有直接提出社会保障的思想，但其理论体系从根本上论证了社会保障制度在影响有效需求，从而影响经济增长方面的合理性和必要性。凯恩斯认为，自由经济不可避免地出现有效需求不足，从而导致失业和经济危机

---

① 本节主要从理论上分析第一个层面。第二个层面将在本书第八章专门进行研究。

的发生。而解决这一问题的途径就是政府必须扩大公共开支以增加有效需求，这就需要推行社会保障制度、消除贫民窟、实行累进税制、实行最低工资法等一系列国家干预经济的措施。可见，社会保障制度是作为国家干预经济的一种手段而提出来的。政府在社会保障领域的干预，有利于增加消费倾向和有效需求，调节与缓和经济波动，从而实现宏观经济的均衡。

凯恩斯理论和福利经济学被认为是福利国家建立的主要经济学理论基础。虽然同属国家干预主义，如果按政府的责任和保障水平来划分，这两种经济学理论分别主导了不同的福利模式：新旧福利经济学成就了英国、瑞典为代表的福利国家以税收筹资和政府责任为主导的“全民福利”模式，凯恩斯主义则对“社会共济型”福利模式造成重要影响（李珍和刘子兰，2004），这种模式以美国、德国为代表，以个人、雇主和政府三方的费用共担为特征，与福利国家的普遍高福利相比，强调适度水平的保障。

凯恩斯主义理论强调了社会保障制度对市场经济的均衡效应，也从一个侧面论证了社会保障与宏观经济实现协调发展的命题。作为社会保障制度的重要组成部分，基本医疗保险也应当在经济增长中扮演重要角色。按照凯恩斯的观点，医疗保险等社会保障可以通过影响有效需求而促进宏观经济均衡，那么为了实现与经济协调发展，基本医疗保险的保障水平不能脱离现有的发展阶段，这就为医疗保险适度保障水平的确立提供了理论依据。

2. 分散疾病风险与防范道德风险的权衡

从健康经济学视角分析，最优医疗保险水平取决于在风险分散的收益和道德风险引致损失之间的权衡。自 Arrow（1963）、Pauly（1968）、Zeckhauser（1970）等的开创性研究以来，对于医疗保障制度设计如何实现在分散疾病风险和防范道德风险之间的权衡，有大量文献进行研究①。这些研究的共同结论是，在设定有常数性共付率或共保率（coinsurance copayment）的保险计划中，人们应该选择最优保障程度（the optimal coverage）的保险计划，使风险分散的边际收益等于道德风险增加产生的边际成本。Feldstein 和 Friedman（1977）的早期研究认为，最优成本分担既不是完全保险（0 自付费用），也不是不保险，最优共保率在 50%—60% 之间；Manning 和 Marquis（1996）利用兰德公

① Cutler and Zeckhauser（2000）对此有详细综述。详见 Cutler，D. M. andR. J. Zeckhauser，The anatomy of health insurance. Handbook of health economics，2000. 1：p. 563 - 643.

司（RAND）的随机控制实验数据，通过估计医疗保险需求和医疗服务需求，从实证上考察了风险分散和道德风险的这种权衡关系。研究发现，对于纯粹共付的保险计划（pure coinsurance plans，即无封顶线），45%的共付率是最优的，此时，风险分散的边际收益等道德风险增加的边际损失；Buchanan et al（1991）、Newhouse et al（1993）、Feldman & Manning（1997）和 Blomqvist（1997）的研究结论表明，如果考虑到起付线或（和）封顶线，最优的共付率约为20%或更低。

随后的相关研究体现了在传统模型上的扩展。Hoel（2005）在一个简单的医疗卫生模型中，针对不同收入和不同疾病严重程度群体推导出社会最优共付率（socially optimal co－payments），指出社会最优由具有不同水平期望效用的群体的福利权重所决定；Bien 和 Alary（2006）将健康状态引入医疗保险市场的道德风险领域，证明在一定条件下健康损失会激励人们采取预防行动，而道德风险的存在会提高均衡时的最优保障水平，因此非对称信息下的最优保险水平（coverage）高于完全信息下的最优水平；Ellis 和 Manning（2007）扩展传统的最优保险水平分析框架，将最优保险问题扩展为具有两种保健产品的市场，即预防性行为和对不良健康状态的治疗。结论表明，如果消费者个人忽略他们的预防行动对医疗保费的影响，提供部分保险以增进预防性保健总是合理的；Kowalski（2011）推导出非线性预算集医疗保险模型，将消费者预算集因起付线、共付率和封顶线的存在（减少道德风险和风险保护）而产生的非线性特征纳入模型，同时考虑道德风险和风险保护之间的权衡。研究发现这种权衡关系在不同个体之间变动很大。

从道德风险的形成机制来看，基金补偿比例越高（或者共付率越低），就越有可能引发过高的道德风险，从而影响到医疗保险制度的保障效率。因此，任何医疗保障制度的设计，都必须兼顾分散疾病风险和防范道德风险两个主要方面（Arrow，1963；Pauly，1968；Zeckhauser，1970），而为了控制道德风险，就有必要采取设置医疗保险免赔或起付标准（Deductible）、提高参保者费用分担比例等控制医疗需求的措施（Arrow，1963；Pauly，1968）。最优医疗保险水平取决于在风险分散的收益和道德风险引致损失之间的权衡（Manning，1996；Bien & Alary ，2006）。换言之，从制度效率的微观形成机制出发，医疗保险的保障水平应该是适度的。

（二）个人责任与福利依赖

考虑到福利刚性的存在，保障范围的扩大和保障水平的提高是容易被民众接受，反之通常就会遇到阻碍。如果长期忽略个人责任，就会使制度背离基本生活保障的初衷，造成国家财力难以为继。

20 世纪 70 年代，随着福利国家相继步入困境，经济上出现的滞涨使凯恩斯干预主义主导的社会保障制度遭遇到广泛的质疑。包括货币主义、供给学派、公共选择学派在内的新自由主义思潮开始大行其道。新自由主义认为社会保障严重破坏了市场机制，影响了自由竞争的市场秩序，因而反对福利国家制度，主张政府无为而治。在社会保障制度的选择上主张市场化、私人化、多元化。20 世纪 80 年代，英国首相撒切尔夫人积极推行货币主义，美国总统里根有供给学派影响下对社会保障制度的大幅度改革，都体现出大幅度削减福利支出、降低国家责任并提升个人在社会保障方面的责任的趋势。历史已经证明，新自由主义宣告了福利无异议原则的终结，对世界上越来越多的国家建立多层次的医疗保障体系造成了深远影响（李珍和刘子兰，2004）。哈耶克是新自由主义者的杰出代表。哈耶克认为，为了防止“福利依赖”对个人工作积极性等造成的负面影响，有必要在社会保障领域牢固地树立一种价值原则，即任何个人“只要尚有能力自我维持供给，都应当被要求自力维持”①。因为自由始终是与个人责任密不可分的，个人必须承担责任才能有真正自由。“那些愿意放弃基本自由来换得少许暂时保障的人，既不配得到自由，也不配得到保障②。”从这个意义上来看，社会保障是个相对的概念，“如果人们过于从绝对的意义上理解社会保障的话，普遍追求社会保障，不但不能增加自由的机会，相反构成了对自由最严重的威胁”③。

新自由主义对福利国家政府大包大揽的反对和社会保障制度市场化、多元化的主张，尤其是哈耶克的社会保障思想倡导个人责任与有效保障相结合，对中国具有积极的社会意义。从新自由主义的观点来理解医疗保险的保障水平问

---

① 哈耶克．自由秩序原理（下）［M］．邓正来译，北京：三联书店，1997 年．第 45 页。

② 哈耶克．通往奴役之路［M］．王明毅，冯兴元等译，北京：中国社会科学出版社，1997 年第 128 页。

③ 帕普克．知识自由与秩序——哈耶克思想论集［C］．黄冰源等译，北京：中国社会科学出版社，2001 年，第 285 页。

题，就是要适当强调个人责任，通过费用分担机制控制消费者过度利用医疗资源和服务方过度提供医疗服务等道德风险，将保障水平控制在合理的范围之内，且相应的筹资水平保持在政府、单位和个人可以承受并长期可持续的程度。

（三）政府与个人之间的责任划分

对于这一问题，Kifmann & Roeder（2011）采用一个福利最大化模型对保费补贴与基本医疗保险的关系进行了研究，指出保费补贴对基本医疗保险而言是互补品，政府对医疗保险市场的干预应当存在一个最优点；马超（2014）基于 CHNS 数据库以中国烟民为例对医疗保险筹资中的个人责任进行了研究，指出如果最差“类型”的那些人的健康行为与全社会平均水平相差不多，筹资就应当考虑个体责任。

从国际经验来看，英国的私人卫生支出仅占 12.9%，政府卫生支出高达 87.1%。类似的，加拿大联邦、省政府拨款占医疗保险基金筹资之比为 70%（夏芹，2010）；澳大利亚的全民医疗保健经费中也有高达 70% 由州政府（占 48%）和联邦政府（占 52%）提供财政补贴，一般税收和医疗照顾税仅占 30% 左右（曾化松，2006）。

在国内，自新农合试点以来，政府部门倾向于认为个人现金卫生支出应占卫生总筹资的 30% 左右，其余部分由政府筹资和社会卫生筹资。合理的个人、政府、社会卫生筹资比例应当保持在 30%、30% 和 40% 左右①。研究者们普遍认为城乡居民应当坚持财政出资为主的筹资结构②。张仲芳（2009）针对新农合筹资的研究指出，在中西部地区，中央和地方财政所提供的各级财政补助合计应占人均筹资额的 75% 左右；夏芹（2010）基于城乡一体化视角，按照个人承担 30%、政府承担 70% 的划分标准对全民基本医疗保险的筹资可行性进行了量化分析；刘倩文等（2014）基于江西省寻乌县的数据研究发现，使社会效用最大化的财政补助资金应占筹资总额 0.8 左右。

近年来，在老龄化的背景下，政府在养老、医疗等公共领域的财政负担日益繁重，不断增长的医疗费用给基本医疗保险基金造成很大的压力。政府和学

① 搜狐网：卫生部预计 2008 年全国卫生总费用超 1.2 万亿元，http://health.sohu.com/20090218/n262302985.shtml，2009 年 2 月 18 日。

② 搜狐网：卫生部预计 2008 年全国卫生总费用超 1.2 万亿元，http://health.sohu.com/20090218/n262302985.shtml，2009 年 2 月 18 日。

界都形成了共识——从制度可持续发展的长远目标出发，高比例的财政补贴政策在基本医疗保险制度实现全覆盖之后，应当还有下调空间。在实践中，基本医疗保险筹资政策也在进行逐步调整，尽管绝对筹资水平在逐年调增，但是个人责任在逐步得到强调。尽管 2003 年新农合实施之初，财政筹资占比高达 80%，最近的统计数据显示，个人卫生支出占全国卫生总费用的比重由 2015 年的 29.3% 下降至 2016 年的 28.8%①。同时，越来越多的学者提出，随着参保居民筹资能力增加，适当提高个人筹资比例，以减轻政府筹资负担（徐伟等，2015；李亚青，2017）。其中，徐伟等（2015）以江苏省为例，对城镇居民医保筹资结构进行了研究得出结论，公平合理的筹资结构应当是政府与个人应承担同等水平的筹资责任；李亚青（2017）以新农合为例，运用保险精算方法构建动态调整模型针对最低财政补贴比例问题进行了定量测算，研究发现，如果将个人筹资份额从当初占农民人均纯收入的比例从 1% 逐步提高到 2%，2019 年及以后各年的最低财政补贴比例稳定在 62.5% 左右，就可以保持基金长期平衡。

值得一提的是，李亚青（2017）的研究结论是以个人筹资占农民人均纯收入的 2% 的上限为前提的，如果个人筹资占收入的比重进一步提高到 2% 以上，最低财政补贴比例应当在 62.5% 以下。事实上，对于个人筹资占收入水平的比重到底为多少是适宜的，学界一直未能达成一致的结论。王红漫（2009）和李琼（2010）认为，新农合的个人筹资额度在人均年收入的 1%—2% 是适当的；詹长春和周绿林（2011）基于江苏省新农合的测算表明，要想在 2020 年使达到 70% 的保障水平，应当按农民人均纯收入的 3.4% 的筹资标准进行筹资，才能够实现基金收支平衡。综上所述，笔者认为，随着居民收入水平的提高，未来基本医疗保险财政筹资占比应当在 50%—60% 之间，个人筹资占比在 40%—50% 之间。

五、本章小结

中国的基本医疗保险沿袭了德国基本医疗保险的互助共济传统。分散疾病

① 经济参考报：中国个人卫生支出占比下降 人均住院药费 5 年首负增长，http://jjckb.xinhuanet.com/2017-08/23/c_136548236.htm，2017-08-23。

风险，提供财务保护以抗衡疾病或意外伤害对个人和家庭造成的严重财务影响，正是基本医疗保险核心作用的体现，更是普惠城乡居民的收入再分配手段。

改革开放以来，“看病难、看病贵”问题成为百姓的重要关切，经济困难长期是阻碍居民利用医疗服务的重要原因。补偿疾病经济损失，降低居民的疾病经济负担，以解决“看病难、看病贵”问题是中国基本医疗保险的主要目标。新时代社会主要矛盾的转变和“健康中国”建设要求重新审视医疗保障的作用。从长远来看，中国基本医疗保险的发展目标，应当是逐步建立覆盖全体国民的健康保障体系，形成预防为主的积极的健康保障模式，健康保障理念将深入影响到人们的健康观念、健康行为等更为广泛的领域。

政府在基本医疗保险发展进程中承担应有的责任，有着广泛的理论依据。无论是健康经济学理论，还是公共产品、公平分配、公平与效率理论，都从同角度诠释着政府责任的重要性。特别是对于中国而言，长期存在的城乡“二元”经济社会体制，造成了城乡居民在收入水平、医疗保障水平等方面的差距，已经成为影响社会公平和谐的关键因素，特别离不开政府的积极介入，以加快城乡医保一体化进程。医保一体化的诉求源自中国的“二元”社会经济体制，其首要前提是实现基本医疗保险制度对城乡全体国民的全覆盖，才能在此基础上去追求“人人都能公平地享有基本医疗保险”的目标。

但是，政府对基本医疗保险的财政责任不是无限的，应当存在一个理论边界。城乡医保一体化进程中的政府责任包括两个层面：一是政府与个人之间责任的界定，二是各级政府间的财政补贴责任分摊。其中，如何恰当发挥政府责任和市场机制的协同作用，如何合理划分政府和个人之间的责任是各方争论和关注的焦点。而这些问题在很大程度上可以看作是如何确立适度的保障水平问题。

凯恩斯主义理论从一个侧面论证了社会保障与宏观经济实现协调发展的命题。新自由主义对福利国家政府大包大揽的反对和社会保障制度市场化、多元化的主张，尤其是哈耶克的社会保障思想倡导个人责任与有效保障相结合，对中国具有积极的社会意义。因此，政府与个人之间责任的合理划分，就显得特别重要。中国自新农合试点以来，各级政府对城乡居民医保承担了主要的筹资责任。近年来，在老龄化的背景下，政府在养老、医疗等公共领域的财政负担日益繁重，不断增长的医疗费用给基本医疗保险基金造成很大的压力。逐步提高个人的筹资责任，已经成为政府和学界的基本共识。

第四章

中国基本医疗保险财政补贴制度：历史、现状与问题[①]

短短十余年间，中国建立起包括职工医保、新农合和居民医保在内的世界上最大的基本医疗保险体系，取得了举世瞩目的成就。基本医疗保险之所以获得快速推广，一项关键举措是政府为其中的两大制度——新农合和居民医保提供高比例财政补贴。2003 年新农合试点之初，中央和地方政府补贴标准是 20 元/人（个人缴费 10 元/人）；随着 2007 年居民医保开始试点，各级地方政府的补贴增加到 40 元/人，财政补贴占人均筹资的比重高达 80%。近年来，财政补贴标准每年都向上调整，财政补贴占比也始终保持在 70%—80%之间。至 2017 年，各级政府对两大制度的补贴标准已经提高至 450 元/人[②]。

新农合和居民医保分别覆盖农村人口和城镇非就业群体。截至 2017 年年底，两大制度的覆盖人口近 11 亿人，占据了全国人口的近 80%。政府对两大制度提供财政补贴，是促进城乡之间、地区之间基本医疗保险公平发展的重要力量。根据现行制度，通常是由中央定期出台文件提出补贴的指导性标准，各级地方根据自身情况确定具体的补贴方案。在“先试点、再推广”的原则指

① 本章的核心内容发表在《我国基本医疗保险财政补贴制度：现状、问题与对策》，《中国卫生政策研究》，2015 年第 6 期。

② 2017 年 5 月，人社部、财政部发布《关于做好 2017 年城镇居民基本医疗保险工作的通知》提出，2017 年居民医保各级财政人均补助标准在 2016 年基础上新增 30 元，平均每人每年达到 450 元。

导下，现行政策带有鲜明的“试错式”特征，在基本医疗保险制度推行早期有其合理性，也取得了较好的效果。但是，从长远来看，补贴制度现状如何？地区之间存在哪些差异？存在哪些主要的问题？在实施十余年之后，很有必要就这些问题进行研究和思考。近年来，随着城乡统筹和基本医疗保险改革的推进，越来越多的学者关注这一问题并从不同的侧面进行了研究（李晓嘉，2008；孙世强和任佳宝，2010；毕红霞和薛兴利，2011），但大都是基于局部地区的分析。本章通过对全国31个地区的基本医疗保险财政补贴制度进行全面梳理，对现状和问题进行分析。

一、基本医疗保险财政补贴制度的历史背景

新中国成立初期，中国建立起公费医疗和劳保医疗制度，对于保障职工的身体健康、促进经济发展、维护社会安定发挥了重要作用。在低工资、高福利的计划经济时期，职工手持的是“铁饭碗”，伴随着就业附加的公费医疗和劳保医疗，实际上是以一种隐性的长期契约为基础的：职工将必要劳动收入的一部分上缴给国家，国家则以提供永久性就业和社会保障的方式对职工的长期收益做出承诺。本质上，公费医疗和劳保医疗是政府和企业在基本医疗保险方面“大包大揽”，承担着主要责任。随着经济的发展和改革的深入，这种医疗保障制度弊端日益显露出来。一是医疗费用增长过猛，医疗资源浪费严重。基本医疗保险长期由国家、企业包揽，缺乏有效的监督制约机制，个人对医疗费用控制缺乏动力。二是制度覆盖面太窄，仅限于机关事业单位和全民所有制、部分集体所有制企业职工，广大农村居民和城镇非就业居民被这一制度排除在外。三是缺乏合理的医疗经费筹措机制和个人积累机制，医疗费用来源渠道单一，来源不稳定。

随着改革开放和社会主义市场经济体制的建立和完善，劳保医疗和公费医疗在经济大潮冲击下更加“力不从心”：非国有制经济成分比重增大，非公有企业劳动者比例上升，这些职工在基本医疗方面的合法权益得不到保障；城乡收入差距进一步扩大，广大农村居民长期处于没有基本医疗保险的真空状态，这一现状加剧了社会矛盾和影响了社会和谐。市场经济条件下，作为市场主体的企业承担了过重的医疗和养老保障责任，极大地影响了企业的活力和竞争

力。因此，建立覆盖城镇全体劳动者的新型医疗保险制度已迫在眉睫，势在必行。

1994 年 1 月，李鹏召开国务院总理办公会议，专题研究医疗保障制度改革问题。4 月 14 日，国家体改委、财政部、劳动部、卫生部共同制定了《关于职工医疗制度改革的试点意见》，城镇职工基本医疗保险试点工作开始。国务院确定镇江市、九江市为试点城市，历史上称为“两江试点”。两市用了大约 5 个月时间，经过深入调查，制定出各自的试点方案。12 月，镇江市、九江市的职工医疗保障制度改革试点正式启动，“两江”试点的重点是实现机制转换，建立医疗保险“统账结合”（社会统筹与个人账户相结合）的城镇职工医疗保险模式。这一模式，经过扩大试点社会反应良好，为职工医保在全国铺开奠定了坚实的基础。

1998 年，国务院颁布《关于建立城镇职工基本医疗保险制度的决定》（国发〔1998〕44 号），提出在全国范围内进行城镇职工医疗保险制度改革，并确定了“统账结合”的职工医保发展模式。职工医保的全面实施，使基本医疗保险的覆盖面扩大至整个城镇就业群体，并确立了职工和个人两方分担的筹资模式（用人单位缴费率控制在职工工资总额的 6% 左右，职工缴费率一般为本人工资收入的 2% 。）这跟过去的公费医疗和劳保医疗明显区别开来。

尽管如此，城镇职工毕竟只占全国人数的一小部分。下一步需要做的工作，就是使基本医疗保险能够覆盖广大农村居民和城镇非就业群体，最终实现制度对全体国民的覆盖。

长期以来，中国城乡“二元”结构差距造成了医疗保障方面的巨大差距，且这一差距自 20 世纪 80 年代以来呈不断扩大的趋势。20 世纪 80 年代初期的农村经济体制改革，导致曾经在农村医疗保障中起到重要作用的农村合作医疗组织迅速解体，广大农民的医疗保障几乎完全变成了自费医疗，农民越来越无力支撑日益上涨的医疗费用，农民健康问题凸现，因病返贫现象增多。卫生部统计资料表明，2003 年全国城镇和农村的人均医疗费分别为 1108 元和 274.7 元，城市人均医疗费用是农村的 4 倍多。2003 年《第三次国家卫生服务调查》结果显示，全国有 45% 的患病农民由于经济原因应就诊而未就诊，30.3% 的患病农民应住院而未住院。“看病难、看病贵”成为广大农村居民的心头之痛。

2002 年 10 月，中央政府明确提出要建立以大病统筹为主的新型农村合作医疗制度。2003 年，国务院办公厅转发卫生部等部门《关于建立新型农村合作医疗制度意见的通知》（国办发〔2003〕3 号），新农合开始试点，初步确定了政府组织、引导、支持，农民自愿参加，由中央财政、地方财政和农民共同筹资的制度框架。试点之初，中央财政和地方财政对参加新型合作医疗的农民补助每年不低于人均 10 元（合计 20 元），农民个人每年的缴费标准不应低于 10 元。在政府财政的大力支持和引导下，新农合覆盖面迅速扩大。截至 2007 年年底，参合人口数从试点初期的 0.8 亿人，增长到 7.3 亿人，参合率达到 86.2%①。

2007 年，为了进一步使基本医疗保险覆盖城镇居民（非就业群体），国务院《关于开展城镇居民医保试点的指导意见》（国发〔2007〕20 号）提出，“在有条件的省份选择 2 至 3 个城市启动试点，2008 年扩大试点，争取 2009 年试点城市达到 80% 以上，2010 年在全国全面推开，逐步覆盖全体城镇非从业居民”。与新农合类似，政府对居民医保也采取了“政府补贴为主、家庭和个人筹资为辅”的筹资模式，在试点初期对参保居民提供不低于人均 40 元的财政补助。试点头一年，居民医保参保人数为 0.4 亿人。随后几年迅速扩大，到 2015 年底，居民医保的参保人数达到 3.8 亿人②。

2016 年，国务院《关于整合城乡居民医保制度的意见》（国发〔2016〕3 号）发布，提出要整合新农合和居民医保，建立统一的城乡居民医保（以下简称城乡居民医保）制度。各统筹地区要于 2016 年 12 月底前出台具体实施方案。为了缩小城乡差距，加快制度整合，中央和各地方政府通常都对新农合提供了更大力度的财政补贴措施。目前全国大部分地区已经完成了两大制度的整合，建立了统一的城乡居民医保制度。

中国基本医疗保险制度“从无到有”，实现了令世界瞩目的历史性突破。政府对城镇职工以外的城乡居民提供财政补贴，也成为中国基本医疗保险体系的突出特征。近年来，随着城乡一体化进程的加快，新农合和居民医保的筹资标准不断提高，财政补贴标准每年都向上调整，财政补贴占比也始终保持在 70%—80% 之间。至 2017 年，各级政府对两大制度的补贴标准已经提高至

---

① 国家统计局：《2007 年中国卫生事业发展统计公报》，2008 - 02 - 28。

② 国家统计局：《2015 年国民经济和社会发展统计公报》，2016 - 02 - 29。

450 元/人（详见表 4 - 1）。

表 4 - 1　　2003—2017 年财政补贴和人均筹资情况表　　单位：元

年份	中央财政	各级地方财政	财政补贴合计	新农合人均筹资	居民医保人均筹资	新农合财政补贴占比	居民医保财政补贴比
2003—2005	10	10	20	—	—	—	—
2006—2007	20	20	40	58.9	—	67.90%	—
2008	40	40	80	96.3	—	83.10%	—
2009	40	40	80	113.4	138.2	70.50%	57.90%
2010	60	60	120	156.6	181	76.60%	66.30%
2011	108/124	92/76	200	246.2	268.7	81.20%	74.40%
2012	132/156	108/84	240	308.5	322.9	77.80%	74.30%
2013	156/188	124/92	280	340	400.5	82.3%	69.9%
2014	120	200	320	410	410	78.0%	78.0%
2015	—	—	380	500	500	76.0%	76.0%
2016	—	—	420	570	570	73.7%	73.7%
2017	—	—	450	630	630	71.4%	71.4%

注：新农合和居民医保的人均筹资根据历年《中国统计年鉴》、《中国卫生统计年鉴》、国家统计局数据以及人社部、财政补政策文件得出或计算得出；“/”左边和右边分别是中部和西部的补贴标准。

二、基本医疗保险财政补贴制度现状

（一）全国总体情况

通过对全国各地城乡基本医疗保险财政补贴制度的梳理，本章初步整理了中国基本医疗保险财政补贴制度的总体情况，如表 4 - 1 所示。可以看出，中国基本医疗保险财政补贴的人均绝对额是逐年上升的，2003—2005 年政府每年给予每位参保农民 20 元的补助，到 2017 年已经提高到 450 元。从补贴占比来看，政府对两大制度的补贴一直占据着筹资的绝对主体地位。新农合财政补贴占筹资的比重平均高达 70%—80%；居民医保的财政补贴占比稍低于新农合，但是近年平均也高达 68.23%。从 2011 年开始，政府补贴不再是“一刀切”式的全国统一标准，而是区分中西部提出指导性的标准，在一定程度上体现了地区差异。

从政府责任分摊上看，全国层面对各筹资主体份额的规定并不详细公开，通常只粗略规定中央和各级地方政府的财政补贴标准。中央与地方有一定程度上的分摊，2008 年到 2010 年中央与地方政府间责任分摊比例为 1∶1，2011 年以后，中央财政补贴占政府补贴比重超过 50%。对于地方政府所承担的部分，由省级政府根据地区实际情况，确定省、市、县、镇各级财政的分摊责任。

总体来看，考虑到地区差异，2011 年以来，中央对较贫困的西部补贴更多；新农合的政府补贴占比大于居民医保的政府补贴占比。但是，近年来新农合政府补贴占比有下降倾向，居民医保政府财政补贴占比几乎没有增长。近三年来的财政补贴政策变化如下：

2015 年，各级财政对居民医保的补助标准在 2014 年的基础上提高 60 元，达到人均 380 元。其中，中央财政对 120 元基数部分按原有比例补助，对增加的 260 元按照西部地区 80% 和中部地区 60% 的比例给予补助，对东部地区各省份分别按一定比例给予补助①。

2016 年各级财政对居民医保的补助标准在 2015 年的基础上提高 40 元，达到每人每年 420 元。其中，中央财政对 120 元基数部分按原有比例补助，对增加的 300 元按照西部地区 80%、中部地区 60% 的比例补助，对东部地区各省份分别按一定比例补助②。

2017 年居民医保各级财政人均补助标准在 2016 年基础上新增 30 元，平均每人每年达到 450 元。其中，中央财政对西部、中部地区分别按照 80%、60% 的比例进行补助，对东部地区各省分别按一定比例进行补助③。

---

① 人力资源社会保障部、财政部《关于做好 2015 年城镇居民医保工作的通知》（人社部发〔2015〕11 号）。

② 人力资源社会保障部、财政部《关于做好 2016 年城镇居民医保工作的通知》（人社部发〔2016〕43 号）。

③ 人力资源社会保障部、财政部《关于做好 2017 年城镇居民医保工作的通知》（人社部发〔2017〕36 号）

（二）地区差异分析

在中央提供的指导性补贴标准下，各省的补贴标准及各级地方政府的财政补贴责任分摊，由各个省（自治区、直辖市）行使“自由裁量权”，即各地补贴方式根据各地区实际情况确定。通常的做法是，上级政府依赖行政垄断权力，自上而下进行年度性、经验性的“逐级派发”，下级政府的补贴额不得低于上级“派发”标准（毛翠英，2011），因此，全国各地的补贴制度差异很大。有些地方是同一标准补贴，有些地方是分档补贴，而分档的方式又有所区别；补贴标准主要是根据人均筹资额和人均医疗支出两个指标确定中央补贴的标准。

1. 不同地区的政府补贴水平差异

为了分析对比地区间的财政补贴水平差异，笔者对全国 31 个地区近年的基本医疗保险财政补贴政策进行了全面梳理，考虑到篇幅限制，我们在文中仅列出东、中、西部代表性省份的补贴制度如表 4－2 所示。

对比分析发现，东部的上海和北京，不管是新农合还是居民医保的补贴水平都远远高于其他东部省份。同时，东部省份之间以及西部省份之间的财政补贴水平差距甚远。在西部地区，青海省的财政补贴水平则比较高，新疆、宁夏的补贴水平偏低，但它们之间的差距正不断缩小，特别是居民医保的补贴水平；中部各省份之间政府补贴水平差别相对较小。

对于新农合，仅个别东部省份的补贴水平高于中、西部省份，例如上海、北京。而大部分东部省份和中西部省份的补贴水平相当；对于居民医保，东部省份补贴水平大多高出中西部省份 3—4 倍。但是中西部省份，特别是西部省份，财政补贴水平有很大的提高。例如，2013 年到 2014 年，新疆的居民医保各档的财政补贴增长了 2—16 倍。

表 4－2　　2013－2014 年全国代表性省份人均补贴水平

地区	代表省市	年份	个人缴费（元/人）		政府补贴（元/人）		筹资标准（元/人）	
			新农合	居民医保	新农合	居民医保	新农合	居民医保
东部	上海	2013	320	90/680/（500/340）	1 280	—	1 600	750/1700/（3 300/3 400）
		2014	320	90/680/（500/340）	1 180	—	1 500	750/1 700/（3 300/3 400）

续表

<table>
<tr><th rowspan="2">地区</th><th rowspan="2">代表省市</th><th rowspan="2">年份</th><th colspan="2">个人缴费（元/人）</th><th colspan="2">政府补贴（元/人）</th><th colspan="2">筹资标准（元/人）</th></tr>
<tr><th>新农合</th><th>居民医保</th><th>新农合</th><th>居民医保</th><th>新农合</th><th>居民医保</th></tr>
<tr><td rowspan="4">东部</td><td rowspan="2">辽宁</td><td>2013</td><td>70</td><td>60</td><td>280</td><td>540</td><td>340</td><td>680</td></tr>
<tr><td>2014</td><td>80</td><td>60</td><td>320</td><td>860</td><td>400</td><td>1 000</td></tr>
<tr><td rowspan="2">福建</td><td>2013</td><td>60</td><td>60</td><td>300</td><td>—</td><td>360</td><td>—</td></tr>
<tr><td>2014</td><td>70</td><td>70</td><td>340</td><td>—</td><td>410</td><td>—</td></tr>
<tr><td rowspan="4">中部</td><td rowspan="2">河南</td><td>2013</td><td>60</td><td>80</td><td>280</td><td>220 以上</td><td>340</td><td>300 以上</td></tr>
<tr><td>2014</td><td>60</td><td>—</td><td>320</td><td>—</td><td>400</td><td>—</td></tr>
<tr><td rowspan="2">安徽</td><td>2013</td><td>60</td><td>70</td><td>280</td><td>287</td><td>340</td><td>357</td></tr>
<tr><td>2014</td><td>80</td><td>80</td><td>320</td><td>320</td><td>400</td><td>400</td></tr>
<tr><td rowspan="6">西部</td><td rowspan="2">新疆</td><td>2013</td><td>60</td><td>150/75/40/20/40</td><td>290</td><td>150/75/40/20/40</td><td>350</td><td>150/75/40/20/40</td></tr>
<tr><td>2014</td><td>70</td><td>150/75/40/20/40</td><td>330</td><td>299/374/299/319/299</td><td>400</td><td>449/449/339/339/339</td></tr>
<tr><td rowspan="2">青海</td><td>2013</td><td>50（农牧民）</td><td>40/60</td><td>420</td><td>430/410</td><td>470</td><td>470</td></tr>
<tr><td>2014</td><td>60</td><td>50/70</td><td>450</td><td>460/440</td><td>510</td><td>510</td></tr>
<tr><td rowspan="2">宁夏</td><td>2013</td><td>50/200/400</td><td>40/200/400；50/200/400</td><td>340</td><td>340</td><td>390/540/740</td><td>380/540/740；390/540/740</td></tr>
<tr><td>2014</td><td>50/200/400</td><td>40/200/400；50/200/400</td><td>410</td><td>340</td><td>390/540/740</td><td>380/540/740；390/540/740</td></tr>
</table>

注释：各地补贴标准从各地政府官网、人社部、财政部政策文件整理得出。上海地区居民医保个人缴费和筹资标准，“/”表示不同主体标准不同，从左到右依次表示：未成年人和在校学生/成年居民/其他居民。新疆地区居民医保个人缴费、政府补贴、筹资标准，“/”表示不同主体标准不同，从左到右依次表示：普通成年人/困难成年人/普通未成年人/困难未成年人/大学生。宁夏地区的个人缴费和政府补贴“/”表示分档，从左到右依次表示：一档/二档/三档。

另外，从相对额（即不同省份政府补贴占比）来看，2013 年，新农合东部三个省份的政府补贴占比分别为 80%、82.35%、83.33%，中部两省都是 82.35%，西部三省分别为 82.86%、89.36%、61.08%。2014 年，新农合东部三个省份的政府补贴占比分别为 78.67%、80%、82.93%，中部两省都是

80%，西部三省分别为85.42%、88.24%、73.65%。东中西部地区财政补贴基本都达到70%—80%。从2013年到2014年，有些东中部省份财政补贴占比下降，西部省份财政补贴占比大多上升。

2. 不同地区的财政补贴方式差异

补贴方式的地区间差异也很大，同一省内各市或同一社保统筹地区各地实行几种筹资和补贴方式，如广东：东莞率先实现了三保合一，而其他市有些只是整合了城乡基本医疗保险，有些还是实行三种基本医疗保险制度；江苏实施苏北，苏中，苏南三种模式（夏永祥、陈群，2013）。不同省份和同一省份内不同地区在筹资方式和政府补贴方式上有差异，有分档与不分档之分，其中分档的依据又有不同，有些地方是按收入阶段划分，有些地方是按年龄段划分。表4－3是各省的补贴方式差异的展现。如表4－3所示，中国不同省份筹资与补贴方式主要分为三种：

表4－3 部分地区城镇基本医疗保险的分档筹资和分档补贴情况一览表

地区（年份）	个人缴费分档（元）	财政补贴分档（元）
四川（2013）	60/210（一档/二档）	280
重庆（2014）	10/90（学生儿童）； 60/150（成年居民）	320
江西（2012）	50/120 （未成年人/成年人）	200
陕西（2013）	30/10/180/20/ （少年儿童/低保、重度残疾及低收入家庭的少年儿童/城镇非从业居民/低保、重度残疾的城镇非从业居民及低收入家庭60周岁以上的老年人）	300
青海（2014）	50/70 （19周岁以下城乡居民（含大中专院校学生）/城镇居民）	460/440 （19周岁以下城乡居民（含大中专院校学生）/城镇居民）
上海（2014）	340/500/680/90 （70周岁以上人员/；60—69岁人员/19—59岁人员/中小学生和婴幼儿）	2960/2800/1020/660 （70周岁以上人员/；60—69岁人员/19—59岁人员/中小学生和婴幼儿）

续表

地区（年份）	个人缴费分档（元）	财政补贴分档（元）
新疆（2014）	150/75/40/20/40 （普通成年人/困难成年人/普通未成年人/困难未成年人/大学生）	299/374/299/319/299 （普通成年人/困难成年人/普通未成年人/困难未成年人/大学生）
宁夏（2014）	40/200/400（学生儿童）； 50/200/400（成年居民）	340

第一种为分档筹资和单一补贴，如四川和重庆的居民医保，这样不同收入水平的人群可以根据自己的需要选择不同档次的基本医疗保险，得到不同的保障水平，有利于减少“逆向选择”，调动不同收入水平人群的参保积极性。

第二种为按年龄为分档筹资和补贴，如江西、陕西、青海、上海、新疆的居民医保，其机理和第一种相似，都是区别化筹资和补贴，只是对象不同，都比较公平合理。按年龄来区分筹资水平和补贴水平，也可以理解为按支付能力确定筹资水平和补贴水平，这相当于在第一种补贴方式基础上一次收入再分配，一定程度上可以缓解社会贫富差距，社会效益更大。

第三种是补贴没有分档。这种方式缺乏灵活性、公平性，不利于财政补贴的可持续性。不同人群的基本医疗保险需求不同，补贴制度应该相应的要分层次，既要更照顾贫困人群的基本医疗保险需求，兼顾社会公平，也要允许和支持富裕居民追求更高水平的保障水平，才能调动不同需求人群的参保积极性，减少“逆向选择”。

单纯对补贴方式来说，主要有分档和不分档两种方式。

3. 不同地区的政府间责任分摊差异

从全国范围来看，无论是新农合还是居民医保，无论是富裕地区还是贫困地区，省级政府在补贴中都占主体地位。例如：2010 年湖北省的省、市、县政府分摊比例分别是 75%、15%、10%；2012 年安徽省的省、市、县政府分摊比例分别是 50%、33.33%、16.67%；2013 年内蒙古自治区的省、市、县政府责任分摊比例分别是 46.51%、26.74%、26.74%。但在湖北东湖、广西南宁、内蒙古赤峰、新疆乌鲁木齐等地区，县级政府承担了过重的补贴负担，有些地区县级政府的补贴比例甚至大于或者等于市级政府。例如：2012 年，湖北东湖的市县分摊比例分别是 23.32% 和 26.95%；内蒙古赤峰市的市县分摊比例分别是 11.90% 和 18.10%；广西南宁地区市县分摊比例分别是 13.04%

和 21.74%。

有些省份的省级或者市级政府还会根据不同的发展程度做更加细致的责任划分，在一定程度上体现了“横向公平”，例如海南与宁夏的省市级补贴按地区划分；内蒙古的县级补贴则以人口规模为标准，海南按经济发展程度划分不同的标准。而很多地方，包括安徽、甘肃、广西安宁、广东江门等，都只是按省、市、县三种标准分摊，没有更细致的划分，忽略了地区之间的差距，可以说这是低层次的“一刀切”式的补贴。

表 4－4 反映了部分地区地方各级政府补贴比例分摊情况。总的来看，不管是新农合还是居民医保，不管是富裕地区还是贫困地区，省级政府在补贴中都占主体地位，一些县级政府承担的比例大于或者等于市级政府，例如表 4－4 提到的 2008 年广东省的江门市、2012 年湖北东湖新技术开发区、2013 年内蒙古、2012 年赤峰市，2012 年广西南宁；表 4－8 提到的乌鲁木齐市的和田地区的皮山县。

表 4－4　　不同地区财政补贴的政府间分摊责任划分

地区		新农合（元）			居民医保（元）		
		省	市	县（区）	省	市	县
东部	广东江门（2008）	61	3	22	—	—	—
	海南（2013）（其他/三亚、洋浦、海口）	86/32	22/76		86/32	22/76	
中部	湖北鄂州（2010）	45	9	6（各区、开发区、街办）	—	—	—
	湖北东湖新技术开发（2012）	73.8	34.6	40	—	—	—
	安徽（2012）	81	54	27	81	54	27
	内蒙古（2013）	46	23	23（6 万以下人口为 46）	—	—	—
西部	内蒙古赤峰市（2012）	—	—	—	58.8	10	15.2
	广西南宁（2013）	60	12	20	—	—	—
	甘肃（2010）	50	10	—	—	—	
	宁夏（2012）（已整合）	省：川区 86.4；山区 129.6；生态移民 144			市县：川区 57.6；山区 14.4；生态移民 14.4		

有些省份的省级或者市级政府还会根据不同的发展程度做更加细致的责任划分，例如2013年海南省省级补贴有分三亚、杨浦、海口和其他地区两种标准；2013年内蒙古县级补贴有分6万人口一下和6万人口以上两种标准；2012年宁夏地区省市级补贴有分川区、山区、生态移民区三个标准。

由于各省的经济发展情况等不同，各级地方政府责任划分的依据不同，导致不同省份各级政府分摊比例的差异。很多地方，包括表格提到的安徽、甘肃、广西安宁、广东江门等，都只是按省、市、县三种标准分摊，没有更细致的划分，可以说这是低层次的“一刀切”式的补贴。而且对于基本医疗保险补贴一般只规定中央与地方的责任分摊，各级政府的分摊规则由各省自己决定。如顾昕和方黎明（2006）在其研究中这样写道：对省、市、县各自如何分摊这10元（从2006年起两年之内要提高到20元），中央并没有加以规定。这样没有相关制度约束，地方政府的政策的科学合理性就不能保障。

为体现“横向公平”，根据各省的经济发展情况的不同，各省份的各级政府责任分摊比例则不同。而对于更细致的划分政府财政补贴标准，像2013年海南省省级补贴有分三亚、杨浦、海口和其他地区两种标准；2013年内蒙古县级补贴有分6万人口一下和6万人口以上两种标准；2012年宁夏地区省市级补贴有分川区、山区、生态移民区三个标准，这是更高层次的注重“横向公平”的表现。

总的来说，根据政府责任分摊和财政补贴方式的差异，把全国的财政补贴制度作一个大概的归类：“一刀切”和“差异化”。

对于各级政府责任分摊来说，属于“一刀切”的，即各省忽视内部市县发展程度的差，各市县按同一标准分摊。如上文提到的安徽、甘肃、广西安宁、广东江门等，都只是按省、市、县三种标准分摊，没有更细致的划分。东部有上海、北京等，中部有湖南、福建等，西部有新疆、甘肃等；属于“差异化”的，即各省根据不同市县发展程度划分不同的标准。例如，东部的海南，有分对其他市和三亚、洋浦、海口地方两个不同的标准，西部的宁夏，有分川区、山区、生态移民三个标准。

对于财政补贴方式的差异来说，属于“一刀切”的，即补贴没有分档次的地方，如四川、重庆 。属于“差异化”的，即是补贴有分档次的地方，如上文提到的江西、陕西、青海、上海、新疆。

三、现行财政补贴政策存在的主要问题

为了吸引广大城乡非就业居民参保，尽快实现农村居民和城镇非就业居民医保“从无到有”的根本性转变，现有的基本医疗保险财政补贴机制，在实施之初带有明显“摸着石头过河”式特征，也起到了至关重要的激励作用。特别是在在吸引群众参保等方面也取得了较好的效果。近年来，随着城乡统筹的推进，国家对城乡基本医疗保险制度关注的力度越来越大，财政投入不断增加，相关配套制度不断改进。与此同时，现行补贴制度的弊端也逐步暴露出来，突出地体现在：财政补贴缺乏长效机制；各级政府责任分摊不合理；政府补贴地区、城乡间失衡；政府投入绩效低下等。这些问题的存在直接影响到基本医疗保险补贴制度的公平性和可持续性发展。

（一）政府承担了过多的筹资责任

2003 年新农合试点之初，中央和地方财政分别提供人均补贴 10 元，个人筹资 10 元。随后各年，人均财政补贴标准不断提升，至 2013 年，人均补贴达到 320 元，在此之前大部分年份财政筹资占人均筹资的比重一直在 80% 左右①。2014 年以来，在筹资和补贴标准调整中，财政补贴占比呈逐年下降趋势，但直到 2017 年，这一比例仍然高达 71.4%（表 4 - 5）。鉴于政府财政在各国基本医疗保险筹资中扮演了重要角色，一些学者从可持续性视角研究老龄化等筹资增长因素对财政承受能力的影响。如 Hagist & Kotlikoff（2005）基于英、美、德、加拿大等十国的研究表明，除非人均医疗卫生支出增长与人均收入的增长速度持平，否则老龄化的加剧将造成政府财政支付危机；Chernew et al.（2003）在医疗费用预测的基础上对美国医疗卫生体系的承受能力进行了研究发现，如果人均医疗费用增长比 GDP 增长快一个百分点，那么直到 2075 年都是可持续的；若这一差距提高到 2 个百分点，在 2039 年之前才是可持续的。

截至 2017 年年底，全国人口总数为 13.9 亿人，其中城镇职工参保人数为

① 国家统计局：《中华人民共和国 2016 年国民经济和社会发展统计公报》，2017 年 2 月 28 日。

3.03 亿，城乡居民基本医疗保险的人数为 8.73 亿人[①]。考虑到城乡居民医保整合还在进行中，缺乏相关的统计数据，而新农合早就基本实现了对农村居民的全覆盖，据此推算，城乡居民医保的覆盖人数在 11 亿左右。按 2017 年人均补贴 450 元计算，全年中央和地方各级财政补贴投入高达 4000 多亿元。在老龄化背景下，医疗费用的上涨是长期趋势。未来城乡居民医保的巨额财政补贴是否可持续？政府是否应当长期承担如此之高的筹资责任？值得深思。

表 4-5　近年来城乡居民医保人均筹资和财政补贴标准变化情况

年份	中央和地方政府财政补贴合计（元）	相对上一年调增（元）	个人筹资（元）	相对上一年调增（元）	城乡居民医保人均筹资（元）	财政补贴占比（%）
2014	320	40	90	20	410	78.0
2015	380	60	120	30	500	76.0
2016	420	40	150	30	570	73.7
2017	450	30	180	30	630	71.4

（二）政府间补贴责任分摊不明

中国是一个人口大国，地区发展不平衡，不同地区的地方政府财力相差悬殊。财政补贴分配如何才能做到公平和有效是一个难度很大的问题。目前，在“横向分配”中（即东、西地区的分配）已经初步体现差异，但是，“纵向分配”（各级财政自上而下的分配）依然缺乏更详细的划分。这种政府间责任分摊“一刀切”，不仅有损公平，也影响了筹资的稳定性。

全国层面对各主体筹资份额的规定并不详细公开，且并未明确规定各级政府的责任分摊比例，导致各级政府责任边界不清，筹资成本分摊不合理。基本医疗保险财政由中央政府每年下发文件确定当年人均补贴和个人筹资的指导性标准，补贴责任则由中央和各级地方政府再进行分摊。按照现行政策，通常由中央政府每年下发文件确定当年人均补贴和个人缴费的指导性标准，补贴责任则由中央和各级地方政府按 1:1（2011 年开始中央承担更多的责任，见表 4-1）进行分摊，但对于省级及以下各级政府如何分摊，文件未能明确。从 2011 年

① 国家统计局：《中华人民共和国 2017 年国民经济和社会发展统计公报》，2018 年 2 月 28 日。

开始，中央财政区别中、西部地区实行差别补贴政策，同时中央财政补贴占比超过 50%；从 2014 年开始，中央财政对原有 120 元的补助标准不变，对超出 120 元以上的财政补贴部分，按照“西部地区 80% 和中部地区 60% 的比例安排补助，对东部地区各省份分别按一定比例补助”。但是至今，对于省级及以下各级政府如何分摊都未能从制度进行明确。实践中是由各个省（自治区、直辖市）行使“自由裁量权”。政府间责任分摊普遍采取“一刀切”，没有建立一种与下级财政支持能力相联系的补贴制度，导致政府间的利益博弈和责任承担的随意性，使筹资稳定性存在潜在的风险。

另一方面，部分地区的基层财政承担了过重的补贴责任，如湖北东湖、广西南宁、内蒙古赤峰、新疆乌鲁木齐等地区。以新疆乌鲁木齐为例，该地区采用“自上而下”的方法确定各级政府责任，即中央给地方划分一个补贴额度，由各级地方政府自行确定分摊比例。一般是省政府首先确定其支付一个额度，剩下的划分给市政府，市财政再分划给县，以此类推。各级政府责任分摊没有明确的规定，政策存在一定的随意性。以新疆乌鲁木齐市为例（表 4－6），2012 年乌鲁木齐地方政府财政补贴为 38.34%，省、市及市以下政府补贴分别占 14.62%、23.72%；2013 年乌鲁木齐地方财政补贴为 48.49%，省、市、县级三级政府补贴分别占 13.97%、10.41%、24.11%。

表 4－6　　乌鲁木齐新农合财政补贴数据　　单位：元/人

年份	筹资标准	财政补贴	自治区	自治区占财政补贴比重	市	市占财政补贴比重	县（区）	县（区）占财政补贴比重
2012	313	253	37	14.62%	60	－23.72%	—	—
2013	425	365	51	13.97%	38	10.41%	88	24.11%

数据来源：2011—2013 年新疆乌鲁木齐市政府。

（三）财政补贴标准的确定与调整缺乏科学测算

在“先试点、再推广”的发展路径中，新农合和居民医保财政补贴标准的确定与调整，通常由中央定期出台指导性文件加以规定，存在明显的短期性和政策随意性（仇雨临和郝佳，2011），缺乏长效机制和科学合理的测算机制。在城乡医保一体化进程中，为了缩小城乡差距和制度差距，新农合和城镇居民医保两大制度的财政补贴标准频频向上调整，2008—2014 年间各年调增额度 40 元、80 元不等，2015—2017 年则依次分别调增 60 元、40 元和 30 元。从实践来看，各统筹地区更多地从基金的短期平衡出发调整筹资政策，财政补贴调整存在一定的短期性，尚未形成筹资的长效机制。各年的补贴标准的调整，通过人社和财政部门定期下发文件来体现，带有很强的行政性命令特征。由于财政补贴缺乏长效机制，没有可以参照的法律规范，导致制度调整存在的随意性和缺乏科学测算，影响了基本医疗保险基金筹资的稳定性，不利于财政补贴制度的可持续性发展。

（四）公平性问题突出

公平性问题，主要体现在财政补贴的地区失衡和城乡失衡。

财政补贴的地区失衡，“从富效应”是最明显的表现。孙世强和任佳宝（2010）从中央财政补贴金额的角度提出，历年来的人均补额都存在东部地区大于中部地区，中部地区又大于西部地区的情况，产生了“富人越富越有保障，穷人越穷越无保障”的尴尬局面。本章引入“财政补贴依存度”（政府财政人均补贴和人均纯收入之比）指标，通过分析比较东中西地区几个代表省份的这一指标，来论证财政补贴地区间的失衡问题，如表 4-7 所示。

表 4-7　2013 年东、中、西、部代表省份对财政补贴的依存度

地区		新农合人均财政补贴额（元/人）	农村居民家庭人均纯收入（元）	对财政依存度系数（%）
东部	北京	580	16475.7	0.035
	天津	280	14025.5	0.02
	福建	300	9967.2	0.03
中部	湖南	280	7440.2	0.038
	安徽	280	7160.5	0.039
	湖北	200	7851.7	0.025
西部	新疆	290	6393.7	0.045
	西藏	340	5719.4	0.059
	广西	280	6007.5	0.047

注：（1）数据来源：《中国农村统计年鉴 2013》；（2）天津市的数据实际上是城乡居民医保的财政补贴额。该地区早在 2010 年就已经将新农合和居民医保整合成城乡居民医疗保险制度。

可以看出，农村居民人均纯收入东部地区最高，中部地区次之，西部地区最低。但是，因为财政补贴的“配套”性质，尽管国家对西部地区的人均财政补贴要高于中部地区，东部地区所获得的人均财政补贴却是最高的。从财政依存度指标来看，东部地区小于中部地区，中部地区又小于西部地区。可见，越贫困的地区由于个人收入低、基本医疗保险筹资渠道少，财政补贴依存度越大，对财政补贴的依赖越大。然而，现行补贴制度并未充分考虑地区间的支付能力差异，人均财政补贴实际上体现出向东部地区的明显倾斜，说明财政补贴与城乡居民的需求不一致，财政补贴存在地区间的失衡。

值得一提的是，即便在已划分的东、中、西部地区内部，各省份之间的经济水平差距也非常明显。传统的“一刀切”式的定额补贴法会使财力较弱、农业人口比重较高的地方政府承担较重的筹资责任，有失公平性原则。

城乡基本医疗保险间失衡，主要体现在部分地区新农合与居民医保间保障水平依然差距很大。近年来新农合财政补贴占比达到70%—80%，居民医保财政补贴占比在70%左右。但是新农合财政补贴占比有下降趋势，居民医保财政补贴占比几乎没有变化。另外，据统计，中国城市人口享受着2/3以上医疗卫生服务，而约占全国人口64%的农村人口却只享用着不到1/3的医疗卫生服务（张振刚和黄琳，2011），付立新等（2010）也认为财政对城乡、地区医疗保障支出不平衡。财政补贴在城乡基本医疗保险间的失衡，造成医疗资源的闲置和供不应求共存的局面，既不利于城乡基本医疗保险的一体化，又不利于化解城乡“二元”经济结构。

（五）缺乏对财政补贴资金的追踪问效

多年来，基本医疗保险过于依赖政府投入规模的扩大，而忽视绩效评价和投入资源的有效配置，导致政府补贴资金的使用效益不佳。各地医疗保障体系投入产出难以达到最优状态，甚至还出现效率恶化的趋势（宋占军和朱铭来，2014）。因此，尽管政府投入不断增长，城乡居民医保的保障水平不断提升，但是依然未能有效缓解“看病难，看病贵”的问题。第四次全国卫生服务调查结果显示，职工医保住院实际补偿比为63.2%，居民医保实际补偿比为49.3%，新农合实际补偿比最低，仅33.7%（卫生部统计信息中心，2009）。城乡居民的医疗负担还比较重。这其中一个很大的原因，是“开源”之后未能有效“节流”。因为医疗保险市场存在严重的信息不对称，加上现行医疗卫生体制的弊端、医患双方的道德风险等因素，导致医疗费用过度上涨，在很大程度上抵消了政府补贴和筹资水平提升的效果。因此，缺乏对财政补贴资金的监管和绩效评估，造成医疗卫生资源的浪费和政府投入在一定程度上的“失效”。

四、本章小结

本章首先分析了中国基本医疗保险制度的历史背景，然后对现状和存在的主要问题进行了分析。主要结论如下：

从全国总体情况来看，中国基本医疗保险财政补贴的人均绝对额是逐年上升的，政府对两大制度的补贴一直占据着筹资的绝对主体地位。新农合财政补贴占筹资的比重平均高达70% -80%；居民医保的财政补贴占比稍低于新农合，但是近年平均也高达68.23%。从2011年开始，政府补贴不再是“一刀切”式的全国统一标准，而是区分中西部提出指导性的标准，在一定程度上体现了地区差异。2011年以来，中央对较贫困的西部补贴更多；新农合的政府补贴占比大于居民医保的政府补贴占比。但是，近年来新农合政府补贴占比有下降倾向，居民医保政府财政补贴占比几乎没有增长。

全国各地的补贴制度差异很大。一是补贴水平差异：东部的上海和北京，不管是新农合还是居民医保的补贴水平都远远高于其他东部省份。同时，东部省份之间以及西部省份之间的财政补贴水平差距甚远。二是财政补贴方式差异：不同省份和同一省份内不同地区在筹资方式和政府补贴方式上有差异，有分档与不分档之分，其中分档的依据又有不同，有些地方是按收入阶段划分，有些地方是按年龄段划分。三是政府间责任分摊差异：由于各省的经济发展情况等不同，各级地方政府责任划分的依据不同，导致不同省份各级政府分摊比例的差异。总的来看，不管是新农合还是居民医保，不管是富裕地区还是贫困地区，省级政府在补贴中都占主体地位，一些县级政府承担的比例大于或者等于市级政府。

现行财政补贴政策存在的主要问题体现在五个方面：

1. 政府承担了过多的筹资责任。2014年以来，在筹资和补贴标准调整中，财政补贴占比呈逐年下降趋势，但直到2017年，这一比例仍然高达71.4%。

在老龄化背景下，未来城乡居民医保的巨额财政补贴是否可持续？值得深思。

2. 政府间补贴责任分摊不明。至今对于省级及以下各级政府如何分摊都未能从制度上进行明确。部分地区的基层财政承担了过重的补贴责任。政府间责任分摊普遍采取“一刀切”，没有建立一种与下级财政支持能力相联系的补贴制度，导致政府间的利益博弈和责任承担的随意性，使筹资稳定性存在潜在的风险。

3. 财政补贴标准的确定与调整缺乏科学测算。新农合和居民医保各年的补贴标准的调整，通过人社和财政部门定期下发文件来体现，带有很强的行政性命令特征。缺乏长效机制和科学合理的测算机制。

4. 公平性问题突出。主要体现在财政补贴的地区失衡和城乡失衡。地区失衡体现在财政补贴的“从富效应”。历年来的人均补贴额都存在东部地区大于中部地区，中部地区又大于西部地区的情况，产生了“富人越富越有保障，穷人越穷越无保障”的尴尬局面。城乡失衡主要体现在部分地区新农合与居民医保间保障水平依然差距很大。

5. 缺乏对财政补贴资金的追踪问效。基本医疗保险过于依赖政府投入规模的扩大，而忽视绩效评价和投入资源的有效配置，导致政府补贴资金的使用效益不佳。因此，尽管政府投入不断增长，城乡居民医保的保障水平不断提升，但是依然未能有效缓解“看病难，看病贵”的问题。

第五章

中国基本医疗保险财政补贴机制构建[①]

中国现有的基本医疗保险财政补贴机制尽管有其特定的历史背景，对于迅速实现基本医疗保险全覆盖意义重大，但是已经不适应城乡一体化和城乡居民医保体系可持续发展的需要。随着中国进入经济“新常态”，工业化、城镇化、人口老龄化进程加快，以及疾病谱变化、生态环境和生活方式变化、医药技术创新等，都将对现行制度形成新的挑战，需要我们从公平性和可持续性的角度去建立制度化、长效化的基本医疗保险财政补贴机制。

城乡一体化是中国正在进行的一项重大而深刻的社会变革，也是转变“二元”经济结构、缩小城乡差距和促进经济社会和谐发展的长期性战略举措。城乡一体化体现在基本医疗保险领域，就是城乡医保一体化。因为覆盖农村居民的新农合和覆盖城镇非就业居民的城镇居民医保筹资主要依赖政府提供的高比例补贴，政府不断扩大投入已经成为推动医保一体化发展的关键手段。近年来，随着城乡医保一体化的推进，政府财政在基本医疗保险的投入逐年增加，相关配套制度不断完善。与此同时，现行补贴机制的弊端也逐步暴露出来，如财政投入缺乏科学测算、政府补贴地区间失衡、各级政府责任分摊“一刀切”、缺乏对补贴资金追踪问效等。《“健康中国2030”规划纲要》明确提出要“健全政府健康领域相关投入机制，调整优化财政支出结构，加大健康领域投入力度”。2016 年 1 月 12 日，《国务院关于整合城乡居民医保制度的

① 本章的核心内容发表在《我们需要怎样的城乡居民医保财政补贴机制?》，《中国医疗保险》，2017 年第 10 期。

意见》(国发〔2016〕3号)(以下简称《意见》)公布，要求整合这两项制度，建立统一的城乡居民医保制度。城乡医保一体化进入加速发展阶段。可以预见，补贴政策还会继续、补贴规模仍需持续扩张。能否从全国层面建立起一个规范、长效、制度化的财政补贴机制，直接影响到筹资来源稳定性和整个医疗保险体系的公平可持续发展。

一、财政支持基本医疗保险的必要性

医疗保障领域市场失灵与公共物品的性质为政府干预与财政支持提供了理论基础。福利经济学理论认为，在完全竞争条件下，市场能够自动达到帕累托最优的状态，同时也能够实现社会福利的最大化。遗憾的是，在医疗保险领域，完全竞争的前提假设几乎全都不具备。医疗资源(特别是大医院和医学专家)的相对稀缺性、医疗服务的非同质性、供需双方之间严重的信息不对称和医疗保险条件下患者只需要支付医疗服务费用的一部分，这些都很容易引发医患双方的道德风险，导致严重的市场失灵和社会福利损失。

国际经验表明，政府为弱势群体提供补贴，通过医疗保险等制度安排减少家庭的自付医疗费用负担，是实现全民基本医疗保险的必要条件和一般路径(Savedoff et al.，2012)。例如，著名的泰国“30铢计划”也主要依赖政府筹资，财政补贴占比曾一度增至75%(Damrongplasit et al.，2015)。中国基本医疗保险坚持“低层次、保基本、广覆盖”，是为了实现“全民基本医疗保险”的价值追求。因此，基本医疗保险具有非竞争性和非排他性，是一种具有外部性的准公共物品。回顾中国医疗保险制度的发展历史，无论是建国初期的劳保医疗、公费医疗，还是今天的城镇职工基本医疗保险，城镇职工一直是制度优先眷顾的群体。广大农村居民和城镇非就业者曾长期处于医疗保险的真空地带。2003年以来，中国政府对这部分居民的基本医疗保险采取了高比例补贴政策，其中各级财政对参合农民的保费补贴一度高达80%。正是因为有财政的持续大力支持，中国才能够在短短十余年间使基本医疗保险覆盖全体国民，取得了举世瞩目的成就。

财政补贴基本医疗保险领域，不仅可以保护弱势群体的利益，减少居民的医疗费用负担，也是进行收入再分配和提升社会公平的重要手段，从而有利于实现社会福利的帕累托最优。相对于城镇职工，农村居民和城镇非就业者支付能力低，收入增长缓慢。为了顺利推进城乡医保一体化进程，财政支持城乡居民医保不仅在过去而且在将来都有其必要性。

二、基本医疗保险财政补贴机制的总体架构

城乡居民医保的财政补贴机制是指与补贴标准、支补贴对象、补贴责任和补贴绩效有关的一系列相互影响及相互制衡的制度体系。这一制度体系应当考虑资金筹集、资金分配、资金运营和管理的各个环节，体现支出规模、支出结构、支出责任、支出管理与效果等多方面内容（如图 5－1 所示）。

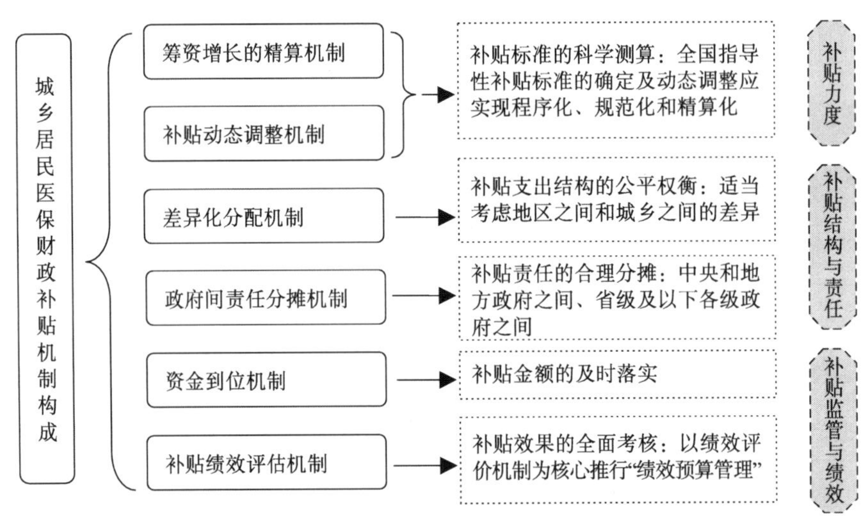

图 5－1　城乡居民医保财政补贴机制的理论构成

在资金筹集环节，根据补贴标准缺乏合理测算等问题，有必要建立补贴增长机制和动态调整机制，定期提供全国平均筹资和补贴水平的指导性标准，并使补贴标准的确定与调整与医疗费用增长、居民个人和政府财政能力的增长等因素相联系；在资金分配环节，要改变当前“一刀切”式的补贴方式，合理考虑城乡之间和地区之间在支付能力和医疗消费水平等方面的差距，实行差异化的财政补贴政策，并建立政府间责任分摊机制，从制度上明确甚至量化各级

政府应承担的责任；在资金运行环节，根据配套资金存在的问题，建立规范的资金到位机制，将各筹资主体的责任落到实处，并建立完善的财政资金支付管理机制；在资金监管环节需要重视财政补贴绩效考核，加强预算管理，特别是建立以绩效评价为核心的绩效预算管理机制。

为此，第一，要考虑补贴标准的科学测算问题。到底应当提供多高水平的补贴？各年的补贴标准如何进行根据情况进行动态调整？这些问题的回答，不仅与居民收入水平和政府的财政承受能力相关，更是需要充分考虑人口老龄化、医疗费用增长、医疗卫生体制改革等多个方面的因素。这是一个应当由专业人员参与的重要决策。其中，医疗保险精算机制必不可少。通过建立规范化、程序化的筹资增长机制和补贴动态调整机制，才能够有效解决补贴标准确定的行政化、随意性和短期性倾向。

第二，要考虑补贴支出的公平权衡问题。全国各地社会经济发展水平差异很大，医疗保障制度也各不相同。如果不考虑城乡差异、地区差异和人群差异，均实行同等水平的财政补贴，显然有失公平，也没有效率。事实上，财政补贴是基本医疗保险发挥收入再分配作用的关键机制。财政补贴如何向困难地区和弱势群体倾斜，特别是在城乡一体化进程中如何利用财政补贴缩小城乡保障水平差距，是基本医疗保险财政补贴差异化分配机制需要重点考虑的。

第三个需要解决的问题是财政补贴的钱由谁出？按照现行制度，由中央和各级地方政府之间进行分摊。那么，在每年全国指导性的基本医疗保险财政补贴标准确定之后，首先需要回答的问题是：中央和各省（自治区、直辖市）之间如何分摊责任？鉴于中国区域之间发展严重不均衡的事实，至少需要区分东、中、西部不同的省份实行不同的责任分摊比例①。第二个需要回答的问题是，确定了省（自治区、直辖市）的财政补贴责任之后，如何进一步在省、市、县各级财政之间分摊补贴责任？鉴于一省（自治区、直辖市）内部各地区之间的发展往往也是不均衡的，需要各省（自治区、直辖市）根据所辖范围各地的实际情况，提出进一步的责任分摊方案。

第四，确定了财政补贴责任之后，资金如何征缴到位、如何进行补贴绩效

① 根据我们的研究，仅仅区分东、中、西部确定差异化的分摊比例还不够，需要考虑地方支付能力差异等因素实行更加细致的政府间责任分摊政策。详见本书第七章《中国基本医疗保险财政补贴的政府间责任分摊研究》。

考核并建立绩效评价机制和反馈机制，是促进财政资金有效运用的关键环节。

上述架构中，筹资增长的精算机制及补贴动态调整机制重点解决补贴标准和规模的科学测算问题，差异化分配机制和政府间责任分摊机制则直接影响到筹资公平及筹资来源稳定性，而资金到位机制及补贴绩效评价机制，是确保财政投入资金实现有效配置并达到预期目标的关键性制度保障。

三、关键机制分析

（一）筹资增长的精算机制

医疗费用的增长是全球性趋势。因为疾病谱的变化和医疗科技进步等因素的影响，以及国民对健康问题的重视程度不断增加，医疗费用增长难以避免。与此同时，人口老龄化进程加快，使老年人口的绝对数和相对占比都在增长。中国是世界上最大的发展中国家，“未富先老”、超过 2 亿人的庞大的老年人口基数以及长期计划生育国策带来的带来的人口结构转变，使中国的人口老龄化面临越来越严峻的形势。因为老年人是基本医疗保险基金消耗的主体，老龄化和高龄化趋势，进一步加大了医疗费用增长压力。另一方面，城乡居民医保也是一种保险，其运作原理同商业保险类似，也需要利用大数法则和风险分散原理，因此，城乡居民医保的筹资增长应当考虑精算平衡和运用精算技术定价。同时，城乡居民医保是一种长期性的制度安排，尽管基金管理采用“现收现付”模式，但是依然有必要建立科学测算机制，考虑其长期偿付能力问题。这就需要从可持续视角出发，由人社部门牵头，联合财政、卫生等相关部门建立专门的研究机构，充分考虑人口结构变化、医疗费用增长、保障水平调整等多个方面的影响因素，引入精算模型对下一基金年度的筹资水平进行定量测算，并确定中长期的筹资水平调整规划，为医疗保险的财政支出预算编制和补贴水平确定提供依据。

（二）财政补贴动态调整机制

财政补贴动态调整机制既包括对补贴水平的调整，也包括对筹资结构的调整。

补贴水平需要依据筹资水平进行调整。在“现收现付”的基金管理模式下，基本医疗保险筹资水平定期调整不可避免。从理论上看，影响基本医疗保险筹资和财政补贴需求的因素非常复杂，包含一系列动态变化因素。这些因素可大致分为两类：一是制度内部因素，包括门诊率、住院率、人均（次均）住院费用等影响医疗费用增长因素，也涉及起付线、基金报销比例、基金结余率等影响基金收支风险的因素；二是制度外部因素，需要考虑老龄化、疾病谱变化、政府与个人的经济承受能力等。前一类因素可以基于基本医疗保险制度的日常运行数据，进行实时监测预警，后一类因素的影响需要通过专门研究和定期评估来进行判断。因此，补贴水平的调整应当是动态进行的。应当紧密结合日常运行监测和定期评估两种手段，增强调整依据的科学性，使补贴水平的调整更加具有前瞻性和合理性。目前，各地实践中基本遵循了“一年一调”原则。这一原则应当是与“现收现付”模式相适应的，需要进一步改进的是，未来更应当强调“有据可依”，并更加重视精算机制的建立和运用。

筹资结构的调整即政府与个人之间相对责任大小的调整。长期的高补贴政策使政府承担了过高的筹资责任，不仅容易出现“泛福利化”倾向，也淡化了个人责任，模糊了城乡居民医保的基本医疗保险性质。在老龄化背景下，政府面临养老、医疗等公共领域的多重财政负担，这种过于强调政府责任的补贴政策迫切需要调整。近年来，政府开始认识到这一问题，《国务院关于印发“十三五”深化医药卫生体制改革规划的通知》（国发〔2016〕78 号）明确提出，要“在继续加大财政投入、提高政府补助标准的同时，强化个人参保意识，适当提高个人缴费比重”。在学界，建立使城乡居民个人缴费责任与收入相挂钩的动态调整机制已基本成为共识。王红漫和王霖（2009）和李亚青（2015）在其研究中，将最高个人筹资责任设定为人均年收入的 2%；詹长春和周绿林（2011）则将江苏省新农合的最高个人筹资责任提升到人均纯收入 3.4%。但是，对于政府和个人之间各自应承担的责任份额，尚有待明确。尽管如此，未来个人筹资责任依然有提升空间。

（三）财政补贴差异化分配机制和政府间责任分摊机制

城乡医保一体化的目的在很大程度上是为了推动“医疗保障均等化”，体现在财政补贴方面的要求，就是“财政补贴均衡化”，即解决不同层级政府之间的纵向不均衡和同级地方政府之间横向不均衡问题。横向不均衡则属于财政补贴支出结构（不同地区间的差异化）问题，纵向不均衡本质上是各级政府间责任分摊问题。因此，财政补贴的差异分配机制和政府间责任分摊机制要解决的问题也就归结为“支出结构的公平权衡”和“支出责任的合理分摊”两个方面。

对于第一个问题，需要进一步考虑全国不同地区的发展水平差异和补贴需求差异，制订更加细致的横向均等化基本医疗保险财政补贴分配方案。现有的财政补贴机制仅仅粗略区分中、西、东部地区（对东部地区依然缺乏明确的规定），这种差异化分配机制仍然有待细化。发达国家的中央（或联邦）政府会依据立法部门事先制定好的复杂的公式来确定对地方政府的补助金金额。在基本医疗保险领域，中央对不同地区的补贴金额确定也应当制度化，有必要综合考虑不同地区的人口状况、财政收入、居民收入水平和医疗负担等因素研究制定差异化分配公式。

对于第二个问题，现有“一刀切”式的、忽略地方差异的政府间责任分摊已饱受诟病并严重滞后于城乡一体化发展的需要。特别是在地方政府之间的责任分摊中，省级政府往往依赖行政垄断权力自上而下“逐级派发”各下级地方政府应当承担的补贴责任，忽视了地方经济能力差异，存在明显的“甩包袱”倾向（毛翠英，2011），这显然不利于明确责任和稳定基本医疗保险筹资来源。政府间责任如何分摊，既是牵涉到财政分权、公平分配和公共管理等领域的理论问题，更是医保一体化进程中建立完善的财政补贴机制迫切需要解决的现实课题。但鉴于问题的复杂性和敏感性，很少有文献就政府间责任分摊问题提出系统的解决思路或分摊方案。鉴于基本医疗保险财政补贴也是一种财政转移支付，有必要借鉴“均衡性转移支付原理”，构建政府间责任分摊的标准化测算体系。这一体系能够综合考虑影响责任分摊的需求和供给因素，使责任分摊建立在程序化定量测算的基础上，并合理体现不同地区在财政支持能力和财政补贴需求方面的差异，以解决责任分摊制度化和财政支持均衡化问题。

（四）财补贴资金到位机制和绩效评估机制

城乡居民医保财政补贴是一种带有配套要求的专项补助，即财政补贴资金的转移支付要求下级政府以一定的配套资金投入为前提。这种财政补贴资金的逐级“配套”要求在很大程度上有利于富裕地区，在“一刀切”的政府间补贴责任分摊条件下，会使财力较弱的县市不得不承担更重的财政负担（李亚青和许秋淑，2015）。特别是贫困人口比例越大、财政支出能力弱的地区，中央政府的补助资金对他们反而构成了一种压力，甚至出现地方财政难承重负而无力出资的状况，从而影响了补贴资金的及时到位。完善财政补贴资金到位机制，首先要在合理划分各级地方政府责任的前提下，在补贴制度的设计中应该考虑各区域的客观经济社会指标，设定相应的补贴依据和公式，差别性地确定补助资金金额。

另一方面，在不断扩大财政投入的同时，相应的绩效评价等监管措施严重滞后，不利于保障资金的使用效益，扩大了财政资金流失和浪费等风险。当前，越来越多学者的认识到，医疗保障体系不能仅仅依赖扩大政府投入，而应当更加重视绩效评价和投入资源的有效配置（Yip & Hsiao et al.，2012）。换言之，政府不仅要关注投入多少的问题，更要关心投入是否有效。这种有效性包括对参保群体的激励、对公平性的提升、对城乡统筹的推动、对下级地方财政出资积极性的影响等等。由财政部门牵头对基本医疗保险财政补贴进行综合的绩效评价，不仅有利于及时发现和反馈问题，实现财政补贴资金从“扩大投入”到“有效投入”的转变，也是建设服务型政府过程中绩效预算管理改革的核心内容之一。城乡居民医保涉及广大居民的利益，有着广泛的社会影响。中国推行医保一体化，也正是为保障广大国民基本的健康权利。因此，绩效评价指标体系设计需要兼顾公平与效率、过程与结果，并体现客观绩效和主观满意度的结合。应当以参保（合）人的受益程度和满意度应当作为绩效评价的首要考量。绩效评价框架的构建，既要重视对投入产出效率的衡量，更要重视对公平性的评价；既要考虑过程评价，更要重视结果评价；既要考虑客观评价标准，也要重视主观评价标准。通过建立综合性的绩效评价机制和有力的反馈、问责机制，促进财政补贴资金使用效率。

四、本章小节

医疗保障领域市场失灵与公共物品的性质为政府干预与财政支持提供了理论基础。财政补贴基本医疗保障领域，不仅可以保护弱势群体的利益，减少居民的医疗费用负担，也是进行收入再分配和提升社会公平的重要手段。为了顺利推进城乡医保一体化进程，财政支持城乡居民医保不仅在过去而且在将来都有其必要性。

城乡居民医保的财政补贴机制是指与补贴标准、支补贴对象、补贴责任和补贴绩效有关的一系列相互影响及相互制衡的制度体系。这一制度体系应当考虑资金筹集、资金分配、资金运营和管理的各个环节，体现支出规模、支出结构、支出责任、支出管理与效果等多方面内容。其中，最为重要的是建立四个方面的关键机制。

一是筹资增长的精算机制。需要从可持续视角出发，由人社部门牵头，联合财政、卫生等相关部门建立专门的研究机构，充分考虑人口结构变化、医疗费用增长、保障水平调整等多个方面的影响因素，引入精算模型对下一基金年度的筹资水平进行定量测算，并确定中长期的筹资水平调整规划，为医疗保险的财政支出预算编制和补贴水平确定提供依据。

二是财政补贴动态调整机制。这一机制既包括对补贴水平的调整，也包括对筹资结构的调整。筹资水平的调整应当是动态进行的，不仅要综合考虑住院率、人均（次均）住院费用、起付线、基金报销比例等制度内部因素，也要综合考虑老龄化、疾病谱变化、政府与个人的经济承受能力等制度外部因素，调整依据应当是日常监测和定期评估相结合。筹资结构的调整即政府与个人之间相对责任大小的调整。应建立使城乡居民个人缴费责任与收入相挂钩的动态调整机制，并适当提高个人的筹资责任。

三是财政补贴差异化分配机制和政府间责任分摊机制。需要进一步考虑全国不同地区的发展水平差异和补贴需求差异，制订更加细致的横向均等化基本医疗保险财政补贴分配方案。中央对不同地区的补贴金额确定应当制度化，有必要综合考虑不同地区的人口状况、财政收入、居民收入水平和医疗负担等因素研究制定差异化分配公式。对于政府间的责任分摊，鉴于基本医疗保险财政补贴也是一种财政转移支付，有必要借鉴“均衡性转移支付原理”，构建政府间责任分摊的标准化测算体系。

四是财政补贴资金到位机制和绩效评估机制。完善财政补贴资金到位机制，首先要在合理划分各级地方政府责任的前提下，在补贴制度的设计中应该考虑各区域的客观经济社会指标，设定相应的补贴依据和公式，差别性地确定补助资金金额。另一方面，政府更要关心投入是否有效。应当由财政部门牵头对基本医疗保险财政补贴进行综合的绩效评价，努力实现财政补贴资金从“扩大投入”到“有效投入”的转变。通过建立综合性的绩效评价机制和有力的反馈、问责机制，促进财政补贴资金使用效率。

为此，笔者提出，完善的城乡居民医保的财政补贴机制应当考虑资金筹集、资金分配、资金运营和管理的各个环节，包含对支出规模、支出结构、支出责任、支出管理与效果等多方面的考量。其中，关键是建立筹资增长的精算机制、补贴动态调整机制、政府间责任分摊机制和补贴资金的绩效评价机制。

第六章

中国基本医疗保险财政补贴增长及可持续性研究[①]

一、引言

在中国先后建立的三大基本医疗保险体系中，职工医保采用单位和个人分担的比例筹资方式，新农合和居民医保采取“财政补贴为主、家庭或个人缴费为辅”的定额筹资方式。表4－1显示，历年新农合和居民医保财政补贴占筹资的平均比重通常都在70%以上。尽管如此，因为筹资机制和参保人筹资能力的差异，三大制度的筹资水平差异明显，且新农合和居民医保的筹资水平远低于职工医保。近年来，随着城乡医保一体化的推进，为缩小城乡之间的保障水平差距，新农合和居民医保的筹资水平和补贴水平基本上每年都要向上调整，但并没有从根本上改变与职工医保的巨大。数据显示，2016年城乡居民基本医疗保险人均筹资为626.5元，而职工医保同年人均筹资达到3478.9元[②]。职工医保筹资水平是新农合和居民医保的5.6倍。

事实上，在“先试点、再推广”的原则指导下，各项制度除了筹资和保

① 本章的核心内容发表在《社会医疗保险财政补贴增长及可持续性研究——以医保制度整合为背景》，《公共管理学报》，2015年第1期。

② 人均筹资数据根据《中国统计年鉴》（2017）所公布的基金收入和参保人数估算。

障水平差异，在统筹层次、参保原则及管理部门等方面也存在诸多不同，造成全国各地制度规定各异，出现严重的“碎片化”现象，影响了制度公平和“看病贵”问题的解决。因此，在初步实现制度全覆盖以后，中国基本医疗保险体系便进入城乡统筹和制度整合的关键阶段（申曙光等，2012）。为了建立城乡一体化的基本医疗保险体系，将保障水平不同的制度整合成相对统一的制度框架，需要解决的一个关键问题就是逐步提高新农合和居民医保的保障水平，在动态调整中实现与职工医保的趋同。考虑到政府在这两项制度的筹资中承担了主要的筹资责任，制度整合尤其需要关注财政承受能力，特别是整合后的财政长期可持续能力。

近年来，随着老龄化问题的日益突出，国外一些学者开始关注基本医疗保险计划对政府财政造成的压力。如 Hagist et al.（2005）研究了法、德、美和瑞士四国的人口结构转变因素对公共筹资体系可持续性的影响，指出老龄化具有一种持续提高支出的效应，而基本医疗保险计划是不可持续财政政策背后的主要驱动因素；Hagist & Kotlikoff（2005）基于英、美、德、加拿大等十国的研究表明，在人口老龄化背景下，除非人均医疗卫生支出增长与人均收入的增长速度持平，否则老龄化的加剧将造成政府财政支付危机；Breyer et al.（2011）指出在大多数 OECD 国家中，人口老龄化将使纳税者们在未来几十年面临沉重的负担。考虑到这种人口学上的变化，一些国家原有的财政政策不可持续，基本医疗保险系统需要进行大幅度改革。但国外专门研究基本医疗保险财政补贴问题的文献非常少见。在国内，随着医疗保险改革的推进，有不少文献关注基本医疗保险的财政补贴问题。如毛翠英（2011）从制度层面研究了新农合政府间公共筹资标准分摊机制；王小龙（2011）系统评估了新农合政策性补偿支出对于基层政府财政负担的影响；于长永（2012）对新农合财政投入的绩效进行了研究；顾昕和方黎明（2006）从公共服务均等化视角出发研究了新农合财政补助金额和补助方式的制度化问题；毕红霞（2011）从静态和动态的角度对新农合 2010—2020 年人均筹资及各级财政补助需求进行了推算，对现行财政补助政策优化提出相关建议。但从总体而言，国内已有研究基本上集中在新农合领域，缺乏对整个基本医疗保险体系的关注；在研究方法上，以定性分析为主，或者限于一些粗略的估算，缺乏对城镇化、人口老龄化等长期影响因素的考虑，也忽视了医疗保险制度整合的大背景。

十八届三中全会《决定》提出，要“健全社会保障财政投入制度”，“建立更加公平可持续的社会保障制度”。在某种意义上，财政补贴的可持续性直接影响到整个基本医疗保险体系的可持续发展。医疗保险是一个连续动态运行的系统。在“现收现付”模式下，尽管可能在短期内出现收不抵支，但是从长期来看，一个可持续的医疗保险制度应当保持充分的基金偿付能力。随着人口老龄化的加深和新型城镇化的推进，如何从制度整合的大背景出发，综合考虑人口结构变化、医疗费用增长、保障水平调整等方面的动态变化因素评估基本医疗保险财政补贴的可持续性，就成为值得研究的主题。遗憾的是，对于这一至关重要的问题，相关的研究还非常缺乏。本章试图从长期精算平衡的角度，将全国新农合和居民医保的参合（保）人口纳入生存模型，在动态人口预测的基础上结合制度整合的保障水平调整方案，对未来筹资和财政补贴进行测算，对长期财政承受能力进行评估。相关结论可以为推进基本医疗保险改革、建立公平和可持续的财政补贴机制提供启示。

二、研究设计与研究方法

（一）研究设计

为研究基本医疗保险财政补贴的可持续性问题，关键任务是对未来的财政补贴需求进行预测。在财政补贴政策保持相对稳定的前提下，财政补贴需求取决于未来的筹资水平，而筹资水平的高低又取决于制度整合所确定的目标保障水平。因此，本章的研究设计遵循“目标保障水平—筹资水平—财政补贴需求—可持续性评估”的主线来展开。

1. 制度整合与目标保障水平

未来保障水平如何调整，与医疗保险制度整合战略密切相关。因为三大制度的保障水平总体偏低且差距很大，制度整合的一个重要任务就是在总体保障水平的提升过程中逐步实现制度之间的保障水平趋同。这就首先需要确定目标保障水平。2012 年 2 月，国务院常务会议在研究部署“十二五”期间深化医药卫生体制改革工作时提出，要提高基本医疗保障水平，到 2015 年，“三项基本医保政策范围内住院费用支付比例均达到75%左右”①。但上述政策文件提及的比例，是“名义”补偿比例，而非实际补偿比。因为起付线、封顶线和“三大目录”（包括药品目录、诊疗项目目录、医疗服务设施标准）等因素的影响，实际医疗费用通常有很大一部分不能得到补偿，导致实际补偿比要远远小于名义补偿比。根据李亚青的研究，名义住院费用支付比例每提高1个百分点，实际补偿比约提高0.76—0.86个百分点（李亚青，2012）。那么，75%的名义住院费用支付比例对应的实际补偿比为60%左右；为实现75%的实际补偿比，名义住院费用支付比例就要达到87%—98%。即实际补偿比最高只能提升到75%。另外，从卫生经济学角度来看，最优医疗保险水平的确定需要在风险分散的收益和道德风险引致损失之间进行权衡（Arrow，1963；Ellis & Manning，2007；Kowalski，2012）。世界卫生组织建议，为保证筹资公平，应把医疗服务使用者付费水平控制在30%以下（Atim，1999）；Newhouse et al.（1992）和Blomqvist（1997）研究认为，如果考虑到起付线或（和）封顶线，最优的共付率约为20%或更低。根据上述分析，本书将整合后的目标实际补偿比设定为75%，并根据国务院常务会议精神，假定在2015年新农合和居民医保实现保障水平的趋同，达到60%的实际补偿比。随后每年提升5个百分点，至2018年，三大制度均达到75%目标保障水平，并在以后各年保持这一水平。保障水平调整过程如图6－1所示。

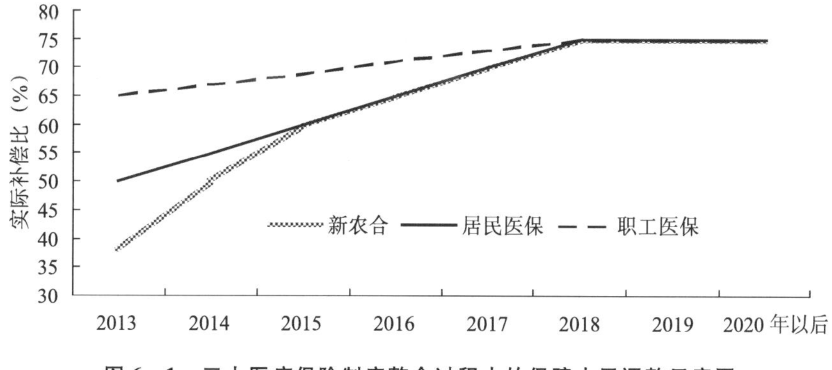

图6－1　三大医疗保险制度整合过程中的保障水平调整示意图

① 中国广播网：《国务院：2015年医保住院报销比例均达到75%左右》，http：//news.ifeng.com/mainland/detail_ 2012_ 02/22/12700337_ 0.shtml，2012年2月22日。

可以看出，因为当前新农合的保障水平最低，居民医保次之，职工医保的保障水平最高，为实现医疗保险制度整合，短期内新农合和居民医保的保障水平要更快速地提升，直至达到目标保障水平。尤其是新农合，在2015年之前，每年保障水平应提升10个百分点以上，至2015年达到与居民医保增长同等的速度，即每年增长5个百分点。在此需要说明的是，职工医保在制度整合过程中也将经历保障水平的向上调整过程，但因为该项制度通常没有财政补贴，不是本书所考察的对象，仅仅是作为另两项制度保障水平调整的一个参照。

2. 筹资水平

如何根据保障水平调整来预测未来的筹资水平增长和变动，是本书的难点和核心部分。因为筹资水平的影响是多方面的，在既定的整合方案和目标保障水平下，筹资水平不仅受到生育率、死亡率、迁移率等人口统计学因素的影响，还与医疗费用增长、保障水平提升带来的需求释放等因素密切相关。特别是不同年龄群体的医疗费用消耗差别很大，人口老龄化程度对筹资水平有着非常重要的影响。为此，本书分别针对两项制度引入精算模型，从长期精算平衡的角度来综合考虑上述复杂因素的影响。模型的设定详见“（二）精算模型”部分。

3. 财政补贴及其可持续性评估

在既定的筹资水平上，可以根据财政补贴比例（政策）对未来财政补贴水平进行测算。因为在三大基本医疗保险制度中，财政对职工医保通常没有补贴，测算新农合和居民医保两项制度未来所需的财政补贴，也就是测算整个基本医疗保险体系未来的财政补贴需求。相应地，财政补贴的可持续性评估，就可以结合未来总财政补贴增长变化的趋势，在对财政收入和经济增长进行预测的基础上展开。需要说明的是，鉴于当前的补贴政策采取“中央出台指导性的人均补贴定额标准，由中央财政和地方各级财政分摊”的机制，本书的财政可持续性评估采用的是“国家财政”的概念，即包括中央财政和地方各级财政在内的总体财政收入和支出。

（二）精算模型

尽管精算学在欧美等发达国家的医疗保险中得到广泛的应用，但出于商业保密需要，有关国外医疗保险精算的文献很难获得。中国的医疗保险精算研究源于1987年卫生部与世界银行合作开展的“中国农村健康保险试验”。结合该项实验，李良军、杨树勤等初步确立了以收支平衡为核心的医疗保险精算建模方法（李良军，1994；李良军和杨树勤，1994；李良军等，1994）。目前，从理论上看，中国医疗保险精算可以分为粗估法（杨树勤，1989）、模型法（Duan, N et al.，1983；Cretin et al.，1990）、损失分布法（周为，1998）、经验频数法（陈滔，2002）和条件数学期望法（任仕泉等，2001）等。因后三种方法需要较大样本的数据或详细的资料，粗估法和模型法反而得到了更广泛的应用。如何文炯等（2010）对基本医疗保险纵向平衡费率的研究，宋世斌（2010）对城镇基本医疗保险的隐性债务的测算，以及曾益（2012）对职工医保长期财务状况的评估等。本书基本沿用杨树勤、李良军等早期确立的粗估与模型相结合的分析框架，以长期精算平衡为中心建模分析的医疗保险筹资和财政补贴需求问题。

1. 精算假设

在“现收现付”制下，新农合和居民医保的具体制度都处于不断调整之中。医保制度本身的复杂性，加上统筹层次低，且不同统筹区域制度规定不同，社会经济条件各异，为建模分析带来了很大的困难。因此，有必要进行一些简化处理。相关假设如下：

（1）只考虑全国平均水平，忽略各地的医疗保险制度差异；

（2）只关注人均筹资，不对筹资来源进行区分；

（3）不考虑起付线、基金支付比例和最高支付限额，只考察综合反映上述因素的实际补偿比；

（4）在达到目标保障水平之前，新农合和居民医保的实际补偿比每年年初调整一次；

（5）参保（合）人的最大生存年龄为100岁；

（6）人口迁移概率仅与年龄因素相关；

（7）考虑到医疗保险实行“现收现付”制，且经办机构工作人员的工资由财政列支，假定统筹基金的储备金和管理费用为0。

2. 模型设定

与养老保险精算类似，医疗保险精算研究的主要对象也是现金流。有所不同的是，医疗保险制度下的现金流是“现收现付”的，主要表现为每年筹资时的现金流入和基金补偿时的现金流出。但是就参保人总体而言，长、短期内的收支平衡都是需要考虑的。其中，短期平衡即达到每年的“收支相抵”，长期平衡就是指综合考虑人口结构、经济环境等因素的动态变化基础上的长期精算平衡。

为测算未来的现金流，模型的第一步是综合考虑出生率、死亡率和迁移率等因素，建立生存模型进行动态人口预测。如果以 $L_{(t,x)}$ 代表 t 时期 x 岁的参保人数，那么第 t 年制度内所有的参保者人数 $L_t = \sum_{x=0}^{d} L_{(t,x)}$ ，其中 d 为人口最大寿命。t 时期 0 岁人口数为 $L_{(t,0)}$ 即第 t 年的新出生人口数，取决于育龄妇女人数和生育率，其表达式如下：

$$L_{(t,0)} = \sum_{x=15}^{49} L_{(t,x)}^{female} f_{(t,x)} \tag{6-1}$$

其中，$L_{(t,x)}^{female}$ 为 t 时期 x 岁的育龄妇女（15 岁至 49 岁）人数，$f_{(t,x)}$ 为 t 时期 x 岁育龄妇女的生育率，随设定的总和生育率变化而变化。根据 $L_{(t,0)}$ 和出生婴儿性别比，可以求得 t 年新出生男、女婴人数。

t 时期 0 岁以上的人口数 $L_{(t,x)}$ 的预测，则需要考虑年龄别生存概率①和人口迁移变动。因为当前中国人口流动倾向是农村人口向城市迁移，新农合制度内人群将有一部分持续迁出，而城镇居民医保将接纳其中的一部分迁移人口（另一部分将进入职工医保）。令 p_x 和 q_x 分别代表 x 岁人口的生存概率和死亡概率，q_x^m 为 x 岁的人口迁移的概率，则理论上 x 岁的人口 n 年后仍然保留在新农合制度内的概率 ${}_np_x$ 为：

$${}_np_x = \prod_{k=0}^{n-1} (1 - q_{x+k})(1 - q_{x+k}^m) \tag{6-2}$$

令 $L_{(x,t)}^{NCMS}$ 和 $L_{(x,t)}^{URIS}$ 分别代表新农合和居民医保 t 时期 x 岁的参保人数，则同时考虑了死亡和迁移因素的 $L_{(x,t)}^{NCMS}$、$L_{(x,t)}^{URIS}$ 的表达式分别如下②：

$$\begin{aligned} L_{(x,t)}^{NCMS} &= L_{(t-1,x-1)} p_{x-1} - M_{(t,x)} \\ &= L_{(t-1,x-1)} (1 - q_{x-1}) - L_{t-1} \partial_x \end{aligned} \tag{6-3}$$

$$L_{(x,t)}^{URIS} = L_{(t-1,x-1)}^{U} p_{x-1}^{U} + M_{(t,x)}^{U} = L_{(t-1,x-1)}^{U} (1 - q_{x-1}^{U}) + \beta L_{t-1} \partial_x \tag{6-4}$$

式（6-3）和（6-4）中，$M_{(t,x)}$ 代表新农合 t 年 x 岁的人迁出人数；

① 这里的“年龄别生存概率”，是指各年龄的人生存至下一年的概率，即 x 岁的人生存至 $x+1$ 岁的概率。

② 公式（6-3）和（6-4）按新农合和居民医保分别进行了表述，这是因为迁移人口去向的不同。在本小节其他的公式表达中，因为相关变量的含义对两项制度来说是一样的，故未按制度进行区分，而是统一进行表述。

$M^{U}_{(t,x)}$代表居民医保 t 年 x 岁的人迁入人数；β 为新农合迁出人口中转入居民医保的比例；L_{t-1}为 $t-1$ 年时新农合制度内参保总人数，∂_x 为分年龄迁移人口占比。

在综合考虑生育率、死亡率和迁移因素之后，根据相关假定，可以测算出 $T-t_0$ 年以后的人口状况 $L_{(t,x)}$，在此基础上，结合图 6-2 所确定的保障水平整合方案，$T-t_0$ 年以后基金收入的精算现值 $PVFI$ 和基金支出的精算现值 $PVFC$ 支出可根据下述两式测算：

$$PVFI = \sum_{t=t_0}^{t=2018}\sum_{x=0}^{d} L_{(t,x)}F_{t-1}(1+\theta_t)(1+i)^{t_0-t} + \sum_{t=2019}^{t=T}\sum_{x=0}^{d} L_{(t,x)}F_{t-1}(1+\delta_t)(1+i)^{2019-t} \tag{6-5}$$

$$PVFC = \sum_{t=t_0}^{t=2018}\sum_{x=0}^{d} L_{(t,x)}C_{(t,x)}U_t f(U_t)(1+i)^{t_0-t} + \sum_{t=2019}^{t=T}\sum_{x=0}^{d} L_{(t,x)}C_{(t,x)}(1+i)^{2019-t} \tag{6-6}$$

在（6-5）式中，F_{t-1}为 $t-1$ 年的人均筹资水平，θ_t 和 δ_t 分别为整合前和整合之后的年度人均筹资增长率。因为在 2018 年制度整合完成之前，新农合和居民医保的保障水平需要大幅提升，本书预期 θ_t 将会远大于 δ_t。因此（6-5）式右端的两个组成部分分别代表整合前和整合后基金收入的精算现值。

在（6-6）式中，$C_{(t,x)}$ 为 t 年 x 岁人的年均医疗费用，$C_{(t,x)} = C_{(t-1,x)}(1+\eta_t)$，$\eta_t$ 为 t 年的医疗费用增长率。令 $\pi_{(t,x)}$ 为 t 年 x 岁人群的人均医疗消费权重，C_t 为 t 年时制度内总体人均医疗费用支出水平，则 $C_{(t,x)} = \pi_{(t,x)}C_t$；$U_t$ 为 t 年的实际补偿比，代表该年的平均保障水平；$f(U_t)$为保险因子，当实际补偿比从 U_1 提高到 U_2 时，$f(U_2)$是指因补偿比的变动而导致医疗费用变动的倍数（李良军等，1994），反映保障水平提升所带来的医疗服务需求释放程度。考虑到在 2018 年以前，新农合和居民医保的实际补偿比处于逐年调整过程中，医疗费用增长和基金支出将受到保险因子的影响；2018 年之后，医疗保险制度整合基本完成，保障水平将稳定在 75% 的目标补偿比水平，就不需要考虑保险因子的作用。因此，（6-6）式右端的两个组成部分实际上分别代表整合前和整合后基金支出的精算现值。

其他变量的含义如下：i 为各年的贴现率；t_0 为测算起点；T 为测算结束时点。根据郑功成提出的医疗保险改革“三步走”战略，在 2049 年前建成全国统一的国民健康保险制度（郑功成，2010），本书的测算取 t_0 = 2014，$T=2050$。

根据“以收定支、收支平衡、略有结余”的原则，医疗保险基金实现长期精算平衡的条件为：

$$PVFI = PVFC \tag{6-7}$$

基于制度整合背景的基本医疗保险财政补贴的精算评估就围绕（6－7）式展开，即在人口动态变化基础上，考察实际补偿比 U_t 和人均筹资 F_t 及其增长率 θ_t 的动态关系，并对既定整合方案下的财政补贴及其可持续性进行测算。

三、数据来源及参数设定

2016年《国务院关于整合城乡居民医保制度的意见》（国发〔2016〕3号）提出要求整合新农合和居民医保两项制度，建立统一的城乡居民医保制度，并要求各省（区、市）于2016年12月底前出台具体实施方案。因此，从2017年开始，新农合和居民医保纳入了“城乡居民医保”的框架下进行参保统计。数据显示，截至2017年年底全国参加参加职工医保人数3.03亿人，参加城乡居民医保人数8.73亿人[①]。应当说，这个8.73亿人反映的是已经完成城乡居民医保制度整合的统计数，尚未将那些未完成制度整合的地区的新农合参合人数包括在内。

在2016年城乡居民医保制度整合之前，新农合的参合人数是单独统计的。自2003年试点以来，新农合参合人数不断扩大，在2013年底达到顶峰。数据显示，全国职工医保参保人数为2.74亿人，居民医保参保人数为2.99亿人[②]，新农合参合人数为8.02亿人[③]。从2014年开始，因为城镇化和人口迁移等因素的影响，新农合覆盖人数开始逐年减少。因为需要将城乡居民医保整合过程纳入分析框架，本章的相关测算以2013年为基年，根据第六次全国人口普查

① 国家统计局：《中华人民共和国2017年国民经济和社会发展统计公报》，2018年2月28日。

② 国家统计局：《中华人民共和国2013年国民经济和社会发展统计公报》，2014年2月24日。

③ 2014年2月20日上午，就农民工有关情况，国务院新闻办公室举行了新闻发布会。国家卫生计生委流动人口计划生育服务管理司司长王谦在会上说，中国的农村人口新农合参合人数在2013年达到了8.02亿，参合率达99%。

公布全国城乡分年龄性别的死亡率数据，自行编制生命表。基年生育率数据源自《中国人口和就业统计年鉴》(2012)。其他相关参数设定如下：

(一) 生育率和出生婴儿性别比

郭志刚 (2011) 和陈友华等 (2011) 基于第六次全国人口普查数据的研究表明，中国近几年的总和生育率在 1.40—1.60 之间，远低于 2.1 的更替生育率水平。鉴于此，研究者们纷纷呼吁改变过于严厉的计划生育政策，以保证人口的长期均衡发展 (石人炳，2010；郭志刚，2010)。十八届三中全会以后，中国宣布放开“单独二孩”，生育政策出现松动迹象。本书的测算时段长达 36 年，对生育率的假定应当适当考虑上述可能出现的政策变化。最新数据显示，中国乡村总和生育率为 1.34，城镇总和生育率为 0.81①。本书假定随着生育政策的松动，农村和城镇生育水平都将有所上升。中国农村总和生育率 2014—2020 年为 1.55，2021—2030 年为 1.65，2031—2040 年降为 1.6；而中国城镇总和生育率 2014—2020 年为 1.25，2021—2030 年为 1.35，2031—2040 年降为 1.45。

国际上出生婴儿男女性别比通常保持在 1.04—1.07 之间 (宋世斌，2009)。根据《中国人口与就业统计年鉴》(2012)，2011 年全国 0 岁婴儿的男女性别比为 1.15，其中，城镇 0 岁婴儿的男女性别比为 1.09，乡村为 1.19。考虑到社会进步和“重男轻女”思想的逐渐淡化，新生婴儿男女性别比有下降趋势。因此，笔者假定居民医保新生婴儿性别比 2014—2020 年为 1.1，2021—2030 年为 1.09，2031—2050 年为 1.08。新农合新生婴儿性别比 2014—2020 年为 1.2，2021—2030 年为 1.15，2031—2040 年为 1.10。

(二) 人口迁移

在工业化和城镇化过程中，农村富余劳动力向城市迁移已经成为中国重要的社会现象。这意味着未来新农合覆盖人口将持续向居民医保和职工医保迁移。根据《国家人口发展战略研究报告》提出的战略目标，到 2020 年，中国人口总量控制在 14.5 亿人。国务院总理李克强在十二届全国人大二次会议上提出，2014 年要推进以人为核心的新型城镇化，并着重解决好“三个 1 亿人”

---

① 数据来源：《中国人口和就业统计年鉴》(2012)。

问题，表明中国城镇化速度在加快。另据权威部门预计，未来30年，全国人口将形成5亿城镇人口、5亿流动迁移人口、5亿农村人口“三分天下”的格局[①]。这意味着到2040年，中国城镇化率将达到67%左右，相应的农业人口将减少3亿。如果将5亿流动迁移人口视为城镇居民，到2040年平均每年有占“全国人口总数”0.76%左右的人从农村转移到城镇居住[②]。因此，笔者假定在每年的“农村居民总人口”中，每年有1.5%的人口迁移成为城市居民，并转向参加城镇基本医疗保险。对于迁移人口年龄分布，目前的研究和统计数据还非常缺乏。本章直接援引周渭兵的迁移人口年龄分布数据（周渭兵，2004）。

（三）医疗费用支出及其增长率

1. 年龄别医疗费用权重

医疗费用权重反映不同年龄群体医疗费用支出的相对差异。李亚青（2012）在其博士论文中运用广东省三个代表性地区历年医疗保险数据库的真实数据得出各年龄组人均医疗费用及其权重。本书直接引用李亚青的研究成果（表6-1）。可以看出，年龄越大，医疗费用消耗水平越高，至80—84岁到达顶峰。因此，老龄化带来的人口结构转变将对基金支出起到非常重要的作用。

表6-1　　基本医疗保险分年龄段人均医疗费用及权重

年龄组（岁）	人均医疗费用（元）	人均医疗费用权重	年龄组（岁）	人均医疗费用（元）	人均医疗费用权重
0—4	146.21	0.465	50—54	472.8	1.505
5—9	75.36	0.24	55—59	602.09	1.917
10—14	54.36	0.173	60—64	767.84	2.444
15—19	86.29	0.275	65—69	1051.79	3.348
20—24	139.64	0.444	70—74	1317.1	4.193
25—29	186.46	0.594	75—79	1360.53	4.331
30—34	161.77	0.515	80—84	1408.71	4.484
35—39	231.19	0.736	85—89	1245.98	3.966
40—44	268.52	0.855	90及以上	1299.92	4.138
45—49	376.3	1.198	总体平均	314.15	1

① 网易新闻：《中国人口分布将“三分天下”，5亿在流动迁徙》，http：//news.163.com/09/0414/16/56SF0DG0000120GU.html，2009年4月14日。

② 估算过程为：（10-6.7）/30/14.5=0.76%，其中6.7为当年农村居民人数。

对于基年人均医疗费用，根据《中国卫生统计年鉴》（2010）中所公布的全国调查数据，可以计算得出2008年农村和城镇的人均医疗费用分别为268元和674元。而2008—2012年住院医疗费用的年均增长约为8%[①]。据此估算，2013年农村和城镇的人均医疗费用分别为394元和990元。

2. 医疗费用增长率

根据平新乔（2003）的研究，中国农民医疗卫生支出的收入弹性接近于1。另据统计，2008—2012年，国内生产总值平均增长率为9.21%[②]；结合2008—2012年住院医疗费用年均增长率8%，本书将中国医疗费用支出的收入弹性设定为1，对未来医疗费用增长率设定了10%、9%和8%三种水平。值得一提的是，医疗费用增长有着其相对独立的变化规律。尽管在2018年制度整合完成之前，新农合和居民医保保障水平的较大幅度地提升带来的需求释放效应将影响医疗费用增长，但这一因素主要在下一小节的“保险因子”中体现。因此，此处医疗费用增长率的设定不考虑制度整合前后的差异。

（四）保险因子

保险因子（Insurance Factor）是反映医疗费用支出随保障水平（补偿比）变化的敏感性指标，即补偿比提高所引起医疗费用增长的程度（李良军等，1994），可以用公式表述为：$f(U)=1+\beta(U-U_0)$，其中U是补偿比，U_0为对比补偿比，β是待定系数。但是，因为保险因子的精确估计非常困难，需要实行自然实验，或者运用模型方法。两者都离不开详细的数据资料，尤其是大幅度变动的补偿比。受已有数据限制，本书直接采用宋世斌的保险因子估计表（宋世斌，2009）。

（五）贴现率

贴现率的假定牵涉到对未来宏观经济环境的预测。因为医疗保险采用“现收现付”制，基金结余主要投资于银行存款或短期国债，本书主要以银行存款利率作为贴现率确定的依据，适当考虑通货膨胀的影响。以一年期定期存

---

① 数据来源：根据2009—2012年《中国卫生事业发展统计公报》测算得出。

② 数据来源：根据《中国统计年鉴》（2013）计算得出。

款利率为指标，2008—2013 年的加权平均利率为 2.81%①，2008 年以来的平均通货膨胀率为 3.18%②，考虑到上述因素，本书在测算时考虑 6% 的平均利率水平。

四、精算结果及分析

（一）人口测算结果

根据上述动态人口模型测算，得出新农合和居民医保未来人口动态变化趋势如图 6－2 所示。

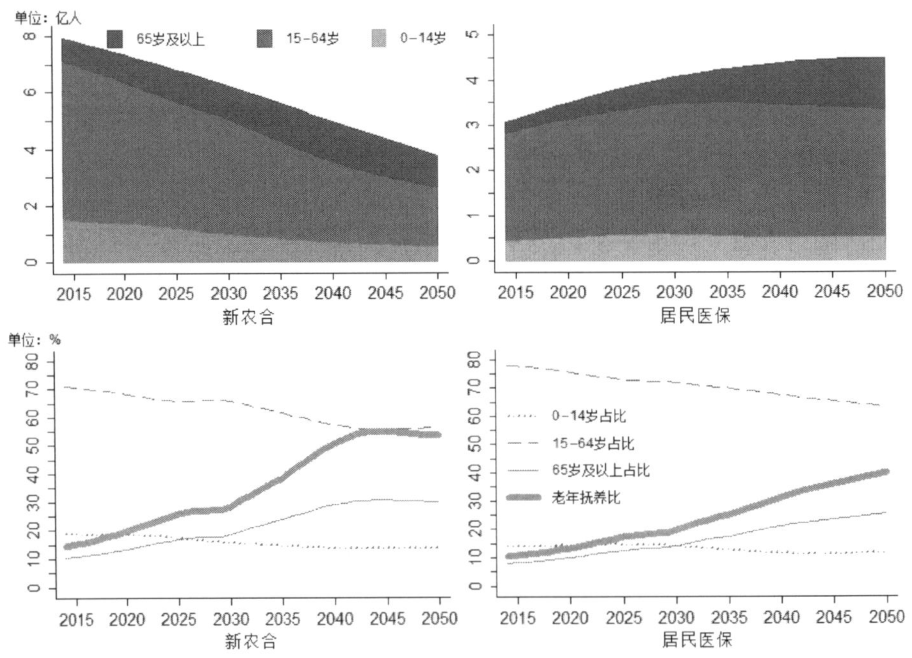

图 6－2 2014—2050 年新农合和居民医保覆盖人口动态变化趋势

① 数据来源：根据中国人民银行网站公布的数据测算得出。

② 数据来源：国家统计局网站，http：//data. stats. gov. cn/workspace/index？m = hgnd.

图6－2的上半部分反映的是两大制度参保人口总量变化的面积图。可以看出，因为城镇化、生育率变化和人口迁移等因素的影响，两大制度未来参保（合）人口总量和结构变动呈现出明显不同的趋势。从人口总量来看，新农合参合人数将逐年降低。2013年覆盖人口8.02亿，2020年、2030年、2040年分别降至7.34亿、6.21亿、4.97亿，至2050年参合人口缩减至3.94亿人。居民医保参保人数则呈现缓慢上升趋势。2013年覆盖人口2.99亿，2020年、2030年、2040年分别升至3.49亿、4.05亿、4.37亿，至2050年参保人口达到4.47亿人。从年龄结构来看，两大制度65岁以上的老年人口均处于上升趋势，其中居民医保的老年人口增加更快。新农合15—64岁的青壮年人口将逐年快速萎缩。测算显示，2013年新农合青壮年人口约为5.67亿，2020年、2030年、2040年分别降至5亿、4.08亿和2.85亿，至2050年这一年龄段的人口仅1.12亿人。居民医保未成年人口相对稳定，而青壮年人口在未来24年将逐年增加，至2037年达到顶峰。

从图6－2的下半部分可以发现，新农合和居民医保0—14岁和15—64岁的参保人口占比都在缓慢降低，唯独65岁以上老年人口占比在显著上升。在老年人口占比增加和青壮年人口减少的双重影响下，两大制度的共同趋势是老龄化加重所带来的老年抚养比上升。数据显示，居民医保参保人口的老龄化程度尽管相对较轻，但从2030年开始，老年抚养比上升速度加快，2030年这一比例为19.56%，以后每年大约增加一个百分点，2040年和2050年将分别上升至31.28%、40.23%。而随着青壮年人口向城市迁徙，农村人口将出现严重的老龄化。新农合2014年老年抚养比大约为15%，2020年、2030年、2040年将分别升至19.67%、28.34%和50.51%，至2044年达到55.2%的最高值。这意味着在2020年是5个青壮年供养1位老人，2030年变成3.5个青壮年供养1位老人，从2040年开始将出现2个青壮年供养1位老年人的严峻局面。

（二）未来人均筹资增长

新农合和居民医保均采取政府补贴为主、个人缴费为辅的筹资方式。2008年，财政补贴为每人每年80元，2010年、2011年、2012年和2013年分别提高到120元、200元、240元和280元。2012年年初，国务院常务会议在研究部署“十二五”期间深化医药卫生体制改革工作时提出“到2015年城镇居民医保和新农合政府补贴标准提高到每人每年 360 元以上”。[①] 根据 2012 年新农合和居民医保人均筹资水平（分别为 308.5 元和 322.9 元）估计，本书将 2014 年新农合和居民医保的人均筹资分别设定为 418 元和 469 元[②]。

因为目前新农合和居民医保的筹资水平相比职工医保还非常低，要在几年内快速提高保障水平，以实现与职工医保的趋同，离不开筹资水平的相应提升。测算结果显示，为满足大部分年份的短期平衡，并满足（6 - 7）式的长期精算平衡条件，在 2018 年制度整合完成以前，三种医疗费用增长率（10%、9% 和 8%）假设条件下新农合人均筹资增长率应分别达到 15.9%、14.3% 和 12.8%，居民医保人均筹资增长率应分别达到 29.8%、28.2% 和 26.5%；2019 年及以后，随着制度整合的完成，人均筹资增长率将基本稳定在与医疗费用增长率相近的水平。值得关注的是，尽管居民医保当前的筹资水平和保障水平都要高于新农合，但是因为城镇人均医疗费用支出要远高于农村，制度整合前居民医保人均筹资增长速度远远大于新农合。

总体来看，随着人口老龄化加深和医疗费用增长，未来人均筹资水平将呈现持续增长。以医疗费用增长率 9% 的情形为例，新农合 2015 年人均筹资为 478 元，2020 年、2030 年、2040 年、2050 年将分别增加到 890 元、2106 元、4986 元和 11803 元；居民医保 2015 年人均筹资为 733 元，2020 年、2030 年、2040 年、2050 年将分别增加到 2157 元、5107 元、12091 元和 28623 元。考虑到财政支持是两大制度的主要筹资来源，不断增长的筹资水平将对财政形成持续的压力。因此，对财政承受能力和可持续性进行评估就变得很有必要。

五、财政补贴的可持续性评估

（一）个人筹资和财政筹资份额

对于居民医保，根据国务院《2008 年城镇居民基本医疗保险试点评估报

① 中国广播网：国务院：2015 年医保住院报销比例均达到 75% 左右，http：//news.ifeng.com/mainland/detail_ 2012_ 02/22/12700337_ 0.shtml，2012 年 2 月 22 日。

② 新农合和居民医保的人均筹资根据《中国统计年鉴》（2013）得出或计算得出。

告》公布的结果，成年人财政和学生儿童的财政补贴分别占平均筹资标准的39.5%和73.15%。考虑到2010年以来财政补贴标准大幅度提升，假定2013年以后财政对18岁以下人口按80%，成年人按40%补偿。那么第t年全国平均财政补贴S_t为：

$$S_t^{URIS} = F_t^{URIS} \times (80\% \cdot R_t^{young} + 40\% \cdot R_t^{adult}) \quad (6-8)$$

式（6－8）中，F_t^{URIS}为居民医保第t年的人均筹资水平，R_t^{young}和R_t^{adult}分别代表第t年18岁以下人口和成年人占总人口的比例。

令Y_t^{urb}为第t年城镇居民人均可支配收入水平，则居民医保的个人筹资额度I_t^{URIS}为：

$$\begin{cases} I_t^{URIS} = F_t^{URIS} - S_t^{URIS}, \text{如果 } F_t^{URIS} - S_t^{URIS} \leqslant Y_t^{urb} \times 2\% \\ I_t^{URIS} = Y_t^{city} \times 2\%, \text{如果 } F_t^{URIS} - S_t^{URIS} > Y_t^{urb} \times 2\% \end{cases} \quad (6-9)$$

新农合采取的假设不同，测算顺序有所不同。由于2009年至2012年平均财政补贴比例为76.5%，考虑到新农合保障水平差距，本书假定在2020年以前个人筹资占全国人均筹资的比例保持在25%，2021—2025年提高到28%，从2026年开始提高并一直保持在30%。在此前提下，新农合未来各年的个人筹资I_t^{NCMS}按下式计算：

$$\begin{cases} I_t^{NCMS} = F_t^{NCMS} \times \tau_t, \text{如果 } F_t^{NCMS} \times \tau_t \leqslant Y_t^{rur} \times 2\% \\ I_t^{NCMS} = Y_t^{rur} \times 2\%, \text{如果 } F_t^{NCMS} \times \tau_t > Y_t^{rur} \times 2\% \end{cases} \quad (6-10)$$

式（6－10）中，F_t^{NCMS}为新农合第t年的人均筹资水平，τ_t为该年的个人筹资占比，Y_t^{rur}为农村人均纯收入，那么$1-\tau_t$就是第t年的财政补贴比例，相应地人均财政补贴就等于人均筹资与个人筹资之差。式（6－9）和式（6－10）对个人筹资都规定了一个上限。按照目前的规定，职工医保规定个人按工资水平的2%左右进行筹资，但新农合和居民医保的个人筹资水平还远远低于城乡人均收入水平。考虑到保障水平的逐步提升和医疗费用增长趋势，未来个人筹资水平也将逐步提升。杨金侠等（2005）在对新农合进行基金测算时，曾以2%年人均收入作为补偿比测算的约束条件。笔者将居民医保的个人筹资上限设定为人均可支配收入的2%，将新农合的个人筹资上限设定为农村家庭人均纯收入的2%。由于个人筹资上限预先设定，考察财政补贴的可持续性实际上就是考察整个基本医疗保险筹资机制的可持续性。

数据显示，过去 10 年（2004—2013）间和过去 5 年（2009—2013），城镇家庭人均可支配收入的实际年均增长率分别为 9.1% 和 8.5%，农村家庭人均纯收入的实际年均增长率分别为 8.9% 和 10.2%。从趋势上来看，城镇家庭人均可支配收入增速相对趋缓，2013 年仅仅增长 7.0%，而农村家庭人均纯收入则在近年增长加快，2013 增长率达到 9.3%①。考虑到城乡收入差距仍然较大，我们有理由相信未来城乡收入差距将会逐步缩小。因此，笔者假定未来农村纯收入增长要快于城镇可支配收入，将城镇家庭人均可支配收入年增长率设定为 7%；农村家庭人均纯收入年增长率设定为 9%。

在上述测算思路下，结合人口测算结果，在满足精算平衡条件式（6－7）的前提下，新农合和居民医保未来需要的人均个人筹资和财政筹资份额如表 6－2 所示（因篇幅所限，仅列出部分数据）。

尽管为实现制度整合，两项制度的人均筹资在 2018 年之前需要更快速地增长，但是因为基年的人均筹资额度很低，未来五年的高人均筹资增长率带来的人均财政补贴绝对额的增加有限。但随着人均筹资基数不断增大，人均补贴数额将更快地增长。总体上来看，两项制度的人均补贴呈现加速度增长趋势。以医疗费用年增长 9% 的情形为例，2015 年新农合和居民医保的人均财政补贴分别为 359 元和 350 元，到 2020 年、2030 年、2040 年和 2050 年，新农合人均财政补贴将分别达到 668 元、1474 元、3490 元和 8262 元，居民医保人均财政补贴将分别达到 1020 元、2372 元、5552 元和 13086 元。

从表 6－2 还可以看出，未来新农合的人均筹资远远低于居民医保。两项制度的人均财政补贴水平在 2015 年非常接近，但在以后年份，差距不断扩大，表现为居民医保的人均财政补贴更快速地上升。造成这一现象的主要原因可能是城乡医疗消费水平差异（2013 年估算的农村和城镇人均医疗费用分别为 394 元和 990 元）。因此，现有补贴机制对新农合和居民医保规定统一的定额补贴标准是不合理的。尽管现有政策对新农合的财政补贴比例要高于居民医保，为实现城乡居民医保的保障水平趋同，未来居民医保所需要的人均补贴则应当高于新农合。

① 2012 年及以前的数据来自《中国统计年鉴》（2013）；2013 年数据来自国家统计局：《中华人民共和国 2013 年国民经济和社会发展统计公报》，2014 年 2 月 24 日。

表 6－2　　新农合和居民医保人均个人筹资和财政筹资份额　　单位：元

制度	年份	医疗费用年增长 10%		医疗费用年增长 9%		医疗费用年增长 8%	
		个人	财政	个人	财政	个人	财政
新农合	2015	121	363	120	359	118	353
	2020	240	721	223	668	206	617
	2025	464	1083	411	958	363	846
	2030	748	1744	632	1474	533	1244
	2035	1204	2809	972	2268	783	1828
	2040	1939	4524	1496	3490	1151	2685
	2045	3123	7286	2301	5370	1691	3945
	2050	5030	11736	3541	8262	2484	5797
居民医保	2015	388	354	383	350	378	346
	2020	1222	1096	1137	1020	1057	948
	2025	1981	1753	1760	1559	1563	1383
	2030	3221	2792	2735	2372	2319	2010
	2035	5210	4474	4228	3630	3422	2938
	2040	8434	7162	6539	5552	5054	4292
	2045	13624	11494	10090	8513	7448	6284
	2050	21957	18495	15537	13086	10952	9224

数据来源：笔者根据精算模型（6－7），并在假定现行财政补贴政策保持相对稳定的条件下测算得出。

（二）未来财政补贴总额

根据人均财政补贴和各年参合（保）人口，可得未来各年新农合和居民医保所需要的财政投入总额如表 6－3 所示。

表 6－3　　未来新农合和居民医保未来所需财政投入预测　　（单位：亿元）

年份	医疗费用增长率 10%			医疗费用增长率 9%			医疗费用增长率 8%		
	新农合	居民医保	合计	新农合	居民医保	合计	新农合	居民医保	合计
2018	4250.7	2560.8	6811.6	4025.2	2434.7	6459.9	3811.0	2313.3	6124.3
2020	5262.0	3784.6	9046.6	4873.3	3521.8	8395.0	4506.4	3273.6	7780.0
2022	5928.4	4728.7	10657.1	5388.1	4320.7	9708.8	4893.6	3943.1	8836.8

续表

年份	医疗费用增长率10%			医疗费用增长率9%			医疗费用增长率8%		
	新农合	居民医保	合计	新农合	居民医保	合计	新农合	居民医保	合计
2024	6748.2	5890.0	12638.2	6024.0	5284.4	11308.3	5371.7	4734.2	10105.9
2026	7878.0	7305.2	15183.2	6906.0	6435.4	13341.4	6045.1	5659.9	11705.0
2028	9175.6	9015.0	18190.6	7901.1	7799.4	15700.5	6787.0	6732.7	13519.7
2030	10670.4	11103.2	21773.6	9017.6	9430.2	18447.9	7608.9	7993.6	15602.5
2032	12381.0	13669.9	26051.0	10274.4	11400.4	21674.8	8508.6	9485.9	17994.5
2034	14334.5	16811.0	31145.5	11682.1	13765.4	25447.5	9497.4	11244.9	20742.3
2036	16569.8	20606.1	37175.9	13255.8	16568.9	29824.7	10579.9	13288.0	23867.9
2038	19099.8	25219.6	44319.4	15006.0	19913.1	34919.1	11759.5	15676.9	27436.4
2040	21956.7	30765.8	52722.4	16938.9	23851.6	40790.4	13032.0	18436.6	31468.6
2042	25176.5	37471.1	62647.6	19069.9	28523.8	47593.7	14402.2	21645.5	36047.7
2044	28793.2	45534.2	74327.3	21414.6	34034.0	55448.6	15876.9	25355.5	41232.3
2046	32837.9	55254.6	88092.5	23981.7	40551.5	64533.2	17457.1	29658.2	47115.3
2048	37365.7	66967.7	104333.4	26793.8	48258.8	75052.5	19148.1	34649.7	53797.7
2050	42444.9	81027.3	123472.2	29882.3	57333.2	87215.6	20965.5	40413.5	61379.0

数据来源：笔者根据人均财政补贴和精算模型（6-7）得出的新农合和居民医保参合（保）人口总数计算得出。

可以看出，两项制度未来所需的财政投入总额都将逐年增长，其中居民医保所需的财政投入将比新农合更快地增长。这主要源自城乡医疗消费差异及两大制度未来的人口总量和结构的变化。根据人口测算结果，城镇化带来的人口迁移将使新农合参合人口将不断下降，但是因为制度内老年人口占比的不断上升，新农合未来所需的财政补贴仍然逐年增长；居民医保未来覆盖的人口则逐年增长，加上城镇医疗消费水平高于农村，因此尽管老龄化速度要慢于新农合，未来所需的财政补贴将出现快速增长。测算显示，在2030年以前，新农合的总财政投入要高于居民医保，但是从2030年起，居民医保的总财政投入开始超过新农合，并在以后年份大幅度增长。以医疗费用年增长9%的情形为例，2016年，新农合的总财政投入为3162.5亿元，是居民医保（1429.3亿元）的两倍有余。以后两大制度财政投入差距逐步缩小，至2029年基本齐平之后，居民医保所需财政投入开始超过新农合，并且差距逐年扩大。2030年、2040年和2050年，新农合所需财政投入分别为9017.6亿元、16938.9亿元和

29882.3亿元，而居民医保所需财政投入分别为9430.2亿元、23851.6亿元和57333.2亿元。

因为两项制度所需的财政投入都在逐年增长，未来基本医疗保险的财政补贴总额也体现出持续增长趋势。仍以医疗费用年增长9%的情形为例，2015年两项制度的总财政补贴需要3898.8亿元，2020年就达到8395.0亿元，2030年、2040年和2050年则分别增长到18447.9亿元、40790.4亿元和87215.6亿元，差不多是十年翻一番。

（三）财政补贴可持续性分析

有研究表明，随着经济的发展，政府财政支出占国民所得的比重将不断上升。这就是所谓的"政府活动扩张法则"，又称"瓦格纳法则"。通常情况下，发达国家的财政支出占GDP的比重多数在30%—50%之间，个别欧洲国家则高达50%以上（鹿丽，2004）。美国经济学家克林·克拉克从"可容忍的征税水平"角度出发，提出财政支出的临界极限论，认为当政府的财政收入占GDP比率超过25%时，就一定会发生通货膨胀（季建林，2009）。周天勇和张弘（2008）根据国际上发展中国家的税费负担，提出政府的财政收入不应当超过GDP的25%并应将其法制化的主张。近年来，中国财政支出保持着快速增长，且财政支出占GDP的比重处于缓慢上升趋势，近十年（2004—2013）和近五年（2009—2013）的平均比重分别为21%和23.2%，到2013年这一指标已经增长到24.6%①。基于上述分析，本书将25%的国家财政支出占GDP的比例作为临界值，假定这一比例自2014年起达到25%，并在随后各年保持25%的比例不变；对于未来GDP的增长率，结合中国社科院对未来经济增长趋势的预测②，采用如下处理方法：2014—2015年为7.5%，2016—2020年为7%，2021—2030年为6%，随后保持在5%的水平不变。

图6-3展示了新农合和居民医保未来所需的财政补贴状况。

① 数据来源：2012年及以前的数据根据《中国统计年鉴》（2013）整理，2013年数据源自《2013年国民经济和社会发展统计公报》，国家统计局，2014-2-24。

② 中国经济网：《中国社科院蓝皮书：未来10年中国经济增长率或降至6.0%》，http://intl.ce.cn/specials/zxgjzh/201312/26/t20131226_2000997.shtml，2013年12月26日。

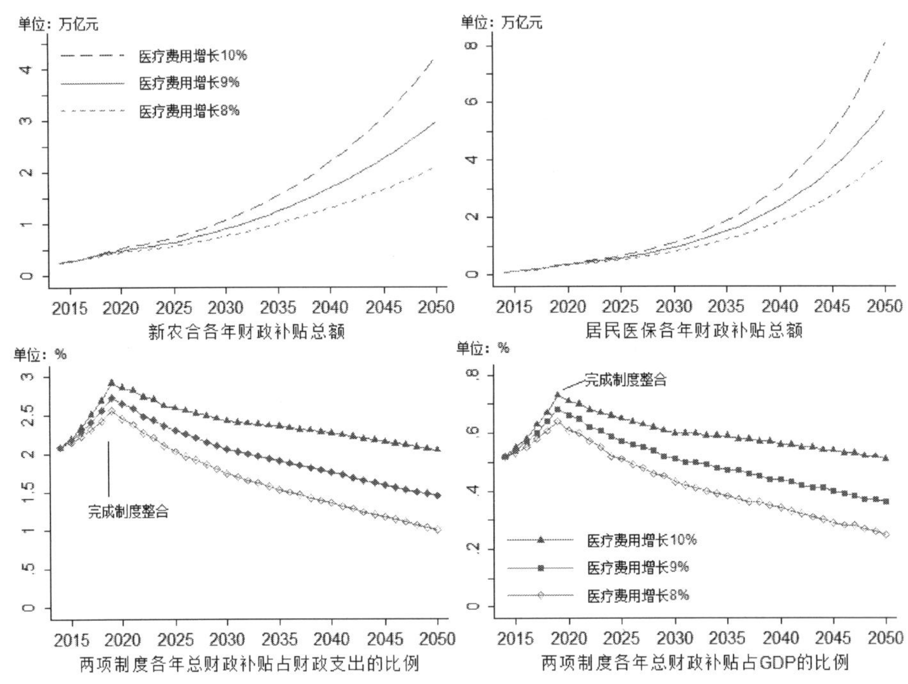

图 6－3　新农合和居民医保未来所需的财政补贴情况

从图 6－3 的上半部分可以看出，无论是新农合还是居民医保，未来所需的财政投入绝对额都呈现指数化上升趋势，尤以居民医保上升更快。而图 6－3 下半部分反映的相对数却呈现出不同的规律。在 2018 年以前，无论是财政补贴总额占国家财政支出之比，还是财政补贴总额占 GDP 之比，都显现快速上升趋势；但是自 2019 年开始，这两项指标开始逐年下降，且医疗费用增长速度越快，下降速度越慢。图中出现拐点的时间，恰恰是制度整合完成的关键时间点。这一现象与前文分析的人均筹资增长速度变化规律相呼应。因为未来五年是制度整合的关键阶段，需要较快地提升新农合和居民医保的保障水平以向职工医保靠拢，筹资水平需要快速增长，相应地财政补贴也要随之快速提升。随着制度整合完成，实际补偿比稳定在目标保障水平上，对财政补贴的需求相应也变得稳定，人均筹资增长只要保持与医疗费用增长相近的速度，就能够基本保持收支平衡。在此过程中，如果国民经济和财政支出保持稳定增长，两项制度所需的财政补贴占比就可能保持稳定甚至逐步下降。

对于医疗保险财政补贴占 GDP 的适度比重，相关研究还比较缺乏。宋世斌（2009）参照《中国社会保障改革与发展战略总报告》中的预测，将政府承担的社会医疗保障负担占GDP比例设定为1.1%—3.8%之间。根据图6-3下半部分，2020年前后，新农合和居民医保财政补贴需求将形成高峰。但从总体水平来看，财政补贴总额占财政支出或占GDP的比例并不高。测算结果显示，在医疗费用增长10%的情况下，各级财政补贴占GDP的比重在0.6%左右，占国家财政支出的比例在2.04%—2.85%之间；在医疗费用增长9%的情况下，各级财政补贴占GDP的比重在0.5%左右，占国家财政支出的比例在1.44%—2.65%之间；在医疗费用增长8%的情况下，各级财政补贴占GDP的比重在0.4%左右，占国家财政支出的比例通常在2.5%以下。这些比率都远远低于宋世斌设定的经验水平。

综上所述，从发展趋势和总体水平来看，如果现有的财政补贴政策继续下去且不发生大的变化，到21世纪中期应该是可持续的。

与世界上其他实行基本医疗保险制度的国家相比，情形又如何呢？表6-4列示了中国与几个主要发达国家卫生费用相关指标情况，可以发现，中国卫生领域各项投入都远远低于其他国家，并低于全球平均水平。中国卫生总费用占GDP之比和政府卫生支出占GDP之比分别为5%和2.7%，仅及全球平均水平的一半；中国社会保障性卫生支出占GDP之比为1.7%，而日本、法国、德国和比利时的这一指标分别为7.8%、8.6%、6.5%和6.8%；社会保障性卫生支出占政府总支出之比为7.8%，而日本、法国、德国和比利时的这一指标分别为16.4%、15.2%、15.9%和12.9%。从绝对数来看，中国人均社会保障性卫生支出还只有76.4美元，不到全球平均水平（343.2美元）的四分之一，而上述四国已经达到3000美元左右。各项数据都表明，与国际水平相比，中国医疗保障领域的财政投入水平是较低的，未来医疗保险财政补贴还有很大的增长空间。

表6-4　　中国与主要发达国家卫生费用相关指标对比

指标	德国	法国	日本	比利时	中国	全球平均
卫生总费用/GDP（%）	11.5	11.7	9.2	10.5	5	9.2
政府卫生支出/GDP（%）	8.8	9	7.4	7.9	2.7	5.4
社会保障性卫生支出/GDP（%）	7.8	8.6	6.5	6.8	1.7	3.3
社会保障性卫生支出/政府总支出（%）	16.4	15.2	15.9	12.9	7.8	9.1
人均社会保障性卫生支出（美元）	3165.7	3386	2775.3	2939.5	76.4	343.2

资料来源：根据《世界卫生统计》（2013）整理。

六、结论与政策建议

本章从医保城乡一体化和制度整合的大背景出发，运用保险精算方法并综合人口结构转变、保障水平调整等方面的动态变化因素，对基本医疗保险财政补贴的可持续性进行了评估。研究发现，为了尽快实现三大医疗保险制度整合并达到75%的目标保障水平，在2018年之前，新农合和居民医保的人均筹资和财政补贴应以远大于医疗费用增长的速度增长；制度整合完成之后，人均筹资和财政补贴增长率只需要稳定在与医疗费用增长率相近的水平。研究还发现，未来居民医保所需的人均筹资水平将远远大于新农合，且从2030年开始居民医保所需财政补贴总额也超过新农合，并在以后年份大幅度增长；因为人口老龄化和医疗费用增长的影响，基本医疗保险所需的总财政补贴呈持续增长趋势。尽管如此，未来基本医疗保险所需财政补贴占GDP和财政支出的比例是较低的。即便在医疗费用增长10%的保守估计下，各级财政补贴占GDP的比重仅0.6%左右，占国家财政支出的比例在2.04%—2.85%之间，远远低于相关研究的经验水平。从变化趋势来看，财政补贴占GDP或国家财政支出的比例在制度整合前后的年份相对较高，自2019年以后随着时间推移逐步下降。因此，现有的财政补贴政策应该是长期可持续的。需要指出的是，本章的测算是基于非常保守的假定，包括目标保障水平的设定高达75%的实际补偿比(已经是理论上的极限)，以及假定现有财政补贴政策在未来保持相对不变等。对于后者，考虑到新农合和居民医保在实施之初为增强制度吸引力而采用了高比例补贴政策，未来补贴比例还有较大的下调空间。因此，本章的结论是相对可靠的。即便未来财政补贴政策发生变化，也不会影响到“可持续”的结论。

本章的研究对于完善基本医疗保险财政补贴机制有着重要的启示意义。第一个启示：当前对新农合和居民医保规定统一的定额补贴标准是否合理？因为城乡医疗消费水平存在很大的差异，未来居民医保所需的人均财政补贴将远大于新农合。第二个启示：如何从制度上建立稳定的财政收入增量分享机制，形成更加公平和制度化的政府间责任分摊机制，以保证财政筹资的长期稳定和可持续性？考虑到财政筹资是当前城乡居民医保筹资的绝对主体，这一问题就变得格外重要。目前过于粗略的、“一刀切”式的政府间责任划分，缺乏对地区之间收入水平、人口规模以及财政收入情况等差异的考虑，无疑容易受到官员任期等不确定因素的影响，增加了地方财政逃避或转移财政补贴责任的风险，进一步加大了政府间横向转移支付的不均等程度（顾昕和方黎明，2006）。第三个启示：财政补贴政策应当如何合理体现对老年人口和高龄人口倾斜？研究显示，未来新农合和居民医保面临的共同问题是参合（保）人口的老龄化。特别是随着青壮年人口向城市迁徙，农村人口将出现严重的老龄化，从2040年开始，农村老年抚养比超过50%，将出现2个青壮年供养1位老年人的严峻局面。因为人体的健康规律影响，老年人口面临更高的医疗费用支出压力，需要财政补贴政策的差别对待。第四个启示：尽管我们的测算得出了“可持续”的结论，但是依然不可否认的是，政府在基本医疗保险财政补贴中承担了过重的责任。而且，按人头实行定额补贴忽略了个人的经济能力差异，过高的补贴率容易模糊个人的筹资责任，从而影响制度运行的效率。保险精算结果显示，随着城镇化加速及人口迁移，新农合总参合人数将逐年降低，而居民医保的参保人口则处于缓慢增长趋势，未来财政补贴总量需要逐步实现从新农合向居民医保的重心转移。因为城镇居民医疗消费水平通常要高于农村，这种转移将进一步加大财政补贴压力。特别是，在人口老龄化的背景下，中国政府将面临日益繁重的养老、医疗和照护等负担，为建立更加公平和可持续的财政补贴机制，未来有必要强化以支付能力为依据的差别补贴原则，并适当增加个人的筹资责任。

第七章

中国基本医疗保险财政补贴动态调整机制研究[①]

一、引言

筹资是医疗保险制度的核心环节，也是财政介入医疗保险领域并发挥作用的主要方面。事实上，政府为医疗保险提供保费补贴（Premium Subsidies），几乎出现在全球所有公有和一些私有的医疗保险体系中（Jaspersen & Richter，2013）。有研究表明，典型国家实现全民基本医疗保险的一般路径就是政府通过对医疗保险提供财政补贴等措施减少家庭的费用负担（Savedoff et al.，2012），而政府提供补贴的医疗保险要比直接补贴给家庭或医疗服务提供者等措施的效果更好（Chou & Grossman et al.，2014）。在中国，财政补贴在基本医疗保险筹资中发挥着尤为重要的作用。

中国已经建立起覆盖13亿多人口的、世界上最大的基本医疗保险体系。这一体系主要包括职工医保、新农合和居民医保三大制度，分别覆盖城镇职工、农村居民和城镇非就业居民。其中，2003年与2007年，在原有职工医保

① 本章的核心内容发表在：《基本医疗保险财政补贴的动态调整机制研究》，《公共管理学报》，2017年第1期；《城乡居民基本医疗保险筹资动态调整机制构建与完善》，《西北农林科技大学学报（社会科学版）》，2018年第5期。

的基础上，中国先后在农村和城镇进行了新农合和居民医保试点。为了迅速扩大覆盖面，新农合和居民医保在试点之初就确立了“政府财政补贴为主、个人缴费为辅的定额筹资方式，历年财政补贴占比保持在 70%—80% 的高水平[①]。尽管如此，因为起点太低[②]，新农合和居民医保的筹资与保障水平仍然远远低于职工医保。《国务院关于印发“十三五”深化医药卫生体制改革规划的通知》（国发〔2016〕78 号）更是明确指出，要“健全基本医疗保险稳定可持续筹资和报销比例调整机制”。2016 年 1 月 12 日，《国务院关于整合城乡居民医保制度的意见》（国发〔2016〕3 号）也提出，逐步建立“与经济社会发展水平、各方承受能力相适应的稳定筹资机制”，“完善筹资动态调整机制”。城乡医保一体化进入加速发展阶段。

城乡医保一体化的核心问题就是资金筹集问题。随着城乡一体化政策的推进，基本医疗保险筹资调整问题的重要性日益突显。因为新农合和居民医保筹资主要依赖政府提供的高比例财政补贴，政府不断扩大投入更已成为推动城乡医保一体化发展的关键手段。近年来，为了缩小城乡差距和制度差距，两大制度的财政补贴标准频频向上调整，2008 年以来更是每年调整一次。如表 7－1 所示，新农合试点之初，人均筹资仅每年 30 元（各级财政人均补助每年 20 元），至 2017 年城乡居民医保人均筹资提高到每年 630 元（其中各级财政人均补助标准提高到 450 元）[③]。其中，2006 年的人均财政补贴在原来的基础上调增 20 元，2008 年、2010 年各调增 40 元，2011 年大幅调增 80 元，2012—2014 年各年调增额度又回到 40 元，2015 年、2016 年、2017 年度的调增额度分别为 60 元、40 元和 30 元[④]。这种“高补贴、频调整”的定额筹资策略，有着其特定的历史背景，对于基本医疗保险在全国快速推广意义重大。但是，由于筹资和补贴标准调整频繁，带有明显的短期性和随意性（仇雨临等，2011；詹长春和周绿林，2011），缺乏对财政补贴增长的中长期目标规划，影响了筹资机制的稳定性和制度的可持续发展。

---

① 因为职工医保所覆盖的城镇就业群体相对支付能力强，自 1998 年实施以来由单位和个人按工资收入的 8% 筹资，财政通常不提供补贴。

② 2003 年，新农合试点之初，人均筹资仅 30 元/人（财政补贴 20 元，个人缴费 10 元）。

③ 腾讯网：《人社部：2017 年居民医保个人缴费标准提高 30 元》，http：//news. qq. com/a/20170501/023033. htm，2017 年 5 月 1 日。

④ 数据来源：根据历年财政、人力资源和社会保障部门公布的文件整理。

表 7-1　城乡居民医保财政补贴标准及其调整情况

年份	2003—2005	2006—2007	2008	2009	2010	2011	2012	2013	2014	2015	2016	2017
人均财政补贴标准(元)	20	40	80	80	120	200	240	280	320	380	420	450
调增数(元)	—	20	40	0	40	80	40	40	40	60	40	30

注：因为居民医保 2007 年才开始试点，表中 2003—2006 年的数据反映的是新农合的补贴标准。

从理论上看，城乡居民医保的筹资调整包括对筹资水平和筹资结构（财政补贴占比）的调整，受到多种复杂因素的影响，不仅需要考虑老龄化、疾病谱变化、城乡居民就医行为和医疗消费模式的变化等各种因素造成的医疗费用增长，还需要根据过去筹资政策与基本医疗保险制度的运行效果反馈信息进行调整。进一步考虑到各种影响因素的动态变化特征，基本医疗保险筹资调整应该是动态进行、循环往复的。如何建立稳定可持续的筹资与财政补贴动态调整机制？特别是如何建立日常预警和定期评估机制，使调整有据可依，实现筹资动态调整的合理化、规范化？这些问题是迫切需要解决的、关系到广大国民利益的重大现实问题。

近年来，众多的学者从中国的实践出发，就基本医疗保险筹资机制的完善和创新进行了探讨（詹长春等，2011；赵绍阳，2013；李佳佳等，2015），也有越来越多的学者开始研究基本医疗保险筹资增长或调整问题。如张仲芳（2009）研究了新农合的筹资增长机制构建问题，提出新农合人均筹资额应采取每隔 1—2 年增长一次的定额增长方式，中央财政补助每次调增 25—30 元，地方财政补助每次调增 15—20 元；毕红霞（2011）从静态和动态的角度对新农合 2010—2020 年人均筹资及各级财政补助需求进行了推算，认为 2020 年新农合人均筹资应增加到 1000 元，中央和地方财政补助分别增加到 400 元；关理和董叶菁（2014）利用系统动力学方法对辽宁省 2013—2022 年间医疗保险筹资额进行预测发现，十年之后的筹资标准将增长至 2013 年的 2 倍左右。但是，现有文献通常限于筹资问题的粗略估算，缺乏对城镇化、人口结构转变等因素的考虑。对此，李亚青（2015）结合制度整合战略并引入保险精算模型对基本医疗保险的筹资和财政补贴增长进行了测算，得出了未来三十六年的人均财政补贴参考值，在一定程度上弥补了现有文献的不足，但是并没有涉及财政补贴的动态调整问题。总体而言，尽管越来越多的学者认识到这一问题的重要性（顾昕和方黎明，2006；毛翠英，2011；郭林，2014），但是直接研究基本医疗保险筹资动态调整机制的文献非常有限。

当前，新农合和居民医保合计覆盖近12亿人口，占全国人口的80%。作为覆盖人口众多、主要依赖财政补贴筹资的长期性制度安排，新农合和居民医保财政补贴标准的确定和调整，迫切需要建立制度化和规范化的科学测算和动态调整机制。基本医疗保险财政补贴如何实现科学测算和动态调整，是健全医疗保障财政投入制度、建立更加公平可持续的医疗保障制度的基础。为此，本章首次从指导原则、组成要素、调整依据、机制构建等各个方面对这一问题进行理论探讨，并试图综合考虑上述多种因素建立保险精算模型，从调整频率、调整时机和调整幅度三个方面研究财政补贴的动态调整机制问题，通过定性分析和定量研究，期望可以为推进基本医疗保险改革、建立公平和可持续的财政补贴机制提供启示。

二、筹资动态调整机制的指导原则和构建要素

（一）指导原则

1. 稳定性原则

按照现行政策，城乡居民医保筹资和补贴标准调整，主要依据行政指令性文件，即由中央政府每年下发文件确定当年人均筹资和补贴的指导性标准，各级地方政府依据中央精神并结合本地实际情况，再下发文件确定本地区的筹资和补贴水平相对于上一年的调整幅度。总体而言，现行筹资调整机制取决于各级人社、财政等相关政府部门的决策，调整依据缺乏充分合理的测算。显而易见，这种筹资调整机制容易受到领导人偏好和领导人任期变更的影响，导致筹资调整政策的随意性和不稳定。这就要求将现有的行政指令性政策安排内化为长期稳定的体制性保障。筹资调整应当以对制度的日常监测和定期评估为基础，使调整有据可依，有章可循，最大限度地减少筹资调整的随意性。

稳定性原则的另一重含义是，无论是筹资水平调整，还是筹资结构（补贴政策）的变动，都要遵循渐近性原则，充分考虑群众的承受能力，避免政策大起大落对城乡居民造成过大的冲击。因为涉及广大城乡居民的切身利益和

离不开每位参保人的配合，任何过激的筹资调整都有可能带来不良的社会影响。

2. 可持续原则

第一，城乡居民医保的筹资水平调整，需要同经济社会发展水平相适应。国发〔2016〕78 号文提出要“明确基本医疗保险的保障边界”，坚持“保基本、兜底线、可持续”的原则。可持续的前提是坚持“保基本”，不可一味强调筹资和待遇水平向上提升。在中国人口基数大、未富先老、老龄化程度加快的基本国情下，筹资调整要特别警惕过高保障可能带来的效率损失和财政压力，导致基本医疗保险制度可持续发展乏力。第二，城乡居民医保的筹资结构调整，要在适当强调个人的筹资责任的同时考虑居民的经济负担能力。从微观角度看，筹资调整通常是源于保障水平调整。而保障水平并不是越高越好。卫生经济学的经典文献告诉我们，适度的保障水平是风险分散收益和道德风险引致损失之间的权衡（Arrow，1963；Manning & Marquis，1996）。筹资和保障水平过低，不利于分散疾病经济风险，但过高的筹资和保障水平，通常会引致“过度医疗”等道德风险问题。高补贴的定额筹资政策在制度实施初期对于迅速扩大覆盖面意义重大，但长期由政府承担过重的筹资责任必然是不可持续的，过于弱化个人责任也不利于控制道德风险。第三，一个不公平的制度难以被广大国民拥护，自然就谈不上可持续。因此，在城乡医保一体化进程中，筹资调整还要适当考虑公平，逐步缩小城乡差距、地区差异和群体差异，确保城乡居民人人享有基本医疗保险，才能实现城乡居民医保制度的可持续发展。

3. 精算平衡原则

城乡居民医保是一个长期运行的保险系统。在“现收现付”条件下，这一系统短期的基金平衡很容易实现和控制。但是从长远来看，基本医疗保险制度是否可持续或能否保持充分的基金偿付能力？在老龄化、城镇化、医疗费用增长、保障水平调整等各种社会经济因素的综合影响下，这一问题的回答还得依赖基于精算技术的定量测算。目前中国城乡居民医保的筹资与待遇水平主要通过“制度外”的行政机制动员资源，虽然行政部门的决策也在努力寻求精算依据，但显然还是缺乏精算管理和风险控制机制。这种方式弱化了制度自身调节功能。因此，从稳定和可持续视角出发，筹资动态调整要坚持精算平衡原则，要以保险精算为核心，结合日常监测、定期评估、绩效评价等手段，建立起规范化、制度化的动态调整机制。

（二）构建要素

城乡居民医保的筹资动态调整机制应当是由多个要素构成的有机统一的系统，其基本要素包括调整对象、调整依据、调整频率、调整时机和调整幅度、调整权限和决策程序等。

1. 调整对象

首先要解决的问题是“调整什么”？即调整的对象或内容。因为城乡居民医保采用政府和个人两方分担的定额筹资方式，筹资调整对象可以包括两个方面：一是总体筹资水平，用特定时期的人均筹资标准来体现；二是既定筹资水平下的补贴水平（份额），反映政府和个人之间的责任分担。因此，城乡居民医保筹资调整，即是对筹资水平的调整，也可以是对筹资结构（或补贴政策）的调整。

2. 调整依据

调整依据回答“为什么调整”问题，是体现筹资调整的科学性和合理性的关键环节。我们认为，调整依据不仅需要考虑基本医疗保险制度内部的变化，也需要定期考察外部社会经济环境的影响。因此，首先需要从“保障效果”和“基金风险”两个方面构建筹资调整的日常预警指标体系，对既定筹资水平下的制度内部运行效果进行监测和日常预警，为筹资的定期调整奠定基础。其次，为增强筹资调整的科学性，实现制度的长期可持续发展，还需要跳出制度设计本身的框架，考虑人口老龄化、疾病谱变化、居民收入增长等外部社会经济变化因素，对筹资调整进行定期评估，以合理确定调整的必要性、方向及幅度。

3. 调整频率、调整时机和调整幅度

在确定的调整对象和明确调整依据之后，第三个需要解决的问题是“如何调整”？这一问题实际上包括调整频率、调整时机和调整幅度三个方面，分别回答“多久调整一次”、“何时调整”和“调整多少”三个问题（李亚青，2017）。其中，在调整时机和调整幅度问题上，首先应确定调整目标，明确在特定时期应达到的目标保障水平和保障水平的适度范围，在这个基础上科学测算筹资调整幅度，即在每次调整中人均筹资金额和财政补贴的调整力度大小。

4. 调整权限和决策程序

调整权限和决策程序回答“谁来调整”问题。城乡居民医保的筹资调整牵一发动全身，涉及多方利益主体和管理主体。因为历史原因，中国基本医疗保险制度存在多方管理主体。在2018年国务院机构改革之前，新农合的管辖机构是卫计委，城镇居民医保的管辖机构是人力资源与社会保障部（简称“人社部”），而两大制度对财政补贴的需要又涉及财政部门。而各地的普遍做法是由人社部和财政部门联合发文，确定每一年的城乡居民医保筹资和补贴的调整幅度。截至2017年年末，绝大多数已经实现城乡基本医疗保险制度整合的地区都明确了人社部的管理主体地位。但筹资调整究竟是哪个部门主导？相关部门的权限如何？决策应当遵行怎样的程序？这些问题尚有待进一步明确。明确主导部门、调整权限和决策程序，才能够使筹资调整政策不会因领导人变更而变化，才能最终建立起制度化、规范化的筹资调整机制。

在上述各要素中，如何组织实施对制度的日常监控和对筹资调整的定期评估，是使筹资调整“有据可依”、解决调整的随意性和短期性问题的关键和难点。因此，我们将在下节重点阐述这一问题。

三、筹资动态调整的依据研究

从理论上看，存在多种动态变化因素可能对筹资水平造成影响。这些因素大致可归结为两大类：第一类是制度内部的“拉动”因素，源自过去的筹资政策及基本医疗保险制度运行效果指标反馈。因为基本医疗保险筹资调整的目标归根结底是为了在确保基金长期平衡和制度可持续发展的前提下为城乡居民提供公平、适度的基本医疗保险，如果城乡差距过大、保障水平过低、居民医疗自费负担过重，或者在既定的制度条件下基金收支压力过大，都意味着筹资需要进行调整。第二类是制度外部环境的“推动”因素，反映了基本医疗保险制度外部各项社会经济环境条件的动态变化，包括老龄化和疾病谱变化、筹资主体的经济承受能力变化、城乡医保一体化进程中的报销比例等制度变量的调整等。基本医疗保险筹资和待遇水平调整不仅需要考虑制度内部的运行效果反馈信息，也需要体现外部环境条件的变化。显然，无论是“拉动因素”，还是“推动因素”，都是动态变化的。这就决定了基本医疗保险筹资调整应该也是动态进行的。我们需要综合考虑上述两大类因素变化的动态循环往复的过程，从日常预警和定期评估两方面出发，重点研究筹资水平调整依据问题。

（一）日常监测和预警

基本医疗保险制度旨在分散疾病经济风险，为城乡居民提供适度水平的保障。筹资水平直接影响保障水平。如果筹资水平过低，不仅无法实现制度设计的初衷，也会增大基本医疗保险基金“收不抵支”风险，影响制度的可持续性。因此，为了兼顾公平与效率，有必要从“保障效果”和“基金风险”两个方面构建筹资水平调整的日常预警指标体系，对既定筹资水平下的制度运行效果进行日常监测和预警。

1. 保障效果衡量

在既定筹资水平下，基本医疗保险保障效果如何？这是日常监测和预警中首要应关注的问题。为此，可以基于信息化条件下的医疗保险运行数据，建立起日常预警指标体系来综合分析。这一指标体系应考虑的指标至少包括：住院补偿比、门诊补偿比、平均自费负担、灾难性支出发生率等指标。其中，住院和门诊补偿比应考察“实际补偿比”，即基本医疗保险基金报销的医疗费用占居民实际发生的政策范围内医疗费用之比。《关于整合城乡居民基本医疗保险制度的意见》指出，要“稳定住院保障水平，政策范围内住院费用支付比例保持在75%左右”。但这一指标实际上指的是规定的名义住院补偿比，并不能直接反映真实的保障水平。因为实际医疗费用的报销还要受到“三大目录”（基本医疗保险可报销的药品目录、诊疗项目目录、医疗服务设施标准）及起付线、封顶线的限制，只有实际补偿比才能反映实际保障水平（李亚青，2012a），才能作为衡量保障效果的核心指标。其次，还有必要基于城乡居民受益视角，分析基本医疗保险制度在降低居民医疗费用负担和防范灾难性卫生支出方面起到的作用，因此，需要在日常监测中设立平均自费负担、灾难性支出发生率等指标。另外，因为城乡医保一体化进程也是城乡居民医保制度整合和实现相对统一的过程，保障效果还应当包括对城乡保障水平差距的衡量。从公平可持续的原则出发，有必要综合考虑城乡制度、居民收入及医疗消费水平等方面的差异，将城乡保障水平差距控制在合理的水平。

2. 基金风险衡量

在既定筹资和待遇水平下，考察基本医疗保险的基金风险，首先需要分析医疗保险与基金支出情况相关的指标。这些指标可包括住院率、门诊率、人均（次均）住院费用及其增长率、人均（次均）住院支出及其增长率、统筹基金支出增长率等。其中，住院率是住院人次数占参保人数的比例，门诊率是门诊人次数占参保人数的比例，二者是统筹基金支出增长的趋动因素，因为就诊率增加会造成住院医疗费用上升，进而增加统筹基金支出。人均（次均）住院费用反映平均每人（每次）住院所发生医疗费用；人均（次均）住院费用反映平均每人（每次）住院所发生医疗费用；人均（次均）住院支出则反映平均每人（每次）住院由基本医疗保险基金支出的金额。统筹基金支出增长率则反映特定时期基金支出的环比和同比增长速度，可以结合医疗费用增长率指标一起分析。若人均（次均）住院支出过大或者基金支出的增长速度赶不上医疗费用增长幅度，都将提示我们基金运行存在风险，考虑筹资调整的必要性。

其次，需要分析基金收支缺口和基金结余率指标。按照“以收定支、略有结余”的原则，可以随时或定期测算统筹地区的基金收支缺口和基金结余率，以衡量统筹基金运行的短期风险。其中，基金结余是反映保险基金充裕程度的关键指标，可分为当期结余和累计结余。根据国家人社部相关规定，基金累计结余作为风险预警监测的关键指标，应保证不低于6至9个月的平均支付水平。当结余率过低甚至负结余，就意味着需要进行合理的政策调整。

（二）筹资调整的定期评估

定期评估是为了监测外部社会经济条件变化对筹资调整的依据的影响，增强调整决策的科学性和可持续性。因此，需要建立综合性评估框架，对调整的必要性和幅度进行评估。评估指标体系至少需要考虑四个方面的因素，一是老龄化、疾病谱变化、医疗消费行为或趋势变化等可能引致需求变动的因素；二是城乡医保一体化进程中的报销比例、“三大目录”等制度供给变量调整；三是GDP增长、财政收入增长、居民个人收入变动等影响筹资主体经济承受能力的因素；四是在扩大财政投入的同时，还应当关注财政资金的使用效率，这就需要对各级政府财政补贴绩效进行定期综合评估。

1. 需求变动

首先，人口老龄化加剧会导致医疗费用持续增长，对统筹基金造成巨大压力和挑战。作为世界上人口最多的国家，中国“未富先老”、老龄人口庞大。《2017年国民经济和社会发展统计公报》显示，截至2017年年末中国60岁及以上老年人口达到2.41亿人，占人口总数的17.3%；65岁及以上的老年人口也达到1.58亿人，占人口总数的11.4%。中国正在向深度老龄化快速迈进。与此同时，中国城乡居民的疾病谱正在发生重大变化。第五次国家卫生服务调查结果显示，中国居民慢性病患病率正在急剧上升，其中，老年群体是心脏病、高血压、糖尿病等慢性病患病率最高的群体。慢性病疗程长，通常需要持续性医疗费用支出，正在给基本医疗保险基金造成持续的压力。此外，随着生活水平的提高，城乡居民的医疗消费观念和消费行为也在发生变化。医疗需求不再简单地为了修复劳动力，而是逐渐从治愈疾病向促进健康方面转变。在医疗服务化方面，患者不仅追求良好的医疗质量，还有良好的医疗环境和周到的服务态度，这些变化也会影响基本医疗保险筹资需求进而影响基本医疗保险筹资水平。

2. 城乡医保一体化进程中的制度供给变动

与最早建立的职工医保相比，城乡居民医保的总体保障水平偏低。随着城乡基本医疗保险制度的趋同和农村医疗保障水平的不断提升，农村居民的医疗服务需求将不断释放，城乡医疗支出差距将不断缩小。为了缩小城乡医疗保障差距，体现社会公平，满足城乡居民日益增长的医疗保障需求，在适当提升总体保障水平的同时，需要相对更快地提高农村居民的保障水平。因此，城乡一体化的不断推进势必会对基本医疗保险筹资水平造成影响，具体而言，需要综合考虑报销比例调整、起付线调整、封顶线调整以及“三大目录”调整等制度供给变动因素，对筹资水平调整的必要性和幅度进行定期评估。

3. 政府和居民承受能力变动

城乡居民医保主要依赖政府和居民个人进行筹资。《国务院关于印发“十三五”深化医药卫生体制改革规划的通知》提出，要“在继续加大财政投入、提高政府补助标准的同时，强化个人参保意识，适当提高个人缴费比重。”但政府补助和个人缴费不能无限地提高，还需要考虑两个主体的经济承受能力。

政府和居民的承受能力评估应当以筹资责任的合理划分为前提。首先要明确各级政府提供的财政补贴与个人筹资之间的责任比例，其次要根据地方实际情况，对省、市、县（镇）各级地方政府之间的财政责任进行分摊。在此基础上，就政府而言，需要考虑GDP增长率、财政收入增长率、基本医疗保险财政补贴增长率占财政收入的比例等指标，并结合基金支出增长情况，对财政补贴的可持续性和承受能力进行定期评估。

就居民而言，要使个人缴费标准与城乡居民收入相衔接，不仅需要考虑城乡居民收入水平增长，还要反过来考察居民缴费负担，适度体现城乡居民的承受能力变动。

4. 财政补贴绩效评价

医疗保障体系不能仅仅依赖扩大政府投入，而应当更加重视绩效评价和投入资源的有效配置，已经是越来越多学者的共识（Yip & Hsiao et al.，2012；锁凌燕等，2013）。过度依赖高投入而忽视对产出和结果的追踪问效，已经被证明是2009年“新医改”以来医疗保障体系效率不佳的根源之一（宋占军、朱铭来，2014）。加强财政补贴绩效评价，不仅有利于形成追踪问效机制，提高财政补贴资金的使用效益，也可以为财政补贴政策调整的提供依据。

四、筹资动态调整机制的理论构建

（一）筹资动态调整机制的基本框架

综上所述，我们以精算机制为核心，构建城乡居民医保的筹资动态调整系统如图7－1所示。

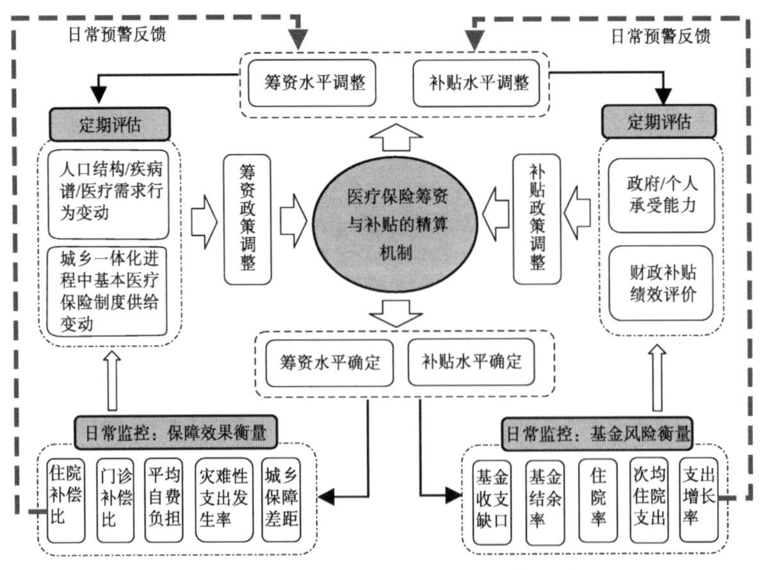

图7－1　城乡居民医保筹资动态调整示意图

根据保险精算原理，一定时期的基本医疗保险筹资水平，受到人口结构、城镇化、利率变化、医疗费用增长率和城乡医保一体化进程的保障水平调整等多种因素的影响。综合考虑这些因素的精算结果，应当是基于稳定可持续视角的参照性筹资水平①，根据既定的补贴政策和参照性筹资水平，可以得出初步的补贴水平。

筹资和补贴水平一旦确定，就可以作为关键政策变量投入实际的医疗保险运营。根据“以收定支、略有结余”原则，既定的筹资和补贴水平大致确定了基本医疗保险待遇水平。在制度的日常运行中，通过对预先建立的日常预警指标体系进行监控，初步判断现有的筹资和补贴能否达到预定的保障效果及能否使统筹基金维持收支平衡。这种以保障效果和基金风险为主要内容的日常监测，是基于基本医疗保险数据库的微观个体信息对制度运行状况的常规监测，可作为完善医疗费用控制和基本医疗保险基金管理等工作的依据，也可以为筹资水平的定期调整评估奠定基础。从稳定性原则出发，除非出现重大异常的警示，才会涉及筹资和补贴水平的临时调整。

筹资动态调整机制的关键是定期评估机制。在制度运行一段时间（建议为1—2年）之后，需要综合考虑各种社会经济变化因素，对筹资调整方向和幅度进行综合考察。其中，通过分析人口结构、疾病谱变化、医疗需求行为变化等可能带来的医疗费用增长，以及城乡一体化进程中基本医疗保险制度的“三大目录”扩展和起付线、封顶线和报销比例的调整能造成的影响，并结合制度运行的历史数据，为总体筹资水平（筹资政策）调整提供依据；通过分析政府和个人的经济承受能力，以及对过去提供的财政补贴进行系统的绩效评价，为补贴政策（水平）调整提供依据。然后，综合考虑上述各个重要变量已经发生的变化，再运用精算方法对筹资水平调整进行测算，并结合精算结果和筹资主体的承受能力评估，得出新时期补贴水平调整的数值。

新的筹资和补贴水平确定下来之后，又将在日常预警和定期评估的基础上，开始了新的一轮动态运行。这一过程以精算机制为核心，循环往复，不断进行，体现各种宏微观变化因素，伴随着城乡基本医疗保险体系的整个生命

① 之所以称为“参照性”的，是因为：第一，根据保险精算测算出的未来筹资水平，是测算时点对未来一定时期各年的筹资水平预测。因为精算是定期进行的，下一期进行测算时，相关参数将发生变化，从而使不同测算时点得到的结果不尽相同。第二，保险精算结果是确定筹资水平的关键，但不是全部，实践中还可能需要考虑制度运行状况及各地实际情况对精算结果进行微调。

周期。

（二）各主体的权限和决策程序

根据2018年全国“两会”公布的《深化党和国家机构改革方案》，整合原人社、民政、卫计委、发改委等多个部门的相关职能，将基本医疗保险、医疗救助、药品和医疗服务价格管理等职责整合，组建国家医疗保障局，作为国务院直属机构负责医疗保障制度的政策、规划、标准并组织实施。鉴于全国大多数地区的改革实践都明确了城乡居民医保归口原人社部主管，新成立的国家医疗保障局应当在城乡居民医保筹资调整中承担牵头和组织的角色，包括：根据城乡一体化进程调整和完善城乡居民医疗保险制度；全面监控各地医疗保险运行状况；确立基本医疗保险筹资调整频率、调整时机、目标保障水平等相关政策；建立合理的评估框架对基本医疗保险制度外部环境进行定期评估，组织人员对筹资调整幅度进行定期精算，使筹资水平调整有据可依；考虑地区差异定期颁布全国性筹资水平调整的指导性标准。

国家财政部是补贴政策调整的执行主体，有权根据国务院的政策指引确定城乡居民医保的补贴政策细则，包括补贴力度和补贴的地区分配。负责全面监督管理基本医疗保险财政补贴资金的收支运用情况；牵头组织人社、卫生部门定期对财政补贴绩效进行评价，努力增强财政补贴资金的使用效率；负责组织专门机构，研究经济环境、消费水平等因素定期评估政府和居民个人的保费支付能力；综合考虑财政补贴绩效和支付能力变化定期对财政补贴政策进行调整。

国家卫生健康委员会（简称“卫健委”）作为全国医疗卫生机构的主管部门，是基本医疗保险、医疗和医药“三医联动”改革的关键角色，在控制和报告医疗费用不合理增长方面起着不可替代的作用。医疗费用增长是基本医疗保险基金支出的源头，也是影响基本医疗保险筹资调整的最为关键的变量。因为实际医疗费用的发生综合反映了疾病谱、医疗技术、居民医疗需求行为等多个方面的变化，卫健委在加强医疗服务监管的同时，要通过分析不同时期、不同地区、不同病种的住院和门诊医疗费用支出和增长情况，发掘和研究医疗费用增长规律，定期向人社等相关部门甚至社会公众发布医疗费用增长分析报告。同时，要根据医疗实践研究公布常见病的药品费用标准和手术治疗费用标准，为探索推广按病种付费（Diagnosis Related Group，DRG）的基本医疗保险支付方式提供条件。

为了增强筹资调整的科学性，国家医疗保障局应当整合原人社部下辖的“政策研究司”与财政部下设的“政策研究室”的人力资源及数据资源，联合建立常态化的医疗保险研究机构，主要在两个方面服务于城乡医保一体化进程：一是医疗保险精算。定期的医疗保险精算机制可以使筹资水平的确定和调整建立在科学测算和长期可持续的基础上，最大限度地减少筹资政策调整的短期性和随意性问题。二是对基本医疗保险筹资调整的定期评估。通过组织专门人员研究医疗需求变化、基本医疗保险制度调整和筹资主体经济承受能力变化等社会经济因素对基本医疗保险基金支出的综合影响，以此为筹资水平调整幅度大小提供依据。

综上所述，城乡居民医保筹资动态调整的权限及基本程序如图7－2所示：地方基本医疗保险机构对基本医疗保险制度运行进行日常监测，及时发现问题，并以月报、季报的方式向国家医疗保障局汇报；卫健委基于各级医疗机构的医疗费用支出情况，定期对医疗需求情况进行评估，并向医疗保障局（必要时向社会公众）提供医疗费用标准及增长分析报告；财政部门通过监控财政补贴运用情况，每年定期对财政补贴绩效进行综合评价，为确定和初步调整财政补贴政策提供依据，并及时将结果通知医疗保障局；医疗保障局一方面通过汇总分析地方基本医疗保险机构的日常监测报告，初步考虑筹资水平调整力度，另一方面联合财政部门通过常态化设立的研究机构，对基本医疗保险筹资调整进行定期评估和分析，以精算技术为重要手段确定总体筹资水平，在此基础上，综合考虑财政部门的基本医疗保险财政补贴政策变动，确定或会同财政部门共同确定筹资结构的调整问题。

五、基于保险精算的财政补贴动态调整研究

（一）数理模型和调整机制构建

1. 数理模型

本节将借鉴宋世斌（2010）的精算方法及李亚青（2015）的建模思路，在人口模型的基础上建立长期精算平衡模型对相关问题进行研究。考虑到全国

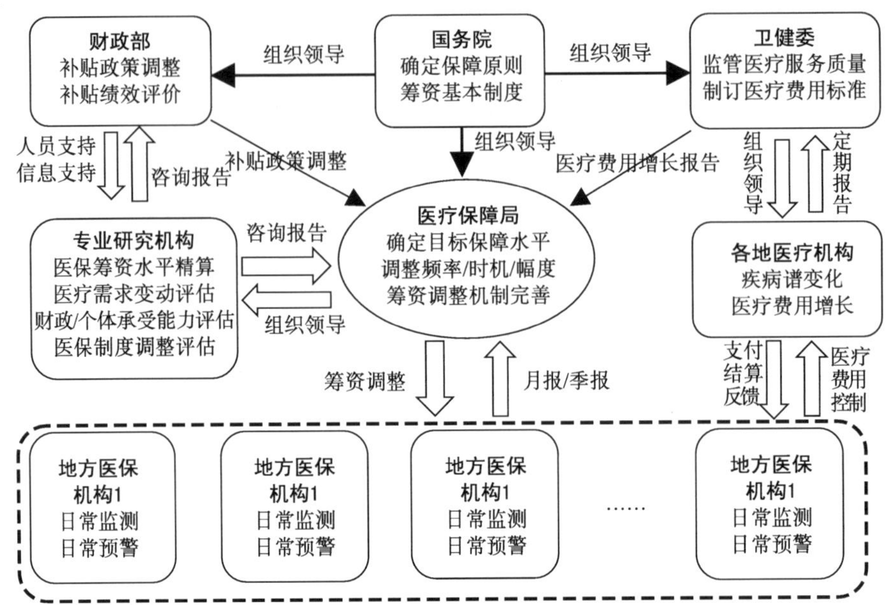

图 7－2 医保筹资调整各主体的权限和决策程序

实施新农合制度的地区多达 2489 个县（市、区），且统筹地区不同，具体制度各异，笔者只考虑全国平均水平，并做出以下基本假设：

①参合人口最大生存年龄为 100 岁；

②基本模型只考虑人均筹资，不考虑个人与各级政府的具体分摊比例；

③以实际补偿比作为保障水平的衡量指标；

④人口迁移概率仅与年龄因素相关，且迁移率保持相对稳定；

⑤忽略统筹基金的管理费用。

（1）人口模型

如果以 $L_{(t,x)}$ 代表第 t 年 x 岁的新农合参合人数，则 $L_{(t,0)}$ 为第 t 年 0 岁人口数即第 t 年的新出生人口数。考虑到人口死亡率、生育率和迁移率，$L_{(t,x)}$ 等于 $t-1$ 年 $x-1$ 岁人口生存至 t 年的人口数加上第 t 年的新出生人口数，再减去第 t 年 x 岁人口迁出人数。

$$L_{(t,x)} = L_{(t,x)}^{mal} + L_{(t,x)}^{fem} - M_{(t,x)} \tag{7-1}$$

其中，$L_{(t,x)}^{mal}$、$L_{(t,x)}^{fem}$ 分别为第 t 年 x 岁的男性总人口和女性总人口，$M_{(t,x)}$ 代表新农合第 t 年 x 岁的人迁出人数。三个变量的表达式如下：

$$L_{(t,x)}^{mal} = L_{(t-1,x-1)}^{mal} \times p_{x-1}^{mal} + \sum_{x=15}^{49} L_{(t,x)}^{fem} \times FR_{(t,x)} \times \sigma_t \tag{7-2}$$

$$L_{(t,x)}^{fem} = L_{(t-1,x-1)}^{fem} \times p_{x-1}^{fem} + \sum_{x=15}^{49} L_{(t,x)}^{fem} \times FR_{(t,x)} \times (1-\sigma_t) \tag{7-3}$$

$$M_{(t,x)} = L_{t-1} \times \theta_x \tag{7-4}$$

上述三式中，p_{x-1}^{mal}、p_{x-1}^{fem}分别为 $x-1$ 岁男性和女性人口生存至 x 岁时的概率，$FR_{(t,x)}$为第 t 年 x 岁育龄妇女的生育率，$L_{(t,x)}^{fem}$为第 t 年 x 岁的育龄妇女（15 岁至 49 岁）人数，σ_t 为第 t 年新生男婴人数占总新生儿之比，θ_x 为 x 岁人群的迁移人口占比。

（2）基金收入模型

按照新农合现行的定额筹资机制，每年的基金收入水平取决于人口模型得出的分年龄人口数和人均筹资标准，以及历年的统筹基金结余状况，如（7-5）式所示：

$$IF_t = \sum_{x=0}^{100} L_{(t,x)} \times A_t + \sum_{j=to}^{t-1} B_j \times r_j \tag{7-5}$$

上式中，IF_t 为第 t 年统筹基金收入，A_t 为第 t 年的人均筹资，B_j 为第 j 年（$j<t-1$）统筹基金结余；r_j 为同期银行存款利率，因为统筹基金结余的重要职能就在于预防基金支付风险，对于存款流动性的要求较高，多为活期存款，所以，存款利率取活期存款年利率。

（3）基金支出模型

在人口模型测算结果的基础上，可以测算出特定年度的基金支出水平。理论上基金支出主要受到医疗费用支出水平和实际补偿比两个方面影响的影响，前者取决于人口结构及年龄别医疗费用消费情况，后者取决于医疗保险制度整合过程中的保障水平调整。因此，首先需要对医疗费用支出进行预测。如果令 HE_t 为第 t 年的总医疗费用支出，那么 HE_t 可根据下式测算：

$$HE_t = \sum_{x=0}^{100} L_{(t,x)} \times E_{(t,x)} \times f(U_t) \tag{7-6}$$

式（7-6）中，$E_{(t,x)}$ 为 t 年 x 岁人的平均医疗费用，可根据式 $E_{(t,x)} = E_{(t-1,x)}(1+\eta_t)$进行测算。同时，考虑到不同年龄人口的医疗费用支出差异，t 年 x 岁人的平均医疗费用 $E_{(t,x)}$ 还可以用式 $E_{(t,x)} = \omega_{(t,x)} \times E_t$ 表示。上述两式中，η_t 为 t 年的医疗费用增长率；$\omega_{(t,x)}$ 为 t 年 x 岁参保人群的人均医疗费用相对于总平均医疗费用的权重；E_t 为 t 年时制度内总体人均医疗费用支出水平。

因此有：

$$E_{(t,x)} = E_{(t-1,x)}(1+\eta_t) = \omega_{(t-1,x)} \times E_{t-1} \times (1+\eta_t) \tag{7-7}$$

式（7－6）中的另一个变量 $f(U_t)$ 为保险因子，当第 t 年的实际补偿比从 U_1 提高到 U_2 时，$f(U_t)$ 是指因补偿比的变动而导致医疗费用变动的倍数（李良军和杨树勤等，1994），反映保障水平提升之后参合人的医疗需求释放的程度。

根据式（7－6）确定的各年总医疗费用支出，并考虑每年的实际补偿比变化，基金支出模型可用（7－8）式表示：

$$OF_t = HE_t \times U_t = \sum_{x=0}^{100} L_{(t,x)} \times E_{(t,x)} \times f(U_t) \times U_t \tag{7-8}$$

上式中，OF_t 表示第 t 年参保人口的总基金支出；U_t 为第 t 年的实际补偿比，$L_{(t,x)}$ 为根据人口模型测算得出的第 t 年 x 岁参合人数。

根据式（7－8），筹资与补贴水平的调整将导致保障水平调整，而保障水平的调整将通过实际补偿比及其带来的保险因子变化而影响基金支出。

（4）精算平衡

如果以 t_0 为测算起点，T 为测算结束时点，在综合考虑生育率、死亡率和迁移因素之后，根据相关假定，可以测算出 $T-t_0$ 年以后的人口状况 $L_{(t,x)}$，在此基础上，$T-t_0$ 年以后基金收入和基金支出的精算现值可根据（7－9）式测算：

$$\sum_{t=t_0}^{T} IF_t \times (1+i)^{t_0-t} = \sum_{t=t_0}^{T} OF_t \times (1+i)^{t_0-t} \tag{7-9}$$

其中，OF_t 和 IF_t 分别由（7－5）、（7－8）两式所决定。i 为贴现率。t 代表各年的年末时间点。

2. 参数设定

因为从 2016 年开始，《国务院关于整合城乡居民医保制度的意见》（国发〔2016〕3 号）提出要建立城乡居民基本医疗保险制度，将新农合和居民医保整合到相对统一的制度框架。考虑到数据的可得性本章以 2014 年为基年，根据第六次全国人口普查公布的全国乡村死亡率数据，自行编制生命表。测算起点为 2015 年，结束时点为 2050 年。

根据《中国人口和就业统计年鉴》（2014），全国乡村总和生育率为 1.57，0 岁婴儿的男女性别比为 1.2。继 2013 年中国政府实行“单独二孩”之后，十八届五中全会正式提出全面放开“二胎”。考虑到生育政策的变化，以及随着社会保障体系的完善，农村“重男轻女”思想将逐渐淡化，本章假定农村总和生育率2015—2016年为1.60，2017—2018年为1.62，随后每两年增加0.02，至2050年达到1.96，接近2.0的更替生育率水平；2015—2020年新生儿性别比为1.2，2021—2030年为1.15，2031—2040年为1.10。

人口迁移方面，随着城镇化的推进，中国农村人口持续向城镇迁移。据统计，过去十年（2005—2014）中国城镇化率（城镇人口占比）平均每年增加1.29个百分点①。陈沁和宋铮（2013）在其研究中测算得出2000—2010年间城乡净迁移人口为1.91亿人。按此估算，平均每年约有1.46%的人口向城镇迁移。本章在测算中采用了每年1.5%的人口迁移率。

医疗费用方面，参考已有研究（Getzen，2000；平新乔，2003；叶明华，2011），笔者将医疗费用的收入弹性设定为1。考虑到过去5年（2010—2014）的国内生产总值平均增长率为8.32%②，中国医院住院病人人均医药费用年均增长率约为8%，对未来医疗费用增长率设定了10%、9%和8%三种水平。不同年龄群体医疗费用消费权重则直接采用李亚青（2012b）的研究成果。

其他参数设定：保险因子源自宋世斌（2009）的保险因子估计表；考虑到过去5年（2010—2014）年的加权平均利率为2.44%，过去5年平均通货膨胀率为3.18%③，且2015年以来国内物价指数处于下行态势，本章在测算时考虑5%的贴现率水平。

（二）适度保障水平区间的定量测算

1. 测算思路

鉴于前文提出的思路，首先需要解决的是灾难性支出发生率的模拟测算。而这一指标除了需要考虑未来人口的动态变化，还涉及到既定补偿比条件下的自付医疗费用测算。这就需要以整合过程中的保障水平调整为前提。当前，基本医疗保险正处于城乡统筹和制度整合阶段。鉴于新农合的保障水平在三大制

① 数据来源：根据《中国统计年鉴》（2014）和《中华人民共和国2014年国民经济和社会发展统计公报》（2015年2月26日 国家统计局网站公布）计算得出。

② 国家统计局网站：《中华人民共和国国民经济和社会发展统计公报》（2010—2014）。

③ 利率根据中国人民银行网站公布的历史利率加权计算得出；通货膨胀率根据国家统计局网站公布的各年居民消费价格指数计算得出。

度中是最低的，其筹资及保障水平需要更快地增长，才能逐步缩小城乡之间和制度之间的差距。但是，由于全国统筹地区众多，发展程度各异，对于新农合已经达到的平均实际补偿比，目前还缺乏权威的统计数据。参照全国医疗保险制度整合进程及已有的研究，2015 年新农合应达到 60% 的实际补偿比目标（李亚青，2015）。同时，前卫生部部长陈竺明确提出，中国将会在 2020 年实现主要制度的归一及全国基本医疗保险统筹①。据此，笔者假定自 2016 年开始新农合实际补偿比每年调增 2 个百分点，至 2020 年达到 70% 的目标水平，并在以后各年保持这一水平。即从 2020 年开始，三大制度基本完成保障水平的趋同，初步达到全国统筹的条件。

上述制度整合过程中可能进行的保障水平调整，基本反映了特定时期的政策意图及总体趋势，是全国各地进行基本医疗保险制度整合的参照。于本章的意义，实际上是为后文的适度保障水平测算设定了“初始值”。因为，实践中适度保障水平到底如何确定，还需要在此基础上考虑人口结构变化和医疗费用增长等因素，引入灾难性支出发生率指标进行模拟测算和合理调整。具体而言，当灾难性支出发生率分别取值为 15% 和 40% 时，可以根据人均收入水平测算出相应的人均自付费用（Out of Pocket Expenditure，OOP）。用人均医疗费用减去人均自付费用，就是人均基金支出，再除以人均医疗费用，就是相应的实际补偿比上下限。用公式表示如下：

$$U_t^{15\%} = \frac{AE_t - AI_t \times 15\%}{AE_t} \times 100\% \tag{7-10}$$

$$U_t^{40\%} = \frac{AE_t - AI_t \times 40\%}{AE_t} \times 100\% \tag{7-11}$$

在（7－10）式和（7－11）式中，$U_t^{15\%}$ 和 $U_t^{40\%}$ 分别为适度保障水平的上限和下限，即灾难性支出发生率分别为 15% 和 40% 时第 t 年的实际补偿比，AE_t 和 AI_t 分别为第 t 年的人均医疗费用和人均纯收入。

这里关键是人均医疗费用 AE_t 的测算。考虑到数据资料的缺乏，以及住院医疗费用是基金支出的主体，为简化计算，笔者在测算中仅仅考虑住院医疗费

① 网易财经：《卫生部：2020 年实现全国基本医疗保险统筹》，http：//money. 163. com/12/0304/14/7ROQ6MDJ00253B0H. html，2012 年 03 月 04 日。

用。根据全国第四次卫生服务调查①，全国分年龄组的住院率数据如表 7-2 所示。

表 7-2　　全国第四次卫生服务调查年龄别住院率（%）

组别	年龄（岁）	城市	农村	组别	年龄（岁）	城市	农村
1	0—4	3.3	9.1	5	35—44	3.3	5.2
2	5—14	1.2	2.3	6	45—54	5.2	6.6
3	15—24	2	5.3	7	55—64	9.7	9.2
4	25—34	5.6	7.4	8	65 及以上	19.4	11.9

根据表 6-2 所示的年龄别住院率和人口模型的测算结果，可得出分年龄组的住院人数，那么第 t 年的人均医疗费用 AE_t 可按（7-12）式所示：

$$AE_t = HE_t / \sum_{n=1}^{8} P_n^t \cdot R_n^t \tag{7-12}$$

其中，HE_t 为第 t 年的总医疗费用支出，由（6）式得出；P_n^t 为第 t 年第 n 个年龄组的总人数，根据（1）式和具体年龄分组累计计算；R_n^t 为第 t 年第 n 个年龄组的住院率，$n=1$，2，3，… 8，住院率和分组情况请见表 1。

对于人均纯收入 AI_t，考虑到过去 10 年间和过去 5 年，农村家庭人均纯收入的实际年均增长率分别为 9.1% 和 10.3%，2014 增长率为 9.2%②，考虑到新常态条件下中国经济增长放缓的趋势，笔者在测算中将人均纯收入年增长率设定为 9%。

2. 测算结果

根据上述思路，可得到不同医疗费用增长率条件下的保障水平适度区间。在医疗费用增长率为 8% 的情况下，各年适度保障水平变化较为平缓，实际补偿比下限在 50% 左右，上限在 81% 左右，按各年平均值计算的上下限区间为（49.9%，81.2%）。随着医疗费用增长率上升，适度保障水平区间相应提升。在医疗费用增长率为 9% 和 10% 的条件下，实际补偿比均值区间分别提升为（58.2%，84.3%）和（64.0%，86.5%）。为更清楚地展示这种区别，三种

① 《2008 中国卫生服务调查研究：第四次家庭健康询问调查分析报告》卫生部统计信息中心/编，第 44 页。

② 2013 年及以前的数据来自《中国统计年鉴》（2014）。2014 年数据来自国家统计局：《中华人民共和国 2014 年国民经济和社会发展统计公报》，2015 年 2 月 26 日。

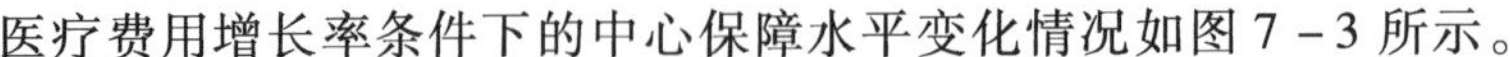
医疗费用增长率条件下的中心保障水平变化情况如图 7 -3 所示。

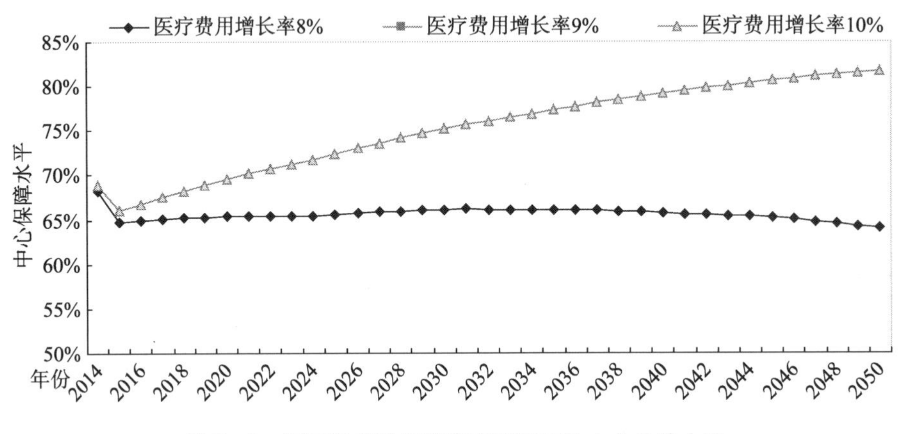

图 7 -3　不同医疗费用增长率情形下的中心保障水平

可以看出，在增长率 8% 时，中心保障水平变化平缓，约为 65.6%，未触及 70% 的最高线；在 9% 和 10% 的增长率条件下，中心保障水平总体上处于上升趋势，分别于 2027 年和 2021 年开始达到 70% 的上限，并在以后各年逐年增长。其中，在 10% 的医疗费用增长率条件下，中心保障水平最高达到 81.8%。根据前文的分析，适度保障水平在理论上存在一个上限（70%）。这就意味着在医疗费用较快增长的情形下，如果要让基本医疗保险达到应有的制度目标，将灾难性支出发生率控制在一定的范围内，不能盲目依赖实际补偿比的提高，而是应当在提高资金使用效率等方面下功夫。

据此，目标保障水平的确定遵从前文的分析结论，当中心保障水平小于 70% 时，目标保障水平即中心保障水平；当中心保障水平大于 70% 时，目标保障水平取 70%。限于篇幅，笔者以医疗费用增长率为 9% 为例，列出适度保障水平区间变化情况如图 7 -4 所示。可以看出，实际补偿比上限和下限总体上是逐年上升的，与此相对应，中心保障水平也不断上升。但因为从 2027 年开始，中心保障水平超过了 70%，2027 年以及后的年份，目标保障水平均取 70%。

3. 调整时机选择

根据上述分析，如果将灾难性支出发生率处于区间（15%，40%）时的保障水平作为适度保障水平区间，将各年应达到的目标保障水平设定为这一区间上下限的均值（即中心保障水平），同时为目标保障水平设定一个 70% 的上

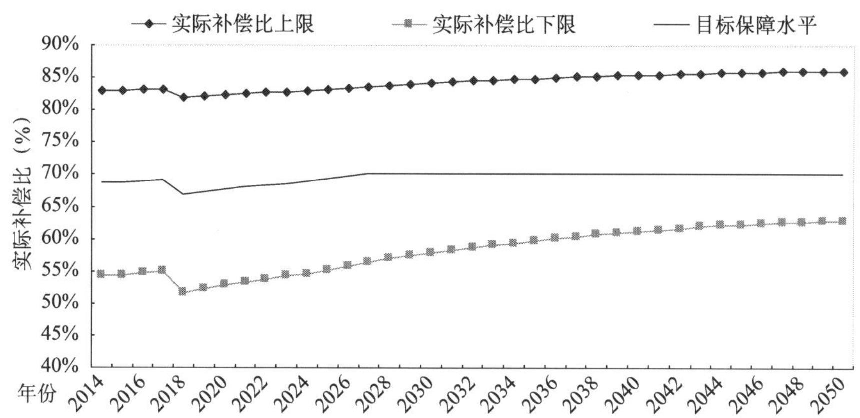

说明：实际补偿比上限和下限分别为灾难性支出发生率为15%和40%时的实际补偿比。目标保障水平为设定为上下限均值，但当这一均值大于70%时取70%。

图7－4　医疗费用增长率9%情形下的适度保障水平区间

限，那么，调整时机的选择可以描述为：当实际补偿比小于下限时，上调；当实际补偿比大于上限时，下调。无论调整的方向如何，每年调整的目标是向当年理论上的目标保障水平靠拢。长远来看，调整的目标保障水平为70%的实际补偿比。

（三）调整方案及测算结果

1. 财政补贴调整方案的提出

李亚青（2015）研究认为，即便在75%的目标保障水平条件下，如果保持现有的财政补贴政策不变，未来财政依然是可持续的。因此，本章不考虑未来财政可持续能力，直接测算相应的财政补贴调整方案对未来各年财政补贴水平的影响。根据前文确定的思路，在保障水平的适度区间内，基本医疗保险筹资和补贴水平既可以是向上调整，也可以是向下调整。实践中到底如何调整，取决于具体的制度运行状况。而现实情况必然是千变万化的，从理论上看本章不可能穷尽所有的调整方案。因此，最有意义的解决办法是根据当前财政补贴制度的阶段性特征，考虑未来可能的政策方向提出具体的调整方案。

2003年以来，政府在“自愿”原则下采用了高比例的财政补贴政策，个人只要缴纳很少的费用，就可以参加新农合，其余的筹资责任均由各级政府承担。2003年至2007年，个人缴费仅10元；随着筹资水平的不断提升，个人缴费标准也在提升，但2012—2014年个人筹资占农村居民人均纯收入的比重分别只有0.76%、0.67%和0.91%①。不可否认，这一政策对于吸引广大农村居民积极参合、实现医疗保险在农村地区“从无到有”的根本性转变，起到了重大作用。然而，十余年之后，基本医疗保险制度已经实现全覆盖，考虑到老龄化背景下政府面临养老、医疗等公共领域的多重财政负担，这种过于强调政府责任的补贴政策应当还有下调空间。今年出台的《国务院关于整合城乡居民医保制度的意见》也明确提出“合理划分政府与个人的筹资责任”，“适当提高个人缴费比重”。

据此，笔者主要考虑个人责任逐步提升的调整方案。在既定的财政补贴政策下，根据筹资水平测算结果就可以得出特定时期的财政补贴水平及其变化情况。此时，一个重要的政策变量需要纳入考虑——个人与政府之间的筹资责任分摊。因此，调整方案的提出，首先需要考虑最低财政补贴比例问题。在既定筹资水平的前提下，这一问题也可以转换为最高个人筹资责任问题。最早建立的职工医保制度确定了个人筹资责任为工资收入的2%。对于新农合，一般认为个人筹资额度应当在人均年收入的1%—2%之间（王红漫和王霖，2009）。詹长春和周绿林（2011）针对江苏省新农合的研究表明，为实现60%、65%和70%保障水平，个人应分别按农民人均纯收入的2.5%、2.9%和3.4%的标准进行筹资。谨慎起见，笔者将最高个人筹资责任设定为人均纯收入的2%。以此为上限，首先对最低财政补贴比例进行测算，即在满足精算平衡式（9）的条件下，假定个人筹资负担为收入的2%，测算相应的财政补贴水平。随后，考虑到当前新农合个人筹资占比还不到1%，以人均纯收入的2%为目标，逐步提升个人筹资责任，并提出两个测算方案：

方案1：假定现有0.9%的个人筹资责任（个人筹资占人均纯收入之比）到2016年调整到1%，以后每两年提升0.1个百分点直到2035年达到2%的比例并维持这一水平至以后各年。

方案2：假定现有0.9%的个人筹资责任从2015年开始每年提升0.1个百分点，直到2023年达到2%的比例并维持这一水平至以后各年。

---

① 2012—2014年，新农合个人筹资标准分别为60元、60元和90元，而这三年的农村居民人均纯收入分别为7916.6元、8895.9元和9892元。新农合个人筹资标准来自历年公布的政策文件，2012—2013年的农村居民纯收入来自《中国统计年鉴》（2014），2014年的农村居民人均纯收入来自《2014年国民经济和社会发展统计公报》。

2. 测算结果

（1）人口测算结果

结果显示，到21世纪中，新农合人口总量和结构都将发生重大变化。因为人口迁移和出生率变化等因素的影响，新农合总参合人数将以递增的速度逐年降低。即便是十八届五中全会以来全面放开“二胎”政策并逐年提高总和生育率达到接近2.0的水平，依然不能够改变这一趋势。人口测算结果显示：虽然2014年新农合参合人口有7.36亿之多，2030年和2040年将分别降至6.24亿和5.05亿，至2050年，总参合人口将缩减至3.88亿人。与此同时，新农合人口结构将日益老龄化。由于人口逐步向城市迁移，青壮年人口逐年减少。0—14岁未成年人口和15—64岁的青壮年人口呈现不同程度的下降趋势，但65岁及以上的老年人口却会保持稳定增长。这将导致新农合老年抚养比逐年上升。2015年，农村地区的老年抚养比为15.5%左右，2020年将达到19.67%，2030年进一步提高到28.36%。从2031年开始，老年抚养比以每年增加2个百分点左右的速度快速上升，至2040年将高达50.21%，并在以后各年维持在52%—54%的高水平。这意味着25年之后，农村将形成2位青壮年供养1位65岁以上老人的严峻局面。

（2）最低财政补贴比例的确定

在人口测算结果的基础上，将个人筹资份额设定为农村居民个人纯收入的2%，测算相应的财政补贴水平，结果如图7－5所示。

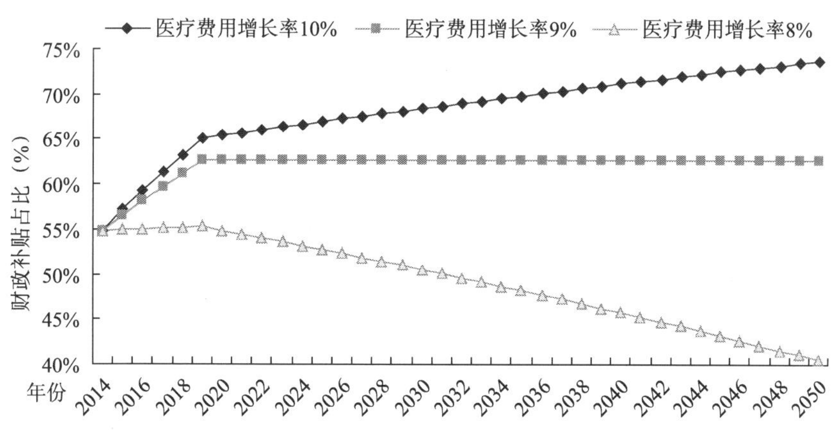

图7－5　不同医疗费用增长情形下的最低财政补贴比例

可以看出，在2020年制度整合完成之前，最低财政补贴比例需要逐年提升。这是与新农合逐年提高筹资与保障水平是相对应的。在制度整合完成之后，最低财政补贴比例的变化趋势因医疗费用增长速度不同而不同。在医疗费用增长率为9%的情形下，2018年以前平均补贴比例为57.6%，2019年及以后各年的最低财政补贴比例稳定在61.5%。在医疗费用增长率为8%的情形下，最低财政补贴比例将逐年下降，2030年和2040年分别为51.6%和47.0%，至2050年将降至41.8%；2018年以前平均补贴比例为55.4%，2019—2050年平均值为49.4%。在医疗费用增长率为10%的情形下，最低财政补贴比例则会逐年上升，2030年和2040年分别为67.5%和70.4%，至2050年达到72.9%；2018年以前平均补贴比例为58.7%，2019—2050年平均值为68.7%。可见，最低财政补贴与医疗费用增长速度密切相关。

（3）不同方案下的财政补贴调整

在三种医疗费用增长率的假设下，依据测算得出的各年目标保障水平和年龄别的医疗费用支出状况，可以得到各年的基金支出，然后在满足精算平衡的前提下，测算出各年的基金收入及相应的人均筹资，最后，根据前文确定的两个调整方案，将个人筹资责任从现有的1%逐步提升至2%，测算相应的人均财政补贴金额和财政补贴占比。限于篇幅，笔者列出方案1的测算结果如图7－6和表7－3所示。

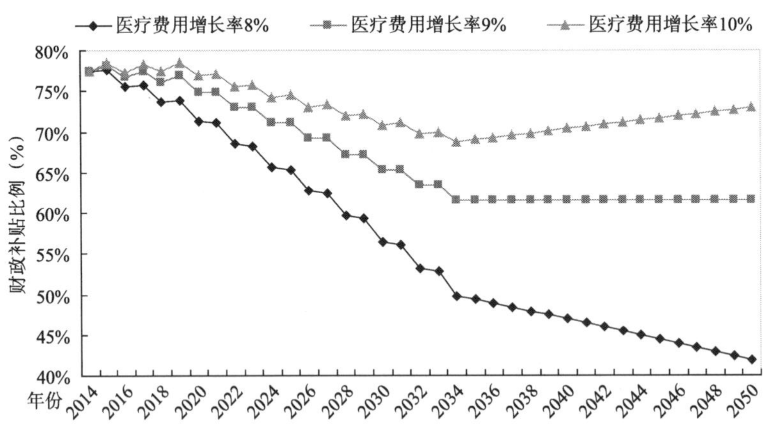

说明：在预定的目标保障水平下，假定个人筹资（个人筹资占人均收入之比）至2016年调整为1.0%，以后每两年提升0.1个百分点，直到2034年达到2%的比例并延续这一水平至以后各年。

图7－6　不同医疗费用增长率条件下的财政补贴政策调整（以2014年为测算起点）

从图 7－6 可以看出，在 2034 年之前，因为个人筹资责任的逐步提升，不同医疗费用增长率条件下的财政补贴占比自 2020 年开始总体上呈现下降趋势。这是因为 2020 年之前，新农合为实现与城镇基本医疗保险的保障水平趋同，需要逐年提升筹资水平，一旦完成制度整合，筹资水平将趋于相对稳定。但 2034 年以后，情形有所不同。在医疗费用增长 9% 的条件下，2034 年以后的财政补贴占比稳定在 61.5% 的水平；在医疗费用增长 8% 的条件下，2034 年以后的财政补贴占比从当年 49.8% 以每年约 0.5 个百分点的速度逐年下降，至 2050 年降至 41.8%；在医疗费用增长 10% 的条件下，财政补贴占比则以每年约 0.3 个百分点的速度缓慢上升，从 2034 年的 68.7% 上升至 2050 年的 72.9%。2034—2050 年的平均补贴占比在 8%、9% 和 10% 的医疗费用增长率条件下分别为 45.9%、61.5 和 70.9%。

方案 2 的测算结果类似，以 2024 年为界，在此之前，随着个人筹资责任以每年 0.1 个百分点的提升，财政补贴占比将逐年下降，在 8%、9% 和 10% 三种医疗费用增长率条件下，年均下降速度分别为 2.2、1.5 和 1.1 个百分点。2024 年个人筹资责任达到 2% 之后，医疗费用增长率为 9% 时财政补贴将稳定在 61.5% 的水平；若医疗费用增长率为 8%，2024 年及以后各年以每年 0.5 个百分点的速度逐年下降；若医疗费用增长率为 10%，2024 年及以后各年将以每年约 0.2—0.3 个百分点的速度缓慢上升。个人筹资责任达到 2% 之后的各年平均财政补贴占比在三种医疗费用增长率条件下分别为 48.3%、61.5% 和 69.5%。

表 7－3 同时还提供了人均财政补贴的变动信息。可以看出，即便在个人筹资责任不断提升的情形下，新农合人均财政补贴依然需要以定额递增的态势增长，且医疗费用增长率越大，这种定额递增的趋势越为明显。而回顾过去新农合历次的筹资调整，基本上未能遵循这一规律。这表明新农合的筹资与补贴政策调整的确存在改进空间。

表 7－3　不同医疗费用增长率条件下的财政补贴政策调整（贴现率＝5%，迁移率＝1.5%）

年份	人均财政补贴（元）			财政补贴占比（%）		
	医疗费用增长率 8%	医疗费用增长率 9%	医疗费用增长率 10%	医疗费用增长率 8%	医疗费用增长率 9%	医疗费用增长率 10%
2016	380	406	421	75.5	76.7	77.3

续表

年份	人均财政补贴（元）			财政补贴占比（%）		
	医疗费用增长率 8%	医疗费用增长率 9%	医疗费用增长率 10%	医疗费用增长率 8%	医疗费用增长率 9%	医疗费用增长率 10%
2018	446	510	549	73.6	76.1	77.4
2020	512	615	684	71.3	75.0	76.9
2022	573	712	813	68.5	73.0	75.5
2024	641	824	967	65.7	71.1	74.3
2026	714	953	1151	62.7	69.2	73.1
2028	792	1100	1370	59.6	67.2	71.9
2030	874	1270	1632	56.5	65.3	70.8
2032	961	1464	1945	53.2	63.4	69.7
2034	1049	1686	2319	49.8	61.5	68.7
2036	1201	2004	2830	48.9	61.5	69.3
2038	1374	2381	3451	47.9	61.5	69.8
2040	1570	2828	4209	47.0	61.5	70.4
2042	1792	3360	5132	46.0	61.5	70.9
2044	2045	3992	6256	45.0	61.5	71.4
2046	2331	4743	7624	43.9	61.5	71.9
2048	2654	5636	9290	42.9	61.5	72.4
2050	3019	6696	11318	41.8	61.5	72.9

说明：在预定的目标保障水平下，假定现有约 1% 的个人筹资责任（个人筹资占人均收入之比）至 2016 年调整为 1.1%，以后每两年提升 0.1 个百分点，直到 2034 年达到 2% 的比例并延续这一水平至以后各年。

（四）敏感性和稳健性分析

1. 敏感性分析

预先设定的参数能否符合或接近未来的真实世界，是预测性研究所面临的共同问题。由于未来的不确定性，预测不可能穷尽所有可能，因此，敏感性分析是可行的选择。在本章提出的精算模型中，贴现率和人口迁移是非常重要的预定参数。贴现率通过影响贴现因子直接影响长期精算平衡；人口迁移率在很大程度上影响了未来新农合的人口结构继而基金支出状况。因此，下面分别考虑这两个因素的变动，来考察预测结果变动情况，以期为决策者提供多种可能的参考。

（1）贴现率变动

在前文的测算中，笔者采用了5%的贴现率，是比较保守的假定。考虑到新农合采用“现收现付”基金管理模式，每年的基金结余不多，基金投资在基金管理中处于次要地位，在此，将贴现率进一步降至3%，其余因素保持不变，再按照上述步骤进行测算。

结果显示，贴现率降低之后，总体上新农合所需的最低财政补贴比例有所提高。2019年之前，不同医疗费用增长条件下的最低财政补贴比例依然是逐年上升的，医疗费用增长率分别为8%、9%和10%时，平均最低财政补贴比例分别为55.8%、58.0%和59.0%（原来的测算分别为55.4%、57.6%和58.7%）；2019年及以后，三种医疗费用增长率条件下的平均最低财政补贴比例分别为50.4%、62.3%和69.3%（原来的测算分别为49.4%、61.5%和68.7%），其中，当增长率为9%时，最低财政补贴比例最终将稳定在62.3%的水平（原来的测算为61.5%）；当增长为分别为8%和10%时，最低财政补贴比例将分别下降和上升。

根据前面提出的两个调整方案对未来财政补贴调整问题进行测算，可得出一系列新的结果。限于篇幅，此处仅列出方案1的结果如表7-4所示。

表7-4　不同医疗费用增长率条件下的财政补贴政策调整（贴现率=3%）

年份	人均财政补贴（元）			财政补贴占比（%）		
	医疗费用增长率8%	医疗费用增长率9%	医疗费用增长率10%	医疗费用增长率8%	医疗费用增长率9%	医疗费用增长率10%
2016	384	410	425	75.7	76.9	77.5
2018	456	522	559	74.0	76.6	77.8
2020	526	634	700	71.9	75.5	77.3
2022	591	734	833	69.2	73.6	76.0
2024	661	850	991	66.4	71.7	74.7
2026	737	983	1180	63.5	69.8	73.5
2028	819	1137	1406	60.5	68.0	72.4
2030	906	1313	1675	57.3	66.1	71.3
2032	998	1516	1997	54.1	64.2	70.3

续表

年份	人均财政补贴（元）			财政补贴占比（%）		
	医疗费用增长率 8%	医疗费用增长率 9%	医疗费用增长率 10%	医疗费用增长率 8%	医疗费用增长率 9%	医疗费用增长率 10%
2034	1093	1748	2382	50.8	62.3	69.3
2036	1252	2077	2905	49.9	62.3	69.8
2038	1433	2467	3543	49.0	62.3	70.4
2040	1639	2932	4320	48.0	62.3	70.9
2042	1873	3483	5266	47.1	62.3	71.4
2044	2139	4138	6418	46.1	62.3	71.9
2046	2441	4917	7820	45.1	62.3	72.5
2048	2782	5841	9528	44.1	62.3	72.9
2050	3169	6940	11606	43.0	62.3	73.4

说明：在预定的目标保障水平下，假定现有约 1% 的个人筹资责任（个人筹资占人均收入之比）至 2016 年调整为 1.1%，以后每两年提升 0.1 个百分点，直到 2034 年达到 2% 的比例并延续这一水平至以后各年。

对比表 7-3 可以发现，在 3% 的贴现率水平下，未来财政补贴的需求总体上要略高于原来的结果。每年所需的人均财政补贴是逐年递增的，财政补贴占比的变化则同样受到基本医疗保险制度整合进程和医疗费用增长状况的影响。在医疗费用增长无论是补贴的绝对数，还是补贴比例，都与制度整合完成的时点密切相关，都随着医疗费用增长率的不同而体现不同的规律。医疗费用增长如果较慢（8%），未来财政补贴压力将逐年降低；医疗费用增长如果较快（10%），未来财政补贴压力有可能逐年提高。如果保持中间水平（9%），未来财政补贴占比将稳定在 62.3% 的水平。

（2）人口迁移率变动

随着中国经济进入“新常态”，宏观经济下行压力加大，城市发展空间和就业机会等对农民的吸引力降低。近几年来，进城务工的农民工总量增速持续回落，2015 年甚至出现零增长。因此，未来人口迁移及城镇化速度可能将放缓①。考虑到这一趋势，原定 1.5% 的人口迁移率可能偏高。为此，笔者进一

① 和讯网：《农民工外出零增长，未来城镇化速度或放缓》，http://news.hexun.com/2015-10-20/179970832.html，2015 年 10 月 20 日。

步将人口迁移率设定为1.2%，其他相关参数保持不变，对最低财政补贴比例及两个调整方案下的财政补贴变动进行新的预测。

结果显示，人口迁移变缓将使新农合所需的最低财政补贴比例明显降低。2019年之前，不同医疗费用增长条件下的最低财政补贴比例依然是逐年上升的，医疗费用增长率分别为8%、9%和10%时，平均最低财政补贴比例分别为54.0%、57.3%和58.3%；2019年及以后，三种医疗费用增长率条件下的平均最低财政补贴比例分别为49.1%、60.7%和67.9%，其中，当增长率为9%时，最低财政补贴比例最终将稳定在60.7%的水平。这可能是因为，随着农村人口向城市迁移的速度减缓，更多的年轻群体保留在新农合制度内，从而使基金支出压力减轻。

根据前面提出的两个财政补贴调整方案，在新的迁移率假设下进行测算，可以得出一系列新的预测值。同样此处仅列出方案1的测算结果，如表7-5所示。对比表7-3可以看出，尽管表7-5所示的总体补贴水要明显低于表7-3，但不同医疗费用增长率条件下的财政补贴政策调整依然体现出相似的规律。无论是补贴的绝对数，还是补贴比例，都与制度整合完成的时点密切相关，都随着医疗费用增长率的不同而体现不同的规律。

表7-5　不同医疗费用增长率条件下的财政补贴政策调整（迁移率=1.2%）

年份	人均财政补贴（元）			财政补贴占比（%）		
	医疗费用增长率8%	医疗费用增长率9%	医疗费用增长率10%	医疗费用增长率8%	医疗费用增长率9%	医疗费用增长率10%
2016	382	402	415	74.7	76.5	77.1
2018	458	499	535	73.2	75.8	77.0
2020	531	599	662	71.1	74.5	76.3
2022	595	693	786	68.3	72.5	74.9
2024	665	802	935	65.4	70.5	73.6
2026	740	926	1112	62.5	68.6	72.4
2028	821	1068	1323	59.4	66.6	71.2
2030	906	1232	1575	56.2	64.6	70.0
2032	995	1419	1876	52.9	62.7	68.9
2034	1086	1633	2236	49.5	60.7	67.9
2036	1242	1940	2729	48.5	60.7	68.5

续表

年份	人均财政补贴（元）			财政补贴占比（%）		
	医疗费用增长率 8%	医疗费用增长率 9%	医疗费用增长率 10%	医疗费用增长率 8%	医疗费用增长率 9%	医疗费用增长率 10%
2038	1420	2305	3329	47.6	60.7	69.0
2040	1623	2739	4061	46.6	60.7	69.6
2042	1852	3254	4953	45.6	60.7	70.2
2044	2113	3866	6039	44.6	60.7	70.7
2046	2407	4594	7362	43.6	60.7	71.2
2048	2740	5458	8973	42.5	60.7	71.7
2050	3116	6484	10935	41.4	60.7	72.3

2. 稳健性分析——以 2008 年为基年的预测

（1）分析方法

在运用计量经济学模型进行实证研究时，稳健性分析的一个常用方法是：将测算起点往回推若干年，运用同样的模型来进行回归，然后将结果与实际情况相比较。本章采用的是精算模型，可以借鉴类似的方法。然而，需要指出的是，新农合自推行以来，采用的是“先试点、再推广”的策略。随着参合人数不断扩大和变化，每年财政补贴标准的出台也带有明显的“试错式”的特征。如图 7－7 所示，尽管试点以来人均财政补贴逐步提升，但每年相对于上一年调整数波动很大。因此，从理论上看，很难如计量分析一样从理论上检验“过去”的财政补贴调整政策是否显著地与某个模型相符合。在此，笔者试图提出一种折中的方法：以 2008 年为基年，按照 2008 年的一系列参数，用原来的思路对 2015—2050 年的财政补贴增长及调整情况进行测算，并将结果与原来的结果相对比。如果没有明显差异，那么可认为本章提出的预测方法是基本稳健的。

之所以采用 2008 年作为新的基年，是因为截至 2008 年，新农合试点已经五年，制度已经基本成熟，同时参合人数超过 8 亿人，基本达到制度全覆盖。而且，也是从这一年开始，财政补贴标准体现出明显的逐年调整特征（图 7－7）。后面的测算依然沿用前文提出的两个方案。数据主要来源于：2008 年的人口生育率、死亡率等人口数据源自《中国人口和就业统计年鉴》（2009），新农合参合人口、医疗费用等相关数据源自《中国卫生统计年鉴》（2009）和

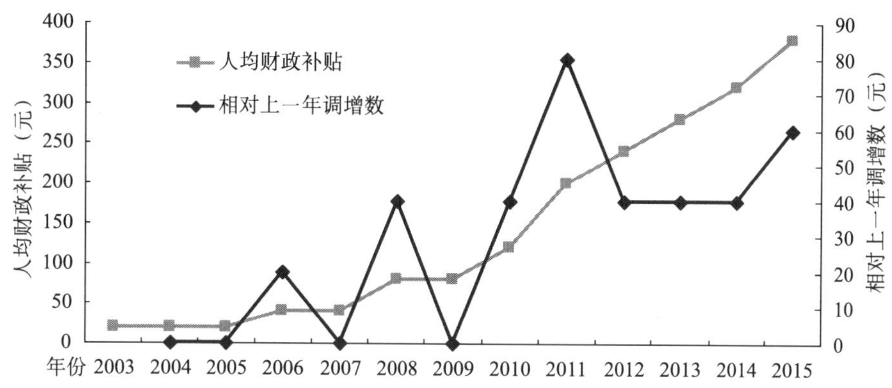

图 7-7　新农合试点以来的历年财政补助及调整情况

数据来源：根据历年财政、人力资源和社会保障部门公布的文件整理。

第四次全国卫生服务调查。

（2）最低财政补贴比例

测算结果表明，不同医疗费用增长率条件下的最低财政比例体现出与图 7-3类似的规律：当增长率为 9% 时，2018 年以前平均补贴比例为 55.0%，2019 年及以后各年的最低财政补贴比例稳定在 62.5%。当增长率为 8% 时，最低财政补贴比例也是逐年下降，2030 年和 2040 年分别为 54.0% 和 49.6%，至 2050 年将降至 44.7%；2018 年以前平均补贴比例为 53.2%，2019—2050 年平均值为 51.8%。当增长率为 10% 时，最低财政补贴比例将逐年上升，2030 年和 2040 年分别为 69.6% 和 72.3%，至 2050 年达到 74.7%；2018 年以前平均补贴比例为 58.8%，2019—2050 年平均值为 70.7%。上述数据与前文的预测结果相比，通常差异在 1%—2% 之间。

（3）不同方案下的财政补贴政策调整

限于篇幅，此处仅列出方案一的结果如图 7-8 所示。

可以看出，以 2008 年为基年的预测结果与图 6-6 呈现的结果类似。2015 年以后的财政补贴比例以 2020 年和 2034 年为界，划分为三个时段。在 2020 年以前，因为基本医疗保险制度尚未完成整合，财政补贴水平相对稳定。2020—2034 年，随着个人筹资责任的不断提升，不同医疗费用增长率条件下的财政补贴均呈现逐年下降趋势，但在 2034 年以后，情形随着医疗费用增长率设定的不同而有所不同：在增长率为 8% 的条件下，2034 年以后的财政补贴占比与依旧以每年 0.5 个百分点的速度逐年下降；在增长 10% 的条件下，财

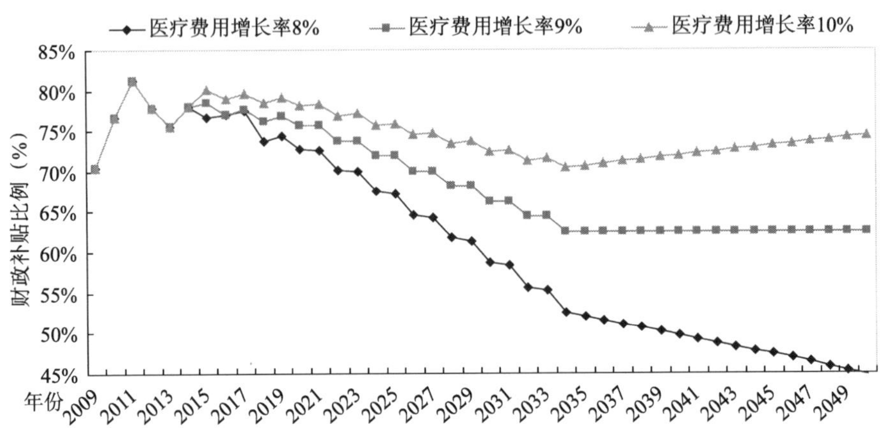

说明：在预定的目标保障水平下，假定个人筹资（个人筹资占人均收入之比）至 2016 年调整为 1.0%，以后每两年提升 0.1 个百分点，直到 2034 年达到 2% 的比例并延续这一水平至以后各年。

图 7－8　不同医疗费用增长率条件下的财政补贴政策调整（以 2008 年为基年）

政补贴占比则以每年约 0.2—0.3 个百分点的速度缓慢上升；在增长率为 9% 时，2034 年以后的财政补贴占比则稳定在 62.5% 的水平（与原结果的 61.5% 仅相差 1 个百分点）。

上述三个时段的平均财政补贴比例如表 7－6 所示。可以看出，将测算基年向前推至 2008 年，得出结果差异并不大，绝大多数情况下的财政补贴差异在 1 个百分点以内。其中，在 9% 的医疗费用增长率条件下，两个测算起点所得到的结果最为接近，差异缩小至 0.1—1 个百分点。

表 7－6　不同测算起点的分时段平均财政补贴比例一览表

医疗费用增长率	测算基年	2015—2019 年	2020—2033 年	2034—2050 年
8%	2008	75.8%	64.2%	48.6%
	2014	75.2%	62.3%	46.9%
9%	2008	77.2%	70.1%	62.5%
	2014	77.1%	69.2%	61.5%
10%	2008	79.4%	75.0%	72.7%
	2014	78.0%	73.3%	70.9%

上述结果表明，2008 年以来，中国人口结构转变、医疗费用增长等影响因素的变迁存在一定的稳定性。笔者所提出的测算机制在一定程度上是满足稳

健性要求的。

六、本章小结

城乡医保一体化是中国正在进行的重大变革，而基本医疗保险筹资问题是其中的核心环节和重要保障。当前，在“政府财政补贴为主、个人缴费为辅”的筹资方式下，城乡居民医保筹资和补贴水平的调整存在短期性和随意性，未能建立起稳定可持续的筹资动态调整机制，极大地影响了城乡医保一体化进程和制度的可持续发展。在“高补贴、频调整”的定额筹资政策运行十余年之后，基本医疗保险迫切需要建立起更加科学合理的财政补贴调整机制。

本章首先从指导原则、组成要素、调整依据、机制构建等多个方面对筹资动态调整机制进行了理论研究，提出了以精算机制为核心的基本医疗保险筹资动态调整机制的理论框架。城乡居民医保的筹资调整是一个复杂的系统工程。从理论上看，城乡居民医保的筹资调整包括对筹资水平和筹资结构的调整，需要考虑多种复杂因素的动态影响。如何综合考虑各因素的影响来对基本医疗保险筹资和财政补贴进行动态调整？笔者分析认为，城乡居民医保筹资动态调整机制的构建，需要坚持稳定性、可持续性和精算平衡三大原则。调整机制应当包括调整对象、调整依据、调整频率、调整时机和调整幅度、调整权限和决策程序等组成要素。其中，如何使筹资调整“有据可依”，是解决现行筹资标准确定的主观性和随意性问题的关键。为此，笔者认为应当从保障效果和基金风险两方面建立筹资调整的日常预警指标体系，综合考虑人口老龄化、医疗费用增长、基本医疗保险制度变动、筹资主体承受能力等制度内部的“拉动因素”和外部社会经济环境的“推动因素”对筹资调整进行定期评估，并基于日常预警和定期评估对筹资水平和筹资结构进行动态调整。

其次，以新农合为例，从调整频率、调整时机和调整幅度三个方面建立起财政补贴调整机制的理论框架，运用保险精算方法构建动态调整模型，在人口预测的基础上，针对适度保障水平区间、最低财政补贴比例以及具体的财政补贴调整方案进行了定量测算，并得出了一系列有政策参考价值的财政补贴调整结果：一是得到不同医疗费用增长率条件下的保障水平适度区间。在医疗费用增长率分别为 8%、9% 和 10% 的条件下，这一区间分别为（49.9%，

81.2%)、(58.2%, 84.3%) 和 (64.0%, 86.5%), 从而确定了财政补贴的动态调整目标; 二是测算出财政补贴基本医疗保险的下限。研究发现, 最低财政补贴比例与年度医疗费用增长率密切相关。在增长率为 9% 的情形下, 最低财政补贴比例在 2018 年以前为 57.6% 左右, 2019 年以后将稳定在 61.5%。但在增长率为 8% 的情形下, 这一比例将逐年下降; 在增长率为 10% 的情形下, 这一比例则会逐年上升。三是对不同调整方案进行定量测算并得出了一系列有政策参考价值的财政补贴调整结果。以医疗费用增长率 9% 为例, 如果个人筹资责任逐步提升 (财政责任相应降低), 在个人筹资责任达到既定的上限之前, 财政补贴大约以每年 1.8 个百分点的速度下降, 在个人筹资责任达到上限之后, 如果医疗费用增长率保持在 9% 左右, 财政补贴占比将稳定在 61.5% 的水平。最后, 笔者分别基于不同的贴现率和人口迁移率假设进行了敏感性分析, 及以 2008 年为基年对模型测算结果进行了稳健性检验并得出了肯定的结论。

本章的主要创新之处在于: 第一, 首次从理论上对基本医疗保险的筹资动态调整机制进行了较系统的分析和阐述; 第二, 以灾难性支出发生率作为适度保障水平的判断标准, 提出以灾难性支出发生率处于区间 (15%, 40%) 时的保障水平作为"适度保障水平区间"并将其作为筹资调整的目标保障水平; 第三, 考虑到现行补贴政策仍然存在下调空间, 以个人筹资占人均纯收入的 2% 作为个人责任的上限, 对最低财政补贴比例进行了定量研究, 同时针对两个的财政补贴调整方案 (考虑个人筹资责任的逐步提升) 并进行了定量测算。尽管这两个方案并不能完全代表现实情况, 但是本章建立的理论框架和定量研究方法, 无疑对全国各地实务部门完善基本医疗保险筹资机制及建立财政补贴动态调整机制有着重要的启示意义。

最后, 必须指出的是, 由于数据资料的限制, 本章的一系列测算均是基于全国平均水平, 所研究的对象也仅仅是基本医疗保险的主干制度之一。考虑到新农合制度在各统筹地区存在明显差异, 未来有必要引入地方医疗保险的微观数据库进行更深入的研究。同时, 因为政府实行财政补贴的基本医疗保险制度除了新农合以外还有居民医保, 基于城乡统筹和整个医疗保险体系视角的研究, 也是未来可以拓展的方向。

第八章

中国基本医疗保险财政补贴的政府间责任分摊研究①

一、引言

基本医疗保险是整个社会保障体系的重要组成部分，也是社会主义和谐社会建设的重要保障。为了迅速实现基本医疗保险对广大农村居民和城镇非就业居民的全覆盖，中国政府先后于2003年和2007年试点新农合和居民医保，并对这两大制度采取了最高达80%的保费补贴政策。试点之初，政府对两大制度的人均补贴分别是20元和40元。随后补贴水平基本上每年都要向上调整，至2017年，已经达到450元/人。根据现行规定，财政补贴部分由中央和地方各级政府进行分摊。但是，全国层面对各主体筹资份额的规定并不详细公开，通常只粗略规定中央和地方对中西部省份的财政补贴标准和个人筹资下限。2003年以来，基本医疗保险财政补贴基本上实行中央和地方政府按1:1的比例进行分摊。从2011年开始，中央财政补贴占比超过50%，并开始区分中西

① 本章的核心内容发表在：《基本医疗保险财政补贴的政府间责任分摊问题初探》，《中国卫生政策研究》，2015年第12期；《基本医疗保险财政补贴的政府间责任分摊研究》，《财经科学》，2018年第2期。

部提出指导性标准①。对于地方各政府间的责任分摊，由各个省在中央提供的指导性补贴标准下行驶“自由裁量权”。一般是省政府首先确定其补贴额度，剩余的划分给市政府，市政府再划分给县政府，以此类推。

总体上看，现行的政府间责任分摊机制，采用“一刀切”式的责任划分，未能充分合理地考虑地区差异，容易导致地方政府的“苦乐不均”和上级政府的“甩包袱”现象（毛翠英，2011），中央补贴的地区间分配缺乏公平，长期存在“从富效应”（孙世强和任佳宝，2010）；地区间各级政府责任划分标准各不相同，并且存在补贴政策主观随意变换的问题（毕红霞和薛兴利，2011）；而各级地方政府间普遍采用自上而下的摊派方式划分基本医疗保险财政补贴责任，容易导致财力较弱、农业人口比重高的地方政府责任过重等问题（顾昕和方黎明，2006）。上述问题的存在，直接影响到城乡居民医保的筹资稳定性和可持续性。

2016 年 1 月，《国务院关于整合城乡居民医保制度的意见》（国发〔2016〕3 号）提出要整合这两项制度，建立统一的城乡居民医保制度。鉴于财政筹资在两大制度中的主体地位，政府不断扩大投入更已成为推动城乡医保一体化发展的关键手段。目前，全国绝大多数地区已经建立起城乡统一的“城乡居民医保”，总体上覆盖全国近 12 亿人口。按照 2017 年的补贴标准估算，全年中央和地方各级财政投入将超过 4500 亿元。可以预见，随着城乡一体化的推进，补贴标准还会不断调整，补贴规模仍需持续扩张。巨额财政补贴责任如何在政府间进行分摊？理论与实践都迫切需要建立起公平、有效和制度化的政府间责任分摊机制。

基本医疗保险财政补贴的政府间责任如何分摊，既是牵涉到财政分权、公平分配和公共管理等领域的理论问题，更是医保一体化进程中建立完善的财政补贴机制迫切需要解决的现实课题。从理论上看，基本医疗保险财政补贴的政府间责任分摊，既包括中央与省级地方政府之间的责任分摊，也包括省级以下各级地方政府间的责任分摊。鉴于财政筹资在两大基本医疗保险体系中的主体地位，能否建立一个责任明确、制度化和长效化的政府间责任分摊机制，不仅关系到筹资来源的稳定性，也直接影响到基本医疗保险体系的可持续发展。在

---

① 例如，2016 年文件规定“中央财政对 120 元基数部分按原有比例补助，对增加的 300 元按照西部地区 80%、中部地区 60% 的比例补助，对东部地区各省份分别按一定比例补助”。

国内，近年来有不少学者意识到应当根据各地实际情况建立起制度化和公式化的政府责任分摊机制，如：顾昕和方黎明（2006）从公共服务均等化视角研究新农合的筹资问题，指出政府间责任分摊的“一刀切”，以及中央补贴未能与地方财政支持能力相联系，容易财力较弱的地方政府责任过重，应根据下级政府的一组客观的经济社会指标设计制度化的补贴公式来确定补贴金额和明确补贴责任；李琼（2010）基于西部贫困地区新农合筹资的研究认为，政府间责任的划分未能很好地体现事权与财力的统一，因而提出，中央财政应当对西部地区承担筹资的主要责任，并取消县财政承担的筹资份额；毛翠英（2011）基于某省新农合实践的研究发现，在地方政府之间的责任分摊中，省级政府往往依赖行政垄断权力自上而下“逐级派发”各下级地方政府应当承担的补贴责任，忽视了地方经济能力差异，存在明显的“甩包袱”倾向，提出构建“复式”的新农合政府间公共资金分配机制；李彦蓉（2012）基于农民纯收入增长的有限性，提出省级政府应针对下级政府的财政能力和医疗费用开支等实际情况，制定差别化的补贴比例。

上述文献为我们提供了重要参考。但已有的相关研究大多限于对某个省份或局部地区的解剖，鲜有文献能从全国“顶层设计”的高度提出财政补贴的差异化分配策略。鉴于问题的复杂性和敏感性，很少有人就政府间责任分摊问题提出具体的解决思路或分摊方案。

本章在对现状与问题进行剖析的基础上，对政府间责任分摊应遵循的原则进行了分析，并重点引入“熵值法”和“因素法”两种不同的定量测算方法来研究政府间基本医疗保险财政补贴责任分摊问题，尝试性提出了初步的分摊思路与方案，使责任分摊尽可能体现不同地区在财政支持能力和财政补贴需求方面的差异，以期为完善政府间责任分摊机制提供启示。

二、现行基本医疗保险财政补贴政府间责任分摊存在的问题

（一）中央财政补贴分配缺乏公平

公平性问题，是基本医疗保险财政补贴政府间责任分摊存在的首要问题。孙世强和任佳宝（2010）研究指出，中央财政补贴长期存在“从富效应”，历

年来新型农村合作医疗的人均补额都存在东部地区大于中部地区，中部地区大于西部地区的情况，产生了“富人越富越有保障，穷人越穷越无保障”的尴尬局面。事实上，不同地区对财政补贴的依赖程度不同，需要中央政府在财政补贴分配上区别对待。为此，我们引入“财政补贴依存度”指标（人均补贴和人均纯收入之比）对不同地区的财政补贴依赖程度进行分析。表 8 - 1 分别列示了东、中、西部的三个代表性地区的财政补贴依存度。

表 8 - 1　　2013 年东、中、西、部代表省份对财政补贴的依存度

地　区		新农合人均财政补贴额（元/人）	农村居民家庭人均纯收入（元）	财政补贴依存度（%）
东部	北京	580	16475.7	0.035
	天津	280	14025.5	0.020
	福建	300	9967.2	0.030
中部	湖南	280	7440.2	0.038
	安徽	280	7160.5	0.039
	湖北	200	7851.7	0.025
西部	新疆	290	6393.7	0.045
	西藏	340	5719.4	0.059
	广西	280	6007.5	0.047

数据来源：《中国农村统计年鉴 2014》。

可以看出，东、中、西部的财政补贴依存度是依次增大的，西部地区对财政的依赖程度最大，中部次之，东部最小。而在农村居民人均纯收入方面，是东部大于中部，中部又大于西部。可以推论，越贫困的地区由于个人收入低、基本医疗保险筹资渠道少，因此对财政补贴的依赖越大，即财政补贴依存度大，但是对于人均财政补贴却是东部大于西部大于中部，说明财政补贴与居民医保需求不一致，财政补贴存在地区间失衡，公平性问题突出。之所以造成这种情况，可能是因为专项资金转移支付分配制度不规范，富裕地区在上下级政府的财政博弈中具备更强的竞争力。另一方面，专项资金转移支付要求下级政府以一定的配套资金投入，在很大程度上有利于富裕地区。

（二）地方各级政府间责任不明

目前，各级政府的财政补贴额度的确定是“自上而下”的，即中央给地方划分一个补贴额度后，各级地方政府自行确定分担比例，中央未对省、市、县的政府补贴责任加以规定。中国现有的地方政府间责任分摊主要可分为“一刀切”型和“差异化”型。“一刀切”型即对省内各市县的基本医疗保险补贴统一标准，如2015年安徽省的省、市、县级政府承担的新农合补贴责任分别为93元、82元和41元，没有对不同市县做更细致的区分。“差异化”即对省内各地区实行一定的差别化对待，如浙江省财政对全省不同类别地区按照两类六档分类分档办法给予补助，2015年的人均补助标准分别是255元、231元、204元、154元、103元和54元。

总体上看，目前绝大多数地方政府仍未从横向均等化的视角分担各级政府对基本医疗保险的财政补贴责任。无论是“一刀切”型，还是“差异化”型，地方各级政府的责任分摊一般是省级政府首先根据自己的财政能力支付一个额度，剩下的划分给市，市政府再根据自身的财政能力支付一部分，以此类推，最后乡镇政府只能被动接受所“派遣”的余下份额。而且，从中国各级政府承担的基本医疗保险补贴责任来看，省级政府在补贴中都占主体地位，县级政府承担的比例往往大于或者等于市级政府，如2012年广东江门县级政府承担的新农合补贴为22元而市级政府仅承担3元。因为上级政府财政能力相对强，又可以自行选择承担的补贴额，这种“自上而下”的责任摊派，把补贴负担层层向下传递，导致下级政府责任过重或“苦乐不均”。特别是困难地区的财政能力弱，又要承担基本医疗保险制度运转的主要成本，不利于基本医疗保险制度的贯彻落实和可持续性发展。

（三）缺乏制度化和长效化的政府间责任分摊机制

从理论上看，对特定地区基本医疗保险政府补贴水平的确定需要考虑上一年经济发展水平、财政收支水平、人均筹资水平、基金平衡状况等因素进行定量测算和合理调整，但目前没有明确的制度去规范，导致政府调整存在较强的短期性和随意性（表8－2）。

表8－2　近年财政补贴和人均筹资情况表　单位：元

年份	中央财政	地方财政	财政补贴合计	新农合人均筹资	居民医保人均筹资
2003—2005	10	10	20	—	—
2006—2007	20	20	40	58.9	—

续表

年份	中央财政	地方财政	财政补贴合计	新农合人均筹资	居民医保人均筹资
2008	40	40	80	96.3	—
2009	40	40	80	113.4	138.2
2010	60	60	120	156.6	181
2011	108/124	92/76	200	246.2	268.7
2012	132/156	108/84	240	308.5	322.9
2013	156/188	124/92	280	340	400.5
2014	120	200	320	410	410
2015	—	—	380	500	500
2016	—	—	420	570	570
2017	—	—	450	630	630

注：新农合和居民医保的人均筹资根据历年《中国统计年鉴》《中国卫生统计年鉴》、国家统计局数据以及人社部、财政补政策文件得出或计算得出；“/”左边和右边分别是中部和西部的补贴标准。

由表 8－2 我们可以看出，2003 年以来，财政补贴标准频频向上调整，从 2003 年的 20 元调整到 2015 年的 380 元，期间共调整了八次，2009 年以来更是每年都进行调整。与此同时，在调整过程中，财政补贴责任如何在各级政府间进行分摊，一直缺乏制度化和长效化的分摊机制，直接影响到筹资来源的稳定性。表 8－2 数据显示，2003—2010 年中央与地方责任分摊基本保持在 1∶1，2011 年以来，中央对中西部地区的补贴开始有所区别，加大了对西部地区的补贴标准，但对于中央承担责任标准仍未过多说明。

三、政府间责任分摊的基本原则

（一）公平性原则

基本医疗保险具有基本公共服务的基本特征，属于“公共产品”（吴海波，2012）。因此，基本医疗保险应当是能为绝大多数人共同消费或享用的产品或服务。也就是说，无论是贫困地区还是富裕地区，都应享有基本相同的基本医疗保险服务。我们提出，基本医疗保险财政补贴应遵循公平性原则，即政府在进行财政补贴的转移支付时，应更多地考虑地区实际情况，对贫困地区、困难群众有所照顾。为了发挥基本医疗保险财政补贴的横向均等化作用，促使财力不同的地方政府为民众提供大体相同的基本医疗保险服务，有必要在分摊政府间责任时更多地考虑各级政府的财政支付能力和经济发展水平，探寻更为制度化和公式化的政府转移支付方法，以实现基本医疗保险制度的横向公平和纵向公平。

（二）适度性原则

所谓适度性原则，是指在划分政府责任时，应考虑各级政府的承受能力，对各级政府基本医疗保险财政补贴额度的确定应保持在一个合理水平。一般来说，上级政府征税的基础更为广阔，财力也更为雄厚，因此上级政府比基层政府有更好的条件在公共服务方面提供财政支持。而就中国目前的情况来说，中央和省级政府的收入较多，但大量的公共服务却是由基层政府（包括市、县、乡级政府）来承担主要责任，基本医疗保险补贴也不例外，这样的责任分摊显然是不合理的。可以说，各级政府需要承担的基本医疗保险补贴额度的多少是由多种因素决定的，诸如当地的经济发展水平、人口规模以及当地政府财政收入情况等。因此，政府间的责任分摊比例必须考虑适度性，要综合各级政府的具体情况并加以研究测算。

（三）差异化原则

所谓差异化原则，是指在基本医疗保险财政补贴责任划分时应注重地区的差异。中国幅员辽阔，地区间的经济实力和财政实力存在较大的差异。一般而言，越是富裕的省市，农业人口的比重越小，其基层政府财政实力越强，为基本医疗保险提供配套资金的压力就越小；而越是穷的地方，农业人口比重越高，财政收支能力越脆弱，财政配套资金的压力越大。因此，实行“一刀切”的财政补贴分摊方案会使财力较弱的县市承担更重的财政负担，即使是目前“差异化”的分摊方案，由于区别不够细致，县市财政“苦乐不均”的现象依然存在，活动能力弱的基层政府依然不能获得相对合理的补贴。因此，“差异化”的责任分摊方案要具体差异到每级政府。低一级政府的责任分摊比例，由其直属上级政府经过专门部门研究调查再确定。

（四）可持续性发展原则

党的十八届三中全会《决定》提出，要“建立更加公平可持续的社会保障制度”。基本医疗保险制度是长期性的制度安排，其财政补贴需要考虑可持续性问题。目前，基本医疗保险财政补贴水平仍采用经验性的方法确定，具有很强的随意性。财政补贴标准根据各年基金收支状况频频调整，未能从长远角度建立起规范化、制度化的财政补贴确定和动态调整机制，不利于基本医疗保险制度的长期可持续发展。在人口老龄化的趋势下，医疗费用增长迅速，养老等民生诉求也在不断增长，这些都将对财政造成持续的压力和挑战。随着中国经济进入“新常态”，经济和财政收入增速都将放缓，从可持续发展的角度建立制度化、长效化的政府责任分摊机制就显得尤为重要。

四、基于熵值法的政府间责任分摊研究

熵（Entropy）最初由德国物理学家克劳修斯提出，用来表示热力学的概念。1984 年，申农（Shannon）将熵拓展到信息论中，用熵来表示对不确定性的一种度量。信息量越大，不确定性就越小，熵也就越小；信息量越小，不确定性越大，熵也就越大（郭玉清等，2015）。根据熵的特性，我们可以通过计算熵值来判断一个事件的随机性及无序程度，也可以利用熵值来判断某个指标的离散程度，指标的离散程度越大，该指标对综合评价的影响越大。本节利用熵值法确定人均财政收入和人均 GDP 对政府财政补贴的影响权重，并计算得出各省财政独立程度得分，得分越高的政府财政独立程度越大，即所需的中央财政补贴越少。

（一）中央与地方分摊方案设计

从理论上看，财政补贴的影响因素是多方面的，各地人均 GDP、人口规模、财政收入、医疗费用增长、人口结构转变等都会影响财政补贴水平。但是，从财政补贴分配的视角来看，人均 GDP 水平和地方财政收入水平是最不能忽视的因素。一方面，遵循公平性原则，不同发达程度地区的财政补贴应有所区别，而划分一个地区发达与否的关键指标是人均 GDP 和人均财政收入。

另一方面，从“以收定支”的角度思考，财政补贴水平主要受政府支付能力和个人支付能力影响。政府支付能力主要由人均财政收入水平体现，而人均GDP则能一定程度上反映个人支付能力。基于公平性原则，人均财政收入高的地区，当地应承担更多的财政补贴责任，落后地区则相反。人均GDP高的地区，经济较为发达，个人支付能力强，相应的财政补贴可以较少；而人均GDP低的落后地区反之。也就是说，落后地区财政补贴水平应该高于发达地区。因此，本节考虑人均财政收入以及人均GDP两个因素，引入熵值法对中国31个省份进行分类。

1. 基于熵值法的省份分档

设x_{ij}为第i个省份的第j个指标的数值。($i=1$，$2\cdots$，n；$j=1$，m)。

首先，为了避免各项指标在量纲或者正负取向差异性而对结果造成的影响，要对数据进行标准化处理。即：

$$x'_{ij}=\frac{x_{ij}-\min(x_{1j},x_{2j},\cdots,x_{nj})}{\max(x_{1j},x_{2j},\cdots,x_{nj})-\min(x_{1j},x_{2j},\cdots,x_{nj})} \quad (8-1)$$

为了方便起见，仍记数据$x_{ij}=x_{ij}$，那么第j项指标下第i个省份占该项指标的比重为：

$$p_{ij}=\frac{x_{ij}}{\sum_{i=1}^{n}x_{ij}} \quad (8-2)$$

则第j项指标的熵值可以表述为：

$$e_j=-k\sum_{i=1}^{n}p_{ij}\ln(p_{ij})\text{，其中，}k>0,k=1/\ln(n),e_j\geqslant 0 \quad (8-3)$$

在此基础上可以计算第j项指标的差异系数，对第j项指标，指标值的差异越大，对方案评价的影响就越大，熵值就越小。定义差异系数：

$$g_j=\frac{1-e_j}{m-E_e}\text{，其中，}E_e=\sum_{j=1}^{m}e_j,0\leqslant g_i\leqslant 1,\sum_{j=1}^{m}g_j=1 \quad (8-4)$$

那么，第j项指标的权重可以表示为：

$$w_j=\frac{g_j}{\sum_{j=1}^{m}g_j}\quad(1\leqslant j\leqslant m) \quad (8-5)$$

根据（8-2）式和（8-5）式，可以测算出各省的财政独立程度得分：

$$s_i=\sum_{j=1}^{m}w_j\cdot p_{ij}\quad(i=1,2,\cdots n) \quad (8-6)$$

2. 实证分析

过去十余年来，中央和地方政府间基本遵循1:1的分摊比例，带有明显的“一刀切”式的特征。更加公平的财政补贴制度需要进一步考虑不同省份之间的差异。为此，我们主要考虑人均财政收入和人均GDP指标，利用熵值法测算出各省的财政独立程度得分，然后将各省的这一指标除以全国平均水平，可以得出各地区的“基本医疗保险财政独立指数”，将其作为确定中央补贴力度大小的主要依据。测算数据来源于《中国统计年鉴》（2014）。结果显示，各省“基本医疗保险财政独立指数”的范围在0.0114—2.1493之间。根据基本医疗保险财政独立指数的大小及分布情况，分为五个区间：0—0.15，0.15—0.3，0.3—0.5，0.5—1，大于1，据此将中国31个省份划分为“自力更生”、“中央适当扶持”、“中央大力扶持”、“中央重点照顾”和“中央依赖”五个补贴类型，并在现行规定的基础上，尝试性地提出更加差异化的中央与地方责任分摊比例，如表8-3所示。

对于自力更生型省份，我们认为其有能力自我承担基本医疗保险财政补贴责任，即中央基本不予补贴。中央适当扶持型省份，有较大的基本医疗保险财政补贴能力，即中央给予补贴可相对较少，中央与地方责任比例为4:5。至于中央大力扶持、重点照顾、中央依赖等省份，笔者参考近年来中央与地方的分摊比例，分别提出建议性的分摊比例1:1、3:2和5:3。

需要说明的是，由于数据与资料的缺乏，我们在表8-3最后一列提出的中央与地方责任比例，仅仅是基于公平原则和差异化原则的初步建议，更大程度上是一种原则性划分。鉴于实际情况的复杂性，以及地区之间在社会经济等方面存在的其他差异，更科学合理的责任划分需要考虑更多的变量和进行更加复杂的测算。因此，上述方案的意义对决策者而言可以是一种思路上的启发。

表8-3 中央与地方责任分摊的差异化方案

分档情况	地区	人均财政收入（元）	人均GDP（元）	独立程度得分	基本医疗保险财政独立指数	中央与地方责任分摊（建议比例）
自力更生型	北京	16617.12	92201.23	0.1328	2.1493	地区承担主要的财政补贴责任
	上海	15723.23	89449.77	0.1256	2.0324	
	天津	8903.94	97623.37	0.0850	1.3757	

续表

分档情况	地区	人均财政收入（元）	人均 GDP（元）	独立程度得分	基本医疗保险财政独立指数	中央与地方责任分摊（建议比例）
中央适当扶持型	江苏	6826.41	74520.41	0.0599	0.9690	4:5
	浙江	6449.00	68331.19	0.0543	0.8790	
	辽宁	5744.01	61680.30	0.0464	0.7506	
	内蒙古	4864.69	67383.43	0.0435	0.7035	
	广东	5418.96	58402.83	0.0426	0.6897	
	福建	4566.19	57656.70	0.0367	0.5933	
中央大力扶持型	山东	3630.42	56184.45	0.0298	0.4823	1:1
	海南	4599.22	35155.98	0.0257	0.4152	
	重庆	3746.20	42615.12	0.0238	0.3850	
	吉林	3113.09	47188.15	0.0219	0.3548	
	宁夏	3631.35	39221.10	0.0214	0.3454	
	陕西	3337.51	42628.08	0.0211	0.3418	
	新疆	3649.91	36926.86	0.0203	0.3289	
中央重点照顾型	湖北	2767.46	42539.21	0.0173	0.2807	3:2
	青海	3028.55	36350.35	0.0160	0.2584	
	山西	3131.93	34716.91	0.0158	0.2561	
	河北	2352.20	38594.59	0.0127	0.2048	
	黑龙江	2380.23	37504.38	0.0123	0.1990	
	四川	2594.68	32392.71	0.0112	0.1804	
	江西	2606.68	31708.31	0.0109	0.1762	
	安徽	2521.09	31573.58	0.0103	0.1660	
中央依赖型	湖南	1941.64	36618.85	0.0090	0.1454	5:3
	云南	2593.68	25007.28	0.0075	0.1207	
	河南	1874.76	34161.12	0.0073	0.1184	
	西藏	2292.95	25886.86	0.0059	0.0960	
	广西	1855.77	30468.32	0.0054	0.0866	
	贵州	2397.69	22863.48	0.0051	0.0826	
	甘肃	1617.85	24275.79	0.0007	0.0114	
全国平均		9495.68	43320.00	0.0618	1.0000	—

（二）地方各级政府责任分摊方案设计——以广东省为例

在完成中央与地方政府之间的基本医疗保险补贴责任分摊之后，对于地方政府所承担的部分，由省级及以下各级地方政府再进行分摊。考虑到省内差异，为进一步贯彻政府间责任分摊的公平、适度、差异化以及可持续发展等原则，政府责任分摊应从横向均等化的视角入手，根据各地区的实际情况确定不同地区的责任分摊比例，建立长效、制度化的财政补贴机制。

从理论上看，地方政府应承担的补贴责任大小，需要考虑的两个关键因素是政府的支付能力和个人支付能力。地区人均财政收入越高，政府应承担的财政责任相应较大；人均 GDP 越高，一定程度上表明城乡居民的个人支付能力较强，则政府财政补贴可相应较小。综合考虑人均财政收入与人均收入的影响，本节尝试引入“财政补贴指数”指标（即人均财政收入与人均 GDP 之比）以反映地区政府所应承担的基本医疗保险财政补贴责任。记财政补贴指数为 R，人均 GDP 为 AGDP，人均财政收入为 AGR，那么有：

$$R_i = \alpha_i \cdot \frac{AGR_i}{AGDP_i} \tag{8-7}$$

其中 i 表示不同市别。地区间的基本医疗保险财政补贴除了受人均 GDP 和人均财政收入的影响外，还与当地的医疗卫生需求，人口变化等因素有关。因此我们定义 α 为调整系数，一方面综合反映影响基本医疗保险财政补贴的其他因素，另一方面考虑了不同统计口径下地区间的比较。

由定义可知，财政补贴指数越大，政府应承担的责任越大。根据《广东统计年鉴》（2014）的数据可计算得出广东省及各市的财政补贴指数，并以此为依据确定地方各级政府责任分摊的比例。以广东省为例，计算可得省财政补贴指数为 0.1139α。笔者假设各地区 α 值相同，然后将省的财政补贴指数与各市财政补贴指数相除，即可得出省市间政府应承担的责任分摊比例（表 8－4）。

表 8－4　广东省省市政府责任分摊的比例

地区	人均 GDP（元）	人均财政收入（元）	财政补贴指数（·α）	省、市分摊比例
广　州	119695	8862.98	0.0740	1.54:1
深　圳	136948	16350.94	0.1194	0.95:1

续表

地区	人均 GDP（元）	人均财政收入（元）	财政补贴指数（·α）	省、市分摊比例
珠　海	104786	12241.05	0.1168	0.98:1
汕　头	28661	2051.88	0.0716	1.59:1
佛　山	96310	6020.44	0.0625	1.82:1
韶　关	102470	6193.72	0.0604	1.88:1
河　源	35063	2491.77	0.0711	1.60:1
梅　州	22499	1613.41	0.0717	1.59:1
惠　州	18603	1613.10	0.0867	1.31:1
汕　尾	57144	5337.57	0.0934	1.22:1
东　莞	22560	1617.23	0.0717	1.59:1
中　山	66109	4928.56	0.0746	1.53:1
江　门	83393	7123.35	0.0854	1.33:1
阳　江	44546	3519.54	0.0790	1.44:1
湛　江	42017	2170.56	0.0517	2.21:1
茂　名	28859	1483.88	0.0514	2.22:1
肇　庆	36063	1508.45	0.0418	2.72:1
清　远	41479	3017.68	0.0728	1.57:1
潮　州	28928	2456.43	0.0849	1.34:1
揭　阳	28837	1370.58	0.0475	2.40:1
云　浮	26866	1116.16	0.0415	2.74:1
全　省	58540	6668.67	0.1139	—

表 8-4 结果显示，对于不同财政能力、不同经济能力的市级政府，省级给予的财政补贴是不同的，适当体现了差异化原则。对财政能力强，经济实力强的地区，省级给予的财政支持相应较少，适当体现了适度性原则。同理，对于市县间政府责任分摊的比例可根据此方法确定市、县各自应承担的财政补贴责任。

同样有必要说明的是，由于数据资料的限制，笔者未对 α 值做进一步讨论。实践中，各地方政府可充分利用其掌握的更充分的数据信息，根据上述思路测算出更加具体可行的政府间责任分摊方案。

五、基于均衡性转移支付视角的政府间责任分摊研究

中国中央政府对城乡居民医保的财政支持，是以财政专项资金的方式提供的，是中央转移支付的重要组成部分。而转移支付的主要功能之一，是解决同级地方政府之间财力的横向不均衡问题（岳希明和蔡萌，2014）。因此，与本主题密切相关第一组文献是关于均等化转移支付公式的研究。在基本公共服务均等化的背景下，中央对地方转移支付的制度化问题受到普遍关注。马骏（1997）较早提出了一套详尽、具体的均等化转移支付公式，并建立一个示范性的模型来说明公式化转移支付体系在中国的具体运用；曾红颖（2012）运用“因素法”建立了基本公共服务均等化支出与收入标准体系和转移支付测算模型，基以测算和评价了中央对全国 31 个省的均等化转移支付；贾晓俊和岳希明（2012）根据均等化转移支付一般公式中的公共服务均等化理念和资金分配原则，对中国均衡性转移支付分配问题进行了研究；伏润民等（2011）以“因素法”为基础，从标准财政收入测算、标准财政支出测算和均衡性转移支付绩效评价三个层面构建中国省对县（市）均衡性转移支付制度，并对云南省均衡性转移支付资金分配进行了实证分析。

上一节通过引入熵值法和地区“财政补贴指数”，提出了中央财政补贴的五级分档思路，并对广东省与 21 个地区之间的责任分摊提出了初步的方案。但这一研究的不足之处在于，仅仅将人均财政收入和人均 GDP 作为确定政府间补贴责任大小的主要依据，而未能考虑个人收入、人口结构、医疗保险制度等需求性因素的影响，显然是有待改进的。为此，本节试图进一步借鉴“因素法”原理，从均衡性转移支付视角对中央和省级政府间的财政责任分摊进行专门研究。

（一）政府间责任分摊的标准化测算体系

中国中央政府对城乡居民医保的财政支持，是以财政专项资金的方式提供的，是中央转移支付的重要组成部分。而转移支付的主要功能之一，是解决同级地方政府之间财力的横向不均衡问题（岳希明和蔡萌，2014），均衡性转移支付源自 1994 年分税制改革时设立的“过渡期转移支付”，是中国一般性转

移支付的子项目之一，其主要功能是解决地区间财力差异，促进进地区间基本公共服务均等化，通常对接受转移支付的地方政府不附加任何限制。与一般性转移支付的其他子项目相比，均衡性转移支付的一个突出特征，是在考虑地区间财力差异等因素的基础上按照统一公式分配补助资金（贾晓俊和岳希明，2012）。因此，转移支付计算公式的研究就变得尤为重要。早在1997年，马骏（1997）提出了一套详尽、具体的均等化转移支付公式。随后，很多学者从横向均衡的目标出发，以“因素法”为基础来设计中央对各个地区的转移支付公式（伏润民等，2011；曾红颖，2012）。“因素法”基础上的对标准财政收入、支出及缺口的测算，成为均衡性转移支付分配的主流方法。这一方法的核心是在分析地方财政能力和补贴需求的影响因素的基础上确定“标准”的财政收入和支出，并将标准财政收入和支出之间的差额（缺口）作为中央均衡性转移支付的分配依据。

1. 均衡性转移支付视角下的政府间责任分摊思路

在基本医疗保险领域，中央财政对各地提供的保费补贴，虽然不属于均衡性转移支付范畴，但是保费补贴的目的是为了缩小城乡之间、地区之间的医疗保障差距，以提升制度公平和逐步实现医疗保障均等化。这一点与均衡性转移支付促进基本公共服务均等化的目标类似。因此，本书借鉴伏润民等（2011）的研究和引入均衡性转移支付研究中广泛使用的“因素法”原理，创造性地提出“标准补贴需求”、“标准补贴供给”和“补贴需求差异系数”等概念，尝试建立起中央和地方政府之间责任分摊的标准化测算体系。具体思路如图8－1所示。

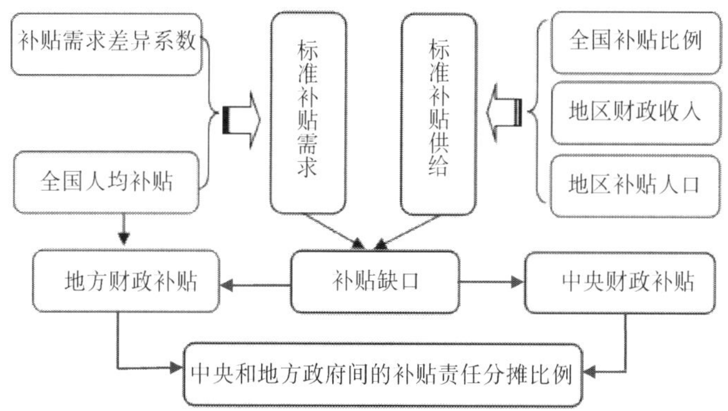

图8－1　城乡居民医保政府间责任分摊的标准化测算体系

在图8－1中，各省的“标准补贴需求”是指为实现城乡统筹和医疗保障均等化的目标，在全国平均补贴水平下，考虑到各省在地方财政能力、居民收入水平和医疗消费水平等差异因素，调整计算得出的该省理论上的人均补贴需求额，数值上等于全国人均补贴与各省补贴需求差异系数的乘积；各省的“标准补贴供给”则定义为在全国平均收入努力程度下，根据全国平均水平的财政支持力度，各省应该为城乡居民医保提供的人均财政补贴，数值上等于各省财政收入与全国平均基本医疗保险财政补贴占比的乘积再除以该省补贴人口总数。在上述框架下，如果某省的“标准补贴需求”小于或等于“标准补贴供给”，说明该地区拥有丰厚的财力资源，足以支撑本地城乡居民医保的补贴需求，理论上不需要中央财政提供补贴或仅需要中央财政提供少量的补贴；如果某省的“标准补贴需求”超过“标准补贴供给”，则形成“补贴缺口”，说明该省财政能力不能满足城乡居民医保的发展需要，需要中央财政根据“补贴缺口”提供支持；“补贴缺口”越大，需要中央财政提供的支持力度越大。

假设第 i 省的标准财政供给为 SS_i，标准财政需求为 SD_i，那么中央财政对第 i 个省的财政补贴 PS_i 为

$$\begin{cases} PS_i = 0 & \text{如果 } SS_i \geqslant SD_i \\ PS_i = SD_i - SS_i & \text{如果 } SS_i < SD_i \end{cases} \tag{8-8}$$

根据现行制度，每年城乡居民医保筹资和财政补贴政策是通过定期下发的行政性文件方式公布全国指导性人均筹资和人均补贴标准。因此，当中央财政对各省的财政补贴标准依照上述思路测算得出之后，将全国人均补贴减去中央财政依据各省的“补贴缺口”提供的补贴，余下的就是该省地方政府应承担的财政补贴，据此可以得出中央与地方的分摊金额及理论分摊比例。

在这一标准化测算体系中，“补贴需求差异系数”反映不同地区在补贴需求方面应当存在的差异，是实现财政补贴均衡性分配的关键变量，需要综合考虑影响补贴需求的多方面因素，运用“因素法”测算得出。因此，下节重点对此进行介绍。

2. 补贴需求差异系数的构建

在转移支付研究领域，“因素法”是指通过识别和分析影响地方财政能力和财政需求的因素，运用一定的方法对地方财政收入和支出进行匡算，并将其作为中央财政对地方转移支付的依据，以实现转移支付的均衡化分配（马骏，1997；曾红颖，2012）。考虑到中国地区发展不平衡的现状，我们认为，为了

实践医疗保障均等化，中央财政对各地基本医疗保险的财政补贴，应当实现更加细致的差异化分配。为此，我们可以借鉴“因素法”原理，引入“补贴需求差异系数”并对其进行研究。

（1）补贴需求差异系数的主要影响因素

目前，已有不少学者认识到现行补贴分配机制的弊端，提出要综合考虑补贴地区的实际情况确定下级政府的责任分担公式。例如顾昕和方黎明（2006）、毕红霞（2011）认为，政府对基本医疗保险的补贴应当考虑地区间人均收入、人口规模以及财政收入等方面的差异；杨红燕（2011）提出应当以人口、人均收入、人均耕地面积等客观因素为基础确定各地基本医疗保险转移支付比率；郭林（2014）则主张参考通货膨胀率、居民收入增长率和疾病发生率等变量来对筹资和补贴标准进行动态调整。综合已有研究，我们将影响补贴需求差异的因素归结为以下两大类：经济因素和社会因素（表 8－5）。

表 8－5　基本医疗保险财政补贴需求差异系数指标体系

一级指标	二级指标		
	指标代码	指标名称	指标与财政补贴需求的关系
经济因素	$X(11)_i$	人均可支配收入	负相关
	$X(12)_i$	人均地方财政收入	负相关
	$X(13)_i$	居民消费价格指数	正相关
	$X(14)_i$	居民医疗负担指数	正相关
社会因素	$X(21)_i$	补贴人口	正相关
	$X(22)_i$	社会抚养比	正相关

①经济因素

经济因素包括居民收入水平、地方政府财政能力、居民消费价格指数及居民医疗负担指数。居民收入水平用居民人均可支配收入衡量。地方政府财政能力是地方政府为履行财政补贴职能而有效筹措资金的能力，本书选择用人均地方财政收入来衡量。理论上居民收入水平越高，地方政府财政能力越强，对中央的财政补贴需求就越小。居民消费价格指数反映一定时期内物价水平变动情况，在既定的收入水平下，居民消费价格指数越高，居民的购买力越小，因此物价指数和财政补贴需求呈正相关的关系。除此以外，从理论上看，补贴需求还与居民医疗费用负担有关，过高的医疗费用负担往往意味着较大的财政补贴需求。参考汪德华和张琼（2008）的研究，我们引入“居民医疗负担指数”并将其定义为人均医疗保健支出与人均可支配收入之比。显然，居民医疗负担指数与财政补贴需求呈正相关关系。

②社会因素

社会因素包括补贴人口规模和社会抚养比。其中社会总抚养比是指 0－14 岁人口和 65 岁以上的人口占劳动年龄人口（15－64 岁）的比重。总抚养比越低，劳动年龄人口占总人口比重越大，财政补贴需求越小，因此社会总抚养比与财政补贴需求呈正相关的关系。

（2）补贴需求差异系数的构建原理

根据表 8－5，我们从经济因素和社会因素两个方面来构建中国的财政补贴需求差异指标体系，并经以下五个步骤形成补贴需求差异系数。

第一步：指标数据调整

在进行建立回归模型之前需要对指标数据调整，即正向化处理，作用在于消除指标的量纲和单位，其中：X_i 表示第 i 省的原始因素，x_i 表示各省调整后的因素变量，调整公式如下：

$$\begin{cases} x_i = X_i / Min(X_i) & \text{正相关指标} \\ x_i = Max(X_i) / X_i & \text{负相关指标} \end{cases} \tag{8-9}$$

第二步：建立回归模型

补贴需求与医疗服务需求密切相关。有研究表明，医疗费用支出是医疗服务需求的决定性因素（王俊，2009）。研究者们也一直普遍采用实际发生的医疗费用支出来衡量医疗服务需求（Manning et al.，1987；Deb &Trivedi，2002；黄枫和甘犁，2010；刘国恩等，2011；封进等，2015）。基于上述考虑，我们将被解释变量 y_i 设定为全国人均医疗支出和各省人均医疗支出的比值，分别以各个经过调整后的指标作为解释变量，研究当解释变量变动时，被解释变量平均变动规律。为此，构建以下指数模型：

$$y_i = x_{ij}^{\beta_j} \tag{8-10}$$

为便于计量分析，进一步将指数模型转化为线性模型如（8－10）式所示：

$$Ln(y_i) = \beta_j (x_{ij}) \tag{8-11}$$

运用计量中最小二乘法（OLS）对（4）式做回归分析即可得到各因素变量的系数 β_j，$j=1, 2, \cdots 6$。

第三步：计算各类财政补贴需求差异指数

运用几何平均法分别计算以上两类（经济、社会）因素的补贴需求指数，计算公式如下：

$$\gamma_{ik} = \sqrt[\sum_{j=1}^{n}\beta_j]{\prod_{j=1}^{n} x_{ik,j}^{\beta_j}}\,(k = 1,2) \tag{8-12}$$

通过公式计算从而得到 γ_{i1}，γ_{i2}。

第四步：加权合成综合财政补贴需求差异指数

运用已经得到的 γ_{i1}，γ_{i2} 计算算术平均值，用该平均值分别除以所有省各类财政补贴需求差异指数即 γ_{i1}，γ_{i2}，并将其作为各类财政补贴需求差异指数的权重，从而加权合成得到综合财政补贴需求指数，如（8－13）式所示：

$$\gamma_{ik} = \frac{\gamma_{ik} \times \left(\left(\sum_{i=1}^{31}\gamma_{i1} + \sum_{i=1}^{31}\gamma_{i2}\right)/2\right)}{\sum_{i=1}^{31}\gamma_{ik}}\,(k = 1,2) \tag{8-13}$$

计算公式得到 γ_{i11}，γ_{i22}，进一步得到第 i 省的综合补贴需求指数：

$$\gamma_i = \gamma_{i11} + \gamma_{i22} \tag{8-14}$$

第五步：补贴需求差异系数

通过计算得到加权合成的综合财政补贴需求指数后，通过中位数调整便得到补贴需求差异系数，公式如下：

$$\lambda_i = \frac{\gamma_i}{\gamma_{\text{mod}}} \tag{8-15}$$

（二）中央与省级政府间责任分摊的实证测算

根据上述思路和方法，我们利用 2016 年的数据进行实证测算。根据人社部和财政部联合下发的文件，2016 年城乡居民医保全国人均补贴为每年 420 元。对于各省的补贴人口规模，因为缺乏全面的统计数据，我们运用各省总人口减去城镇单位就业人口来进行粗略估计①。其他所需的指标如居民人均可支配收入、地方财政收入、社会抚养比、居民消费价格指数、人均医疗保健支出等相关变量均源自《中国统计年鉴》（2016）。

---

① 从总体上看，中国基本医疗保险参保率已经接近 100%，而城镇单位就业人口是城镇职工医疗保险的覆盖范围，除了这些群体之外，剩下的主要就是城乡非就业居民，属于城乡居民医保的覆盖群体，是需要各级政府进行财政补贴的对象。因此，这一假设是基本合理的。

1. 标准补贴需求和标准补贴供给

通过收集各省的居民人均可支配收入、地方财政收入、居民消费价格指数、补贴人口、居民医疗负担指数、社会抚养比，居民人均医疗保健支出等数据，对指标数据正向化以及建模后，对（4）式进行 OLS 估计，得出 $\beta_1 = 0.8450$、$\beta_2 = 0.4104$、$\beta_3 = 4.3355$、$\beta_4 = 0.8205$、$\beta_5 = 0.0649$、$\beta_6 = 1.6439$，由此得到各类财政补贴需求指数、加权合成综合财政补贴需求指数、第 i 省的综合补贴需求指数，最后用中位数得到第 i 省补贴需求差异系数，如表 8－6 所示。

表 8－6　各省标准补贴需求和标准补贴供给测算结果

地区	补贴需求差异系数 (1)	标准补贴需求（元/人）(2) = 420 × (1)	地方财政收入（亿元）(3)	补贴人口（万人）(4)	标准补贴供给（元/人）(5) = (3) × 10000 × 2.28% / (4)
北京	0.77	322.75	4723.86	1393.66	772.81
上海	0.79	333.82	5519.5	1777.77	707.88
天津	0.78	328.64	2667.11	1252.22	485.62
浙江	0.87	367.12	4809.94	4455.59	246.13
江苏	0.91	383.16	8028.59	6423.92	284.95
辽宁	0.88	367.81	2127.39	3763.61	128.88
广东	0.87	365.30	9366.78	8900.96	239.93
福建	0.96	404.91	2544.24	3175.92	182.65
内蒙古	0.86	359.19	1964.48	2212.73	202.42
海南	1.03	433.51	627.7	810.64	176.55
山东	0.97	409.33	5529.33	8610.28	146.42
重庆	1.02	426.67	2154.83	2601.39	188.86
山西	0.92	384.33	1642.35	3223.73	116.16
宁夏	1.00	420.17	373.45	594.88	143.13
新疆	1.03	432.47	1330.85	2042.75	148.54
吉林	0.87	366.81	1229.35	2427.94	115.44
陕西	0.92	387.54	2059.95	3281.16	143.14

续表

地区	补贴需求差异系数（1）	标准补贴需求（元/人）（2）=420×（1）	地方财政收入（亿元）（3）	补贴人口（万人）（4）	标准补贴供给（元/人）（5）=（3）×10000×2.28%/（4）
湖北	0.95	397.79	3005.53	5139.67	133.33
江西	1.09	459.14	2165.74	4085.51	120.86
安徽	1.03	433.68	2454.3	5630.21	99.39
云南	1.01	424.49	1808.15	4327.34	95.27
河北	1.00	420.80	2649.18	6781.35	89.07
黑龙江	0.85	355.00	1165.88	3378.48	78.68
四川	1.01	426.11	3355.44	7408.53	103.26
青海	1.01	425.51	267.13	525.29	115.95
西藏	1.20	505.95	137.13	290.61	107.59
贵州	1.15	483.03	1503.38	3222.53	106.37
广西	1.15	481.70	1515.16	4390.59	78.68
湖南	1.04	438.88	2515.43	6203.85	92.45
河南	1.07	450.52	3016.05	8354.15	82.31
甘肃	1.00	420.00	743.86	2338.24	72.53

可以看出，北京、上海、天津等东部地区的补贴需求差异系数相对较最小，均在0.8以下，西藏、贵州和广西等西部地区的补贴需求差异系数相对最大，在1.15—1.2之间；而宁夏、重庆、甘肃、青海、四川等地的补贴需求差异系数在1左右。在补贴需求差异系数的基础上，用2016年全国人均补贴乘以各省的补贴需求差异系数，即可得出各省的标准补贴需求。

为了计算各省的标准补贴供给，首先需要明确2016年度基本医疗保险财政补贴占比。目前这一指标缺乏官方权威的统计数据。参照李亚青（2015）的研究结论，2016年各级政府基本医疗保险财政补贴占国家财政收入的比重为2.28%。据此，结合各省财政收入和补贴人口，可得出标准补贴供给。各省标准补贴需求和标准补贴供测算结果如表8－6最后一列所示。

2. 中央和省级政府的责任分摊比例

根据各省的标准补贴需求和标准补贴供给，运用公式（1）可得出中央对各省的财政补贴，再用全国人均补贴减去各省的中央财政补贴，即得到地方应承担的财政补贴。相应地，中央和省级地方政府间的补贴责任分摊比例如表3第六列所示。表3提供的第一个重要信息是，除北京、上海、天津、江苏、浙江、广东和内蒙古等7个地区以外，其余24个省份都需要中央承担主要的补贴责任，其中广西、西藏、贵州、河南是最依赖中央财政补贴的地区。

根据各省的分摊比例，我们可以将全国31个省分为五类，如表8－7最后一列所示。

表8－7　2016年中央和省级地方政府间的基本医疗保险补贴责任分摊

地区	标准补贴需求（1）	标准补贴供给（2）	中央对各省的财政补贴(3)＝(1)－(2)	地方应承担的财政补贴(4)＝420－(3)	中央财政补贴：地方财政补贴(5)＝(3)：(4)	补贴类别
北京	322.75	772.81	0	420	0:1	Ⅰ类地区：自力更生型
上海	333.82	707.88	0	420	0:1	
天津	328.64	485.62	0	420	0:1	
江苏	383.16	284.95	98.2	322	0.3:1	Ⅱ类地区：中央适当扶持
浙江	367.12	246.13	120.99	299.01	0.4:1	
广东	365.3	239.93	125.37	294.63	0.4:1	
内蒙古	359.19	202.42	156.77	263.23	0.6:1	
福建	404.91	182.65	222.26	197.74	1.1:1	Ⅲ类地区：中央大力扶持
辽宁	367.81	128.88	238.94	181.06	1.3:1	
重庆	426.67	188.86	237.81	182.19	1.3:1	
陕西	387.54	143.14	244.4	175.6	1.4:1	
吉林	366.81	115.44	251.36	168.64	1.5:1	
海南	433.51	176.55	256.96	163.04	1.6:1	
山东	409.33	146.42	262.91	157.09	1.7:1	
湖北	397.79	133.33	264.47	155.53	1.7:1	
山西	384.33	116.16	268.18	151.82	1.8:1	
宁夏	420.17	143.13	277.04	142.96	1.9:1	
黑龙江	355	78.68	276.31	143.69	1.9:1	
新疆	432.47	148.54	283.93	136.07	2.1:1	

续表

地区	标准补贴需求（1）	标准补贴供给（2）	中央对各省的财政补贴(3)=(1)-(2)	地方应承担的财政补贴(4)=420-(3)	中央财政补贴：地方财政补贴(5)=(3):(4)	补贴类别
青海	425.51	115.95	309.56	110.44	2.8:1	Ⅳ类地区：中央重点照顾
四川	426.11	103.26	322.85	97.15	3.3:1	
云南	424.49	95.27	329.22	90.78	3.6:1	
河北	420.8	89.07	331.73	88.27	3.8:1	
安徽	433.68	99.39	334.3	85.7	3.9:1	
江西	459.14	120.86	338.27	81.73	4.1:1	
湖南	438.88	92.45	346.44	73.56	4.7:1	
甘肃	420	72.53	347.47	72.53	4.8:1	
河南	450.52	82.31	368.21	51.79	7.1:1	Ⅴ类地区：中央依赖型
贵州	483.03	106.37	376.67	43.33	8.7:1	
西藏	505.95	107.59	398.37	21.63	18.4:1	
广西	481.7	78.68	403.02	16.98	23.7:1	

第Ⅰ类是“自力更生型”，包括北京、上海、天津三个地区，因为这些地区的标准补贴供给大于标准补贴需求，理论上由地方政府承担全部的补贴责任。第Ⅱ类为“中央适当扶持型”，包括江苏、浙江、广东和内蒙古等四个地区，中央和地方之间的责任分摊比例在0.3:1全0.6:1之间，表明应当由地方政府承担主要的补贴责任，中央财政补贴只需要提供占比约20%—40%的补贴；第Ⅲ类地区为“中央大力扶持型”，包括福建、重庆、辽宁、陕西、吉林等12个地区，两级政府间分摊比例大致在1:1至2:1之间，中央财政补贴占比在50%—70%之间；第Ⅳ类为“中央重点照顾型”，包括青海、四川、云南、河北，安徽、江西、湖南及甘肃等8个地区，两级政府间分摊比例大致在1:1至2:1之间，中央财政补贴占比高达70%—80%；第Ⅴ类包括河南、贵州、西藏和广西等4个地区，为中央依赖型，因为地方财力薄弱，补贴缺口极大，需要中央财政承担几乎全部（约90%—95%）的补贴责任，因而划分为“中央依赖型”。表8-7展示的结果与表8-3的五级分档结果在很大程度上是相似的，但又有明确区别。这是由研究方法和变量选取的不同决定的。

表8-7提供的另一个重要信息是，中央和省级地方政府之间的补贴责任

分摊仅仅区别东、中、西部地区是非常不够的。测算结果表明，同样是属于西部地区，内蒙古属于“中央适当扶持型”，地方政府可以承担起主要的补贴责任；陕西、重庆、宁夏、新疆则需要“中央大力扶持”，需要中央财政承担更多的责任；而西藏、广西和贵州是全国最为困难的地区，基本上完全依赖中央政府补贴（“中央依赖型”）。类似的，同样是属于中部地区，河南是“中央依赖型”；湖北和山西为“中央大力扶持型”，湖南、江西和安徽为“中央重点照顾型”；而对于东部地区，尽管有北京、上海、天津、江苏、浙江、广东六地由地方政府承担全部或主要的补贴责任，但是还有河北需要“中央重点照顾”，福建、海南和山东需要“中央大力扶持”。

之所以出现这样的结果，主要是因为不同地区之间的补贴需求差异和财政支付能力差异。例如，内蒙古虽然属于西部地区，但是补贴人口较少，居民人均可支配收入和人均地方财政收入分别为22310元和7823元，在西部地区中是最高的，而社会抚养比只有29.2%，在西部地区中又是最低的，因为支付能力较强和补贴需求较低，只需要中央财政“适当扶持”即可；河北省虽然属于东部地区，但是补贴人口众多（6781万人），居民人均可支配收入（18118元）和人均地方财政收入（3568元）在东部各省之中是最低的，而社会抚养比（接近40%）在东部各省之中处于最高水平，因而成为“中央重点照顾”的省份；而作为中部地区的河南省是全国补贴人口最多的省份之一（仅次于广东和山东），而居民人均可支配收入和人均地方财政收入在中部省份中最低，社会抚养比却高达44.6%，加上居民医疗负担繁重等因素，成为全国最为困难的四个地区之一。

3. 未来五年的中央和省级地方政府间责任分摊

到此为止，我们仅仅是利用历史数据对过去的一年进行分摊方案测算。在本节，我们假定各省的补贴需求差异系数相对稳定，试图进一步对未来五年（2018－2022年）的中央与省级政府间责任分摊进行预测。为此，面临的最大困难是如何获取未来各年的全国人均补贴和基本医疗保险财政补贴占比等数据。庆幸的是，笔者已经对此有了前期研究（李亚青，2015；李亚青，2017）。对于各地的补贴人口变动，李亚青（2015）对未来36年覆盖人口进行了精算研究发现，在实现全覆盖之后，因为城镇化过程中的人口迁移等因素的影响，未来新农合和居民医保的覆盖人口总数将逐年减少，年均减少约0.9%，考虑到近年来城镇化进程的加快，笔者假定每年都有1%参保人口通过向城市迁移“迁出”转而参加城镇职工基本医疗保险。对于地方财政收入增长，据统计，过去五年的中国财政收入增长率分别为25%、12.9%、10.2%、8.6%和5.8%。考虑到“新常态”下财政收入增长放缓的趋势，我们在测算中将财政收入增长率设定为6%。在上述参数假定的基础上，按照前文的思路可得到未来各年的责任分摊比例（表8－8）。

表8－8展示的结果中只有2018年以后各年的数据才是严格意义上的预测。因为2016年和2017年的基本医疗保险补贴相关政策已经出台，我们将2016年和2017年的结果在表中列出是为了方便趋势分析。可以看出，各地区未来各年的分摊比例基本保持不变或仅有微小的变化。这表明表8－7对各省的五级分档划分是相对稳定的。

表8－8　未来五年基本医疗保险财政补贴的中央和省级政府间责任分摊比例

补贴类别	年份 地区	2016	2017	2018	2019	2020	2021	2022
Ⅰ类地区：自力更生型	北京	0:1	0:1	0:1	0:1	0:1	0:1	0:1
	上海	0:1	0:1	0:1	0:1	0:1	0:1	0:1
	天津	0:1	0:1	0:1	0:1	0:1	0:1	0:1
Ⅱ类地区：中央适当扶持	江苏	0.3:1	0.2:1	0.3:1	0.3:1	0.3:1	0.3:1	0.3:1
	浙江	0.4:1	0.3:1	0.4:1	0.4:1	0.4:1	0.4:1	0.4:1
	广东	0.4:1	0.4:1	0.4:1	0.5:1	0.4:1	0.5:1	0.4:1
	内蒙古	0.6:1	0.5:1	0.6:1	0.6:1	0.6:1	0.6:1	0.6:1
Ⅲ类地区：中央大力扶持	福建	1.1:1	1:1	1.1:1	1.2:1	1.2:1	1.2:1	1.1:1
	辽宁	1.3:1	1.2:1	1.3:1	1.4:1	1.3:1	1.4:1	1.3:1
	重庆	1.3:1	1.2:1	1.3:1	1.4:1	1.3:1	1.4:1	1.3:1
	陕西	1.4:1	1.3:1	1.4:1	1.5:1	1.4:1	1.4:1	1.4:1
	吉林	1.5:1	1.4:1	1.5:1	1.5:1	1.5:1	1.5:1	1.5:1
	海南	1.6:1	1.4:1	1.5:1	1.7:1	1.6:1	1.6:1	1.6:1
	山东	1.7:1	1.5:1	1.6:1	1.8:1	1.7:1	1.7:1	1.7:1
	湖北	1.7:1	1.6:1	1.7:1	1.8:1	1.7:1	1.8:1	1.7:1
	山西	1.8:1	1.6:1	1.7:1	1.8:1	1.8:1	1.8:1	1.8:1
	宁夏	1.9:1	1.8:1	1.9:1	2:1	2:1	2:1	2:1
	黑龙江	1.9:1	1.8:1	1.9:1	2:1	1.9:1	2:1	1.9:1
	新疆	2.1:1	1.9:1	2:1	2.2:1	2.1:1	2.2:1	2.1:1

续表

补贴类别	年份/地区	2016	2017	2018	2019	2020	2021	2022
Ⅳ类地区：中央重点照顾	青海	2.8:1	2.6:1	2.7:1	2.9:1	2.9:1	2.9:1	2.8:1
	四川	3.3:1	3:1	3.2:1	3.5:1	3.4:1	3.4:1	3.4:1
	云南	3.6:1	3.3:1	3.5:1	3.8:1	3.7:1	3.7:1	3.7:1
	河北	3.8:1	3.5:1	3.7:1	3.9:1	3.8:1	3.9:1	3.8:1
	安徽	3.9:1	3.6:1	3.8:1	4.1:1	4:1:1	4:1:1	3.9:1
	江西	4.1:1	3.7:1	4:1	4.4:1	4.3:1	4.3:1	4.2:1
	湖南	4.7:1	4.3:1	4.6:1	4.9:1	4.8:1	4.9:1	4.8:1
	甘肃	4.8:1	4.4:1	4.7:1	5:1	4.9:1	4.9:1	4.8:1
Ⅴ类地区：中央依赖型	河南	7.1:1	6.3:1	6.9:1	7.5:1	7.3:1	7.4:1	7.2:1
	贵州	8.7:1	7.3:1	8.3:1	9.5:1	9.1:1	9.3:1	8.8:1
	西藏	18.4:1	13.6:1	16.9:1	22.1:1	20:1	21.1:1	19:1
	广西	23.7:1	17.9:1	21.9:1	28:1	25.6:1	26.9:1	24.5:1

需要指出的是，表 8－8 的结果是以现行基本医疗保险补贴政策保持相对不变为前提的，同时对财政收入增长等变量作了简单的假设。近年来，随着城乡统筹进程的加快，基本医疗保险财政补贴政策的一个变化趋势是，补贴标准绝对额在逐年调增，但补贴占比在逐年小幅下降。逐步强化个人在基本医疗保险筹资中的责任，已经成为政府和学界的共识。因此，未来基本医疗保险补贴政策实际上很难准确预测。但至少可以预见的是，因为城乡统筹的推动及医疗费用增长的长期趋势，未来基本医疗保险筹资和补贴将会不可避免地逐年增长，从而使得标准补贴需求不断增长。另一方面，随着中国经济步入新常态，财政收入增长乏力无疑会影响到标准补贴供给。供需层面的双向变化带来的结果可能就是地方补贴缺口的扩大。在中央主导型的基本医疗保险改革进程中，考虑到“分税制”以来地方政府的财政负担，中央财政还需要在其中继续扮演重要角色。

六、本章小结

在中国现行基本医疗保险体系中，财政补贴是城乡居民医保的主要筹资来源，每年数千亿元的财政补贴由中央和各级地方政府分摊。在“政府补贴为主”的筹资模式下，补贴责任的政府间分摊问题，直接关系到这一巨大的“医疗保险网”的筹资稳定性，是一项不容回避的重要课题。但是，到目前为止，每年巨额财政补贴资金在中央和地方政府之间的分摊，仅仅粗略区分了东、中、西部地区，未能充分考虑中国地区发展不平衡的现状，既损害了制度公平，也不利于城乡统筹和医疗保障均等化的目标实现。过去十余年来，尽管越来越多的学者提出要建立与地方实际情况相适应的基本医疗保险转移支付制度，使政府间的责任分摊制度化甚至公式化，但是遗憾的是，目前鲜有学者对此进行专门研究。基本医疗保险筹资需要长期稳定的体制性保障，政府间责任分摊更需要制度化、公式化。过去十年来，中国基本采用行政指令性政策安排，“一刀切”式的政府间责任划分，忽略地区差异的补贴制度，极大地影响了筹资来源的稳定性，也忽视了社会公平。

本章探讨了政府间责任分摊存在的问题，对各级政府间责任的分摊原则、分摊方案等关键问题进行了分析。我们认为，基本医疗保险财政补贴的政府间责任分摊，应当遵循公平性、适度性、差异化和可持续发展四大原则。在此基础上，笔者先后引入熵值法和“因素法”对政府间责任分摊问题进行了定量研究。

首先，对于中央和地方政府间的责任分摊，我们引入熵值法和“基本医疗保险财政独立指数”，综合考虑人均 GDP、人均财政收入等因素，将各省份划分为“自力更生”、“中央适当扶持”、“中央大力扶持”、“中央重点照顾”和“中央依赖”等五种类型，再以此确定中央地方责任分摊比例。随后，以广东省为例，引入“财政补贴指数”的概念，对于省级及以下各级政府间的责任分摊问题进行了探讨性研究，通过制定分摊方案，初步建立差异化补贴机制，使得财政补贴更倾向于欠发达和落后地区，缓解欠发达和落后地区的财政压力，适当体现公平原则。

其次，基于均衡性转移支付的视角，尝试性提出“标准补贴需求”、“标准补贴供给”和“补贴需求差异系数”等概念，并将补贴缺口作为计算中央财政补贴份额的主要依据。为了充分考虑地区差异，我们借鉴转移支付研究中广泛使用的“因素法”原理，考虑到地区之间在补贴人口、社会总抚养比、居民收入水平和地方政府财政能力等方面的不同，构建和测算了不同地区的“补贴需求差异系数”，并使之成为中央财政补贴差异化分配的核心变量。在既定的财政补贴标准下，我们依据上述方法测算出各省的中央和地方政府之间指导性的责任分摊比例，主要结论如下：第一，除北京、上海、天津、江苏、浙江、广东和内蒙古等7个地区以外，全国有超过2/3的省份需要中央承担主要的补贴责任，其中广西、西藏、贵州、河南是最依赖中央财政补贴的地区。第二，因为地区间的补贴需求差异和财政支付能力差异，两级政府之间的补贴责任分摊不能简单地依赖东、中、西部的区分。东部地区也有如河北这样的困难省份，西部地区也有如内蒙古这样仅需要适当扶持的省份。第三，我们依据两级政府分摊责任的相对大小同样将全国31个省份分为“自力更生”、“中央适当扶持”、“中央大力扶持”、“中央重点照顾”和“中央依赖”五个补贴类型，可为实务部门提供操作性参考；最后，笔者对未来五年中央和地方政府间的责任分摊比例进行了预测，结果表明，上述结论在未来五年基本保持不变。

本章的思路、方法与结论，对于改变当前“一刀切”式的责任分摊现状，建立完善更加公平、有效的政府间责任分摊机制有重要的参考价值。但是，基于以下两个方面的理由，本章的研究依然只是探索性的：第一，基本医疗保险财政补贴的政府间责任分摊问题与各个地方政府的切身利益相关，具有高度的敏感性。而这一问题本身非常复杂，除了笔者所考虑的经济因素和社会因素以外，还有民族团结、社会稳定等政治因素。因此相关结论可能不宜直接作为政策依据，而只能是参考性的。第二，考虑到篇幅和数据可得性问题，本章对基本医疗保险财政补贴责任的政府间分摊问题的研究，还只是初步的探讨，无论是对中央与地方政府责任分摊、还是各级地方政府间的责任分摊，我们所提出的分摊方案还比较粗略，更合理科学的责任分摊比例还需做进一步研究或测算。特别是，在现行财税体制下，为解决财政和事权出现的“错配”问题，省级及以下各级地方政府之间的补贴责任分摊，可能还需要与地方政府特别是县（市）级政府的负担及应该提供的各项具体公共服务内容联系起来。这些还有待未来进一步研究。

第九章

中国基本医疗保险财政补贴绩效评价研究

一、引言

基本医疗保险具有准公共产品性质和广泛的社会影响。根据现行制度，财政筹资在当前城乡居民医保筹资中占据了绝对主导地位。近年来，在不断扩大财政投入的同时，相应的绩效评价等监管措施严重滞后，不利于保障资金的使用效益，扩大了财政资金流失和浪费等风险。对基本医疗保险财政补贴进行绩效评价，既是预算管理的核心部分，也是及时发现和反馈问题，及时调整财政补贴政策，实现资金有效运用的关键。但是，基本医疗保险财政补贴及其绩效问题更是涉及多级政府和多方利益主体，存在复杂的利益博弈关系。如何综合评价基本医疗保险财政补贴绩效？具体而言，如何确定绩效评价的宗旨和原则？如何进行绩效评价指标体系设计，以兼顾公平与效率、过程与结果，并体现客观绩效和主观满意度的结合？如何构建符合实际和具有应用价值的绩效评价框架？本部分是图 5－1 所示的“预算管理机制”推行绩效预算管理的核心内容，旨在解决“支出效果的全面考核”问题。

Yip & Hsiao et al.（2012）对中国“新医改”以来中国的实践进行总结点评并指出，尽管在短期内实现制度对 13 亿人口的全覆盖值得称道，但现有体系浪费、无效等问题凸显，建立和完善监管和绩效评价机制是推动改革的关键。近年来，尽管国内越来越多的学者意识到对基本医疗保险财政投入资金进行绩效评价的重要性（林江和蒋涌，2009；毕红霞，2011；Yip & Hsiao et al.，2012），但目前为止，国内专门研究医疗保险财政投入绩效的文献非常有限，主要有：毛翠英（2011）运用层次分析法，从经济性、效率性、效益性和公平性四个方面建立了绩效评价体系，对新农合财政补贴资金的综合效果进行了研究，发现参合率、农民受益范围和满意度对该项公共资金绩效的影响程度超过60%；于长永（2012）通过分析新农合的财政投入特点，从农民的主观感受和制度实施的客观效果两个层面分析了新农合的实施效果。研究发现，财政投入是新农合快速推广的最大动力。参合农民的参与意愿、满意度等主观绩效显著，但客观绩效多停留在覆盖面、受益人次等广度目标上，农民实际受益范围较低。还有少数文献尽管没有直接研究这一主题，但是从不同侧面或在文章的特定部分论及医疗保障财政投入绩效。如杨红燕（2011）采用净转移支付、偏离度、秩相关系数等分析指标研究了美国财政医疗保障支出的均等化效果，发现美国尽管为老年人和贫困群体提供了巨额财政支出，但整个医疗保障体系公平性低下，因而提出，中国财政医疗保障支出要由各级政府合理分担，并以人口、人均收入等因素为基础制定标准化转移支付公式。宋占军和朱铭来（2014）运用DEA两阶段分析评价了中国医疗保障体系的绩效，发现尽管2009年“新医改”以来政府投入大幅增加，医疗保障体系的绩效不升反降。因而提出，未来不应以财政持续大幅投入为方向，而是应当注重市场机制的发挥以改善投入资源的有效配置。

总体来看，医疗保障体系不能仅仅依赖扩大政府投入，而应当更加重视绩效评价和投入资源的有效配置，已经是越来越多学者的共识。目前直接研究医疗保险财政投入绩效的文献非常有限，且已有的相关研究依然集中在新农合领域。尽管财政支持医疗保险发展的最终目的是实现医保一体化，但对于医疗保险财政支持在推动医保一体化方面的综合绩效评价，目前尚是空白。本章试图从理论和实证两个方面对这一问题进行探索性研究。

后文的结构安排如下：第二部分基于社会保障、政府绩效、新公共管理和新公共服务等相关理论研究财政补贴绩效的内涵，明确绩效评价的目标和价值取向。同时，梳理现有文献关于政府绩效的主流评价方法，包括平衡计分卡法、综合评价法、层次分析法、数据包络分析（DEA）法、模糊综合评价法等，分析对比各主要方法的利弊。第三部分以Z省十六个样本地区的数据为基础，引入因子分析和数据包络分析（DEA）方法，对基本医疗保险财政补贴绩效进行定量研究；第四部分，引入结构方程模型（Structural Equation Modeling，以下简称 SEM）方法，对基本医疗保险财政补贴绩效评价指标体系进行研究，并提出基于 SEM 方法的基本医疗保险财政补贴绩效评价框架。

二、基本医疗保险财政补贴绩效评价概述

（一）基本医疗保险财政补贴绩效评价的内涵

公共财政资金配置效率较低的问题，是财政改革需要解决的关键问题。加强对财政支出的绩效管理，是中国近几年健全公共财政体制、推动政府职能转变的重要趋势。在这一趋势变化过程中，以结果为导向的支出绩效管理在整个政府支出管理中占有十分重要的地位。绩效评价是财政支出绩效管理的重要内容之一。财政支出绩效评价也称为财政支出效益分析，是指根据投入产出原理，借助于一定的分析工具，对财政支出的效果进行分析和评价的过程（谢国财，2012）。财政支出绩效评价一方面是为了评价和监督财政支出情况，另一方面也是考核政府所提供的公共服务的数量、质量及成本。其根本意义在于以财政支出效果为最终目标。

基本医疗保险财政补贴是财政支出的一部分。相应地，基本医疗保险财政补贴绩效评价的可以表述为“遵循一定的原则，运用科学、规范的绩效评价方法，对基本医疗保险财政补贴支出的经济效益、社会效益等综合效果进行分析和评价的动态过程”。基本医疗保险财政补贴绩效评价体系是以财政部门为主体、人社等其他政府职能部门共同配合而形成的管理医疗保障及公共服务的一系列程序或制度体系。在现有基本医疗保险制度体系下，财政对基本医疗保险的补贴，主要是以保费补贴的形式来推行的，旨在扩大制度覆盖面，吸引更多的国民参保，并为支付能力较差的困难群体提供参保资助。因此，基本医疗保险财政补贴绩效的表现特征是多样化和复杂化的。既有可用货币衡量的经济效益，如提高参保人的医疗消费水平和医疗服务可及性，也有无法用货币衡量的社会效益，包括对全体国民安全预期的提升和社会和谐的促进等等。在这种情况下，财政部门难以采用准确的办法来对财政支出绩效进行衡量，而这一工作“盲区”恰恰是减少资源损失浪费、提高效率的关键点。基本医疗保险财

政支出绩效评价体系就是要把“不可衡量的事”变为可衡量的，确定政府在基本医疗保险领域的主要职能、财政补贴的目标以及实现这些目标所需要的步骤，以最低成本、最大限度地满足社会经济发展的公共需要（刘昆和肖学，2008）。

（二）基本医疗保险财政补贴绩效评价准则

在“新公共管理”者看来，公共支出绩效评价普遍认同的基本准则在于经济性（Economy）、效率性（Efficiency）、效益性（Effectiveness），即“3E”准则（吴建南和刘佳，2007）。“3E”准则是公共管理首要的基本价值，曾被西方学者认为是绩效评估的“新正统学说”。“3E”评价法的根本价值准则首先是强调经济性，这显然与政府在社会中所追求的民主等价值理念存在着矛盾与冲突，因此，后来又加入了“公平性”（Equity）指标，将“3E”进一步扩展为“4E”。美国政府在绩效评价实践中，为了避免”3E”审计的片面性，在评价体系中设立了硬性和软性两类指标，硬性指标是由美国会计总署承担的对政府的绩效审计，软性指标是由社会大众对政府的评价，定期发布政府支持率，以增强政府执政地位的合法性和政策的权威性（秦国民，2008）

事实上，“新公共管理”最核心的观点是为结果而管理，而最重要的结果之一是使顾客满意（Bardach，2011）。改革开放以来，随着中国社会经济不断往前发展，加强基本公共服务供给和促进基本公共服务均等化，成为各级政府高度关注的工作重点之一。基本医疗保险是基本公共服务的主要组成部分。Downe et al.（2011）认为公共服务绩效的评价与商业服务明确的利润指标不同，公共服务追求的指标需要体现效益、过程、效率、公平、透明性和责任等内涵。作为投放于医疗保障领域的转移性支出，基本医疗保险财政补贴的绩效评价，至少应当遵守“3E”准则。除此以外，基本医疗保险财政补贴也是强化基本医疗保险收入再分配功能的重要手段。政府利用财政补贴的支持手段，大力推行新农合和居民医保，并最终建立统一的城乡居民医疗保险制度，旨在通过政府组织、引导，提升医疗服务可及性，缓解城乡居民的“看病难、看病贵”问题，特别是让低收入群体等弱势者能够“病有所医”，看得起病，以保障每个公民的健康权利，提升健康水平。从这个意义上来看，基本医疗保险财政补贴对于提升社会公平、促进社会和谐意义重大。因此，在对该项财政支出的绩效评价，还应当特别重视公平性（Equity）原则。在国内，不少学者强调了公平性准则的重要性，例如，张扬金和于兰华（2008）认为新农合政策执行绩效评价应主要考虑经济价值、效率价值、效益价值及公平价值等四个方面；毛翠英（2011）在对新农合财政专项资金绩效进行评价时，采用经济性、效率性、效益性和公平性为基本准则，并强调对整个资金运动过程的考核。

综上所述，对基本医疗保险财政补贴绩效进行评价时，有必要主要考虑经济性（Economy）、效率性（Efficiency）、效益性（Effectiveness）和公平性（Equity）的“4E”原则。

（三）基本医疗保险财政补贴绩效评价的价值取向

价值取向是进行政府绩效评价的前提。政府绩效评价评估方法的选择、指标体系的构成及评估结果的运用等，都受制于价值取向（任金秋等，2010）。在政府本位的价值导向下，政府是绩效评估的主体，评价指标设计、评价方式选择及运用等都基本将公众排除在外，政府具有绝对的决定权。20 世纪 80 年代，“新公共管理运动”的兴起，以结果和公民为取向已经成为公共服务绩效评价的价值追求（Hatry，2002）。政府不仅是权力的集中代表者，更是为公共服务的执行者。能否为公众提供高质量和高效率的公共服务，成为衡量政府绩效的关键。

改革开放以来，在“新公共管理”理论的影响下，中国政府的绩效评价开始越来越受到重视，并致力于解决政府公共管理面临的效率问题、服务质量问题和公众满意度问题（蔡立辉，2007；蔡立辉，2011；倪星和李佳源，2010）。随着计划经济向社会主义市场经济的转型，中国政府治理模式逐步实现从“官本位、权力本位”向“民本位、权利本位”的转变。以计划指令、行政管制为主要手段的“管制型政府模式”被放弃，代之以以服务为宗旨、将公民视为其“顾客”的“服务型政府模式”。服务型政府致力于为全社会提供公共产品和服务。为达到这一目标，一个核心工作是围绕公共财政和预算以及财政转移支付，把钱真正用到惠及千百万老百姓的公共医疗、义务教育等方面来。做到真正关注广大公民的需要和愿望，保护社会弱势群体的基本权益。

基本医疗保险财政补贴是政府财政支出的一部分，因而基本医疗保险财政补贴绩效评价也应当遵循这一前提要求。医疗保障制度的实施及中国正在推行的城乡医保一体化，也正是为了更好地保障广大国民基本的健康权利。从服务型政府的价值取向出发，基本医疗保险财政补贴绩效评价也应当以参保人为中心，坚持公民导向和结果导向的价值原则。既要考虑过程评价，更要重视结果评价；不仅要重视医疗保险制度对参保人个体的保障效果，也要强调对整个社会的总体效果；既要注重财政补贴资金的成本与效率，还应当突出公平公正，重视对公平性的评价，以保护低收入者等困难群众的基本医疗保险权利，维护公共利益和促进社会和谐。

（四）政府（支出）绩效的评价方法

1. 平衡计分卡法

20 世纪 90 年代，平衡计分卡（Balanced Scorecard）成为绩效评价的有力工具。这一方法最初是由美国 Robert Kaplan 和 David Norton 开发，目的是考察企业管理的绩效评价指标体系。为了弥补财务类指标的不足，Kaplan 和 Norton 提出应当考虑顾客满意、内部业务流程及创新和学习能力等三个类别的指标，强调绩效评价应该根据战略目标设计测评指标，把企业的长期战略目标和短期行动联系起来。随后，平衡计分卡在绩效评价领域得到广泛关注，1997 年《哈佛商业评论》将平衡计分卡评为“过去 75 年最有影响力的管理理念”之一。很快，公共管理者把平衡计分卡从企业扩展运用到政府公共部门，也取得了不错的效果。根据 Shih - Jen KathyHo 和 Yee - chingLilian Chan（2002）对美国地方政府的绩效评价和平衡计分卡的应用情况进行了调查，发现大多数地方政府在顾客满意、经营效率、革新和改变、雇员业绩、财务业绩五个方面都进行了绩效评价。对政府来说，平衡记分卡体现在把政府对社会发展所承担的眼前责任与长远责任结合起来，更重要的是要承担起引导社会良性发展的重任。因此平衡记分卡是一个既注重当前发展又关注长远战略的评估方法（秦国民，2008）。

2. 综合评价法

这一方法首先要建立评价指标体系，根据不同指标的权数计算出一个综合评价值，来实现对公共支出项目进行考评。综合评价法是中国目前各级地方政府进行财政支出绩效评价使用最普遍的方法，能够对相关支出做出较全面和较综合的评价。但这一方法的难点在于标准值确定及权数计算。例如，不同指标的相对重要性如何确定？尽管可以根据专家评价法等方法来定，但是难以排除主观性因素对评价结果的影响。又如，具体指标选择是否全面，为什么包括这些指标而不包括那些指标？这不仅受到评价准则和价值理念的影响，也是一个带有主观性因素的环节。上述不确定因素都将不同程度地影响评价结果。因此，综合评价法尽管得到广泛运用，但总体上较复杂，操作难度相对较大。

3. 数据包络分析（DEA）法

数据包络分析（Data Envelopment Analysis，简称 DEA）是效率测度方法中，前沿分析法的非参数方法。DEA 有独特的优点，它不需要事先给定生产函数的具体形式，仅通过投入产出数据便可以得出各样本评价决策单元（Decision Making Units，DMU）的相对效率值。该方法不会由于各项投入与产出的计量单位不同而影响效率值，同时它具有同时处理比率数据与非比率数据的特性，可以同时评估不同环境下 DMU 的效率。此外，该方法与传统方法最大的不同在于，对每个决策单元，都选取对此决策单元而言“最优”的一组权重，尽可能地避免了“管理者”的主观影响，比较客观公正（Lewin et al.，1982；Lewin et al.，1986）。DEA 方法本质上是判断各 DMU 是否位于生产可能集的生产前沿面上。运用 DEA 方法对方政府支出效率进行量化核算具有很大的优势，因为核算出来的相对效率可以用来评估地方政府的支出表现和政府行为，并使不同地方政府之间的横向比较成为可能（陈诗一和张军，2008）。而且，这一方法还可以进一步分析地方政府支出缺乏效率的内在原因，这对调整公共政策和提高政府的效率意义重大（Kaliappa，1999）。

但是，DEA 法通常需要满足一个重要的经验法则—— DMU 个数必须是输入输出变量数目之和的两倍以上，否则 DEA 效率的区别能力会变弱（Banker et al.，1989）；若 DMU 的输入（输出）变量间存在着较强相关性，也会对最后测度结果的科学性造成很大影响（熊正德和刘永辉，2007）。

4. 层次分析法

20 世纪 70 年代，美国运筹学家萨蒂（Satty）创造性地提出层次分析法（Analytic Hierarchy Process，简称 AHP）。作为一种多目标决策分析方法，层次分析法以系统分析为基础，将一个复杂的多目标决策问题作为一个系统，将决策问题按总目标、各层子目标、评价指标的顺序分解为不同的层次结构，通过两两比较形成判断矩阵，然后用求解判断矩阵特征向量的办法，求得每一层次的各元素对上一层次某元素的优先权重，最后再采用加权和的方法得到各评价准则对于总目标的最终权重（崔军和杨琪，2013）。这一方法的优势在于，通过定性和定量分析相结合的方式，将人们的决策思维过程数学化，从而为多目标、多准则以及难以全部量化的复杂问题提供决策依据。

尽管目前层次分析法已经在经济、社会和政治等领域得到广泛的应用，但是，这一方法需要通过专家打分将其主观判断进行了数量化处理，因此难以完全避免个人主观性因素对指标权重的影响。为此，一些学者采用层次分析法与模糊集合理论相结合的模糊层次分析方法，来进一步减少这种主观性影响。如许光建（2012）以北京市为例，对政府卫生支出绩效评价进行了研究，在确定政府卫生支出的绩效评价指标权重时，就采用了模糊层次分析方法。

5. 结构方程模型（SEM）法

被广泛运用于心理学、社会学和管理学等领域的结构方程模型（Structural Equation Modeling，简称 SEM）是一种验证性多元统计分析方法，被视为统计学领域的一种全新的量化研究范式。这一方法融因子分析和路径分析为一体，不仅能够同时处理多个自变量和因变量，而且可以分析变量之间的作用路径，并允许变量存在测量误差，是统计学领域的一种全新的量化研究范式（吴瑞林，2014），被视为统计研究方法的一次革命（贾跃千，2009）。SEM 的突出特征是通过引入潜变量（Latent Variables），将不能被直接观测的因素（如态度、情感等）纳入分析模型，并引入显变量（Manifest Variables）去间接测量这些变量。后者（显变量）可以通过问卷或量表等测量工具获取。通过 SEM，研究者可以根据主观判断先建立一套或若干参与竞争的指标体系，然后运用获得的客观数据对模型进行检验和修正，据以选择出最佳指标体系。模型估计得出的参数则可以为指标权重的确定提供参考。因此，SEM 运用在绩效评估中能够完美地体现主客观标准相结合的思想，能够符合基本医疗保险财政补贴绩效的基本要求。本章将在第五节对于这一方法在基本医疗保险财政补贴绩效评价中的运用做初步的探讨。

三、基于因子分析和 DEA 方法的基本医疗保险财政补贴绩效评价

在医保普遍为地市级统筹的情况下，各统筹地区的医保制度、财政补贴政策以及社会经济状况都存在明显差异。因此，医保财政补贴绩效评价最好以地市级为单位进行，这样有利于更为客观地反映真实状况。为此，笔者选择 Z 省十六个地级市作为分析对象（如表 9－1 所示）。

表 9－1　　Z 省十六市 2017 年基本医疗保险制度和社会经济简况

城市分类	城市名称	基本医疗保险制度	基本医疗保险参保人数（万人）	其中：城乡居民医保（万人）	常住人口（万人）	人均 GDP（元）
发达地区	A1	医保一体化	1396.11	245.10	1252.83	179102
	A2	二元制	1161.68	477.40	1449.84	148314
	A3	医保一体化	175.11	55.96	176.54	145278
	A4	医保一体化	517.74	214.77	765.67	124722
中等发达地区	B1	准一体化	431.20	276.12	477.70	80188
	B2	医保一体化	388.81	256.45	456.17	58974
	B3	二元制	408.52	343.93	411.54	53473
	B4	二元制	268.05	240.10	254.29	55395
	B5	二元制	641.33	594.80	620.41	47133
	B6	二元制	294.16	236.52	297.92	44912
欠发达地区	C1	二元制	403.06	343.51	386.0	38883
	C2	二元制	715.03	647.00	730.5	38659
	C3	二元制	589.45	553.28	608.6	35350
	C4	二元制	274.50	250.09	250.54	33529
	C5	二元制	323.50	290.16	309.11	30802
	C6	二元制	306.15	274.08	305.33	28015

说明：（1）数据来源：参保人数来自 Z 省人力资源和社会保障厅；常住人口和人均 GDP 来自各市 2017 年的《国民经济和社会发展统计公报》；（2）截至 2017 年年底，Z 省总共有 A1、A3、A4、B2 等 6 个地区实现了城乡医保一体化，其余地市依然处于职工医保和城乡居民医保的“二元”分立的状态；（3）B1 市自 2011 年 1 月 1 日起发布《B1 市社会基本医疗保险办法》，对城镇职工和城乡居民医保（包括生育保险）做出统一规定，2016 年 1 月又发文进行了修订，但基本医疗保险制度仍然区分“职工医保”和“居民医保”，处于向医保一体化过渡的阶段，我们称之为“准一体化”。

根据 2017 年经济发展状况（人均 GDP）从高到低排序，这十六个地市中有四个城市人均 GDP 有 120000 元以上，可划分为发达地区，并根据人均 GDP 从高到低的顺序分别命名为 A1、A2、A3 和 A4；有六个城市人均 GDP 在 80000 元以下，可将其划分为中等发达城市，并相应按经济发达程度从高到低分别命名为 B1、B2、B3、B4、B5 和 B6；其余六个城市的人均 GDP 均在

40000 元以下，为相对欠发达地区，相应按顺序分别命名为 C1、C2、C3、C4、C5 和 C6。从医保制度发展情况来看，A1、A3、A4 和 B2 已经在全省建立起城乡统一的制度框架，率先实现了城乡医保一体化，其余的城市依然采用的是“二元制”，即职工医保与城乡居民医保两项制度“二元”分立[①]。从人口规模来看，既有 A1、A2 等人口超过千万的大都市，也有 A4、C2、B5 等中等规模城市，还有 A3、B4、C4 等人口较少的城市。因此，这十六个地区在社会经济状况、医保制度框架等方面具有代表性。

各样本地市的基本医疗保险参保人数、财政补贴、就医率、住院报销比例及其变动等数据来源于 Z 省人力资源和社会保障厅的统计。各样本地区的常住人口、GDP、年度财政收入等数据来源于《Z 省统计年鉴》（2017）和 Z 省下辖各地区发布的 2017 年《国民经济和社会发展统计公报》。

（一）基本医疗保险财政补贴绩效评价指标体系构建

基本医疗保险财政补贴绩效涉及多个方面。从投入和产出的角度来看，基本医疗保险财政补贴投入主要是指中央和省级及以下地方政府投入的财政资金，考虑到财政补贴资金是采用的“本级财政投入 + 上级政府配套”模式，我们从总补贴投入、本级政府投入和人均财政补贴三个角度来衡量基本医疗保险财政投入水平。另一方面，基本医疗保险财政补贴最主要的目的是为了扩大覆盖面，提升保障水平，从而使每位国民“病有所医”，能够看得起病。综上所述，我们建立基本医疗保险财政补贴投入水平评价指标和产出水平评价指标，进而构建基本医疗保险财政补贴绩效评价指标体系，如表 9 - 2 所示。

1. 基本医疗保险财政补贴投入水平评价指标

基本医疗保险财政补贴投入水平评价指标由补贴规模、财政补贴占比和人均补贴 3 个一级指标组成。

（1）补贴规模

补贴规模反映各级财政对整个医疗保障体系补贴的绝对金额大小。根据现行补贴制度安排，基本医疗保险财政补贴由中央、省、市、县、镇五级财政共

---

① 截至 2017 年年底，Z 省总共有 A1、A3、A4、B2 等 6 个地区实现了城乡医保一体化，其余地市依然处于职工医保和城乡居民医保的“二元”分立的状态。其中，B1 市医保制度仍然区分“职工医保”和“居民医保”，处于向医保一体化过渡的阶段，我们称之为“准一体化”。

表 9 - 2　　基本医疗保险财政补贴绩效评价指标体系

<table>
<tr><th colspan="3">基本医疗保险财政补贴投入水平评价指标</th><th colspan="3">基本医疗保险财政补贴产出水平评价指标</th></tr>
<tr><th>一级指标</th><th colspan="2">二级指标</th><th>一级指标</th><th colspan="2">二级指标</th></tr>
<tr><td>补贴规模</td><td>X1
X2
X3</td><td>中央财政补贴（万元）
省级财政补贴（万元）
各级财政补贴总额（万元）</td><td>保障水平</td><td>Y1
Y2</td><td>政策范围内住院报销比例（%）
实际住院报销比例（%）</td></tr>
<tr><td>财政补贴占比</td><td>X4
X5
X6</td><td>总财政补贴占筹资之比（%）
本级财政补贴占 GDP 之比（%）
本级财政补贴占财政收入之比（%）</td><td>受益范围</td><td>Y3
Y4</td><td>门诊大病就医率（次/人/年）
住院就医率（次/人/年）</td></tr>
<tr><td>人均补贴</td><td>X7
X8</td><td>人均上级财政补贴配套（元/人/年）
人均总财政补贴（元/人/年）</td><td>保障水平提升</td><td>Y5
Y6
Y7
Y8</td><td>门诊大病报销比例相对上一年增加（%）
住院报销比例相对上一年增加（%）
门诊大病报销比例变化率（%）
住院报销比例变化率（%）</td></tr>
</table>

说明："保障水平提升程度"的各项指标，均采用政策范围内报销比例，而非实际补偿比。

同承担，其中，中央和省级政府之间的责任分摊由人社部和财政补贴共同发文公布指导性的分摊标准，省级及以下地方政府根据实际情况自行决定本辖区内的基本医疗保险财政补贴力度。考虑到数据可得性，我们用 3 个二级指标来衡量：中央财政补贴金额（X1）、省级财政补贴金额（X2）和各级财政补贴总额（X3）。

（2）财政补贴占比

财政补贴占比从不同的角度衡量基本医疗保险财政补贴力度的大小，包括 3 个指标：总财政补贴占筹资之比（X4）、本级财政补贴占 GDP 之比（X5）和本级财政补贴占财政收入之比（X6）。其中，总财政补贴占筹资之比是指各级政府提供的财政补贴之和占基本医疗保险筹资总额的比重，反映基本医疗保险筹资结构中财政补贴的贡献率；本级财政补贴占 GDP 之比（X5）和本级财政补贴占财政收入之比（X6），是指各市级财政对本市基本医疗保险制度提供的财政补贴分别占当地 GDP 和财政收入的比重，反映各个市级统筹地区对本地基本医疗保险制度付出的自主性努力。

(3) 人均补贴

考虑到不同地区的参保人口等社会经济状况的不同，人均补贴从另一个角度反映了政府对基本医疗保险的扶持力度。该类指标包括两个2级指标：人均上级财政补贴配套（X7）和人均总财政补贴（X8）。其中，人均上级财政补贴配套（X7）等于中央和省级财政对特定市的财政补贴合计除以该地的总补贴人口，人均总财政补贴（X8）是指各级财政对特定市的补贴总额除以该地的总补贴人口。

2. 基本医疗保险财政补贴产出水平评价指标

基本医疗保险财政补贴产出主要是指政府补贴基本医疗保险制度的绩效。对此，于长永（2012）认为，应当从主观绩效（参与意愿、满意度）和客观绩效（覆盖范围、受益人次、受益范围）两个方面来衡量。考虑到Z省城乡居民医保的覆盖率已经接近100%，笔者在指标设计时不再考虑参与意愿和覆盖范围等指标，而着重从客观绩效——保障水平、受益范围和保障水平提升3个方面来考量。

(1) 保障水平

理论上看，保障水平应当包括住院和门诊两大部分。因为城乡居民医保在设立时就确定了“保大病”的定位，同时住院医疗费用支出是基本医疗保险基金支出的主要部分，笔者主要考虑住院保障水平。根据现行基本医疗保险制度，住院待遇政策有两个方面的限制，一是“三大目录”，发生的医疗费用是否属于“政策范围内”，即是否符合基本医疗保险可报销的药品目录、诊疗项目目录、医疗服务设施标准；二是“三大政策变量”，即便是“政策范围内”发生的医疗费用，也要进一步考虑起付线、住院报销比例和最高支付限额的影响，即参保人就医时，在政策范围内发生的住院医疗费用，超过起付线的部分，按规定的比例享受基金报销，但报销总金额不得超过年度支付限额。因此，实际发生的医疗费用总额中不符合政策范围内的医疗费用，需要参保人自付。只有政策范围内的医疗费用，才能根据“三大政策变量”进行报销。显而易见，“三大政策变量”中的名义的报销比例并不能反映真实的保障水平，有必要用实际报销比例来衡量，包括两个指标。其中，政策范围内住院报销比例（Y1）是指统筹地区当年基本医疗保险政策范围内可报销的医疗费用中实际由基本医疗保险基金报销的比例，在数值上等于基本医疗保险基金支出总额除以政策范围内可报销的医疗费用总额；实际住院报销比例（Y2）是指实际发生的总医疗费用中实际由基本医疗保险基金报销的比例，等于基本医疗保险基金支出总额除以实际发生的医疗费用总额。

（2）受益范围

基本医疗保险制度从无到有，缓解了“看病贵”，在很大程度上打消了参保人就医的经济顾虑。因此，受益范围主要从就医水平的角度来衡量。此处考虑 2 个指标：门诊大病就医率（Y3）和住院就医率（Y4）。

（3）保障水平提升指标

在城乡医保一体化进程中，政府对参保人提供财政补贴的一个重要目的就是通过提高筹资水平来提高保障水平，以缩小城乡之间、制度之间、欠发达地区和发达地区之间的保障水平差距。保障水平提升指标由 4 个二级指标组成：门诊大病报销比例相对上一年增加（Y5）、住院报销比例相对上一年增加（Y6）、门诊大病报销比例变化率（Y7）和住院报销比例变化率（Y8）。其中，门诊大病报销比例相对上一年增加（Y5）和住院报销比例相对上一年增加（Y6）分别是指当年门诊大病报销比例和住院报销比例与上一年的对应指标之差；门诊大病报销比例变化率（Y7）和住院报销比例变化率（Y8）分别是指当年门诊大病报销比例和住院报销比例相对于上一年的变化率。

（二）基本医疗保险财政补贴投入产出水平评价

本节将采用因子分析法（Factor Analysis）分别对样本地区的基本医疗保险财政补贴投入水平和产出水平进行研究。因子分析法源自查尔斯·斯皮尔曼（Charles Spearman）1904 年发表的文章《对智力测验得分进行统计分析》。这一方法的核心思想是，假定我们观察到的变量是一些潜在因子的线性组合。这些因子中有一些被假定为两个或更多变量共同的因子，即公因子，另一些被认为是各变量独有的因子。公因子能反映原来众多变量的主要信息，但它们一般是不可观测的潜在变量。只有公因子对观察到的变量之间的共变关系有贡献。可见，因子分析（Factor Analysis）是一种降维、简化数据的技术。在表 9 - 2 所列示的投入产出指标体系中，无论是投入还是产出水平衡量，都涉及多个指标。通过因子分析的降维技术，可以将指标体系进一步简化，从而有利于更好地评价基本医疗保险财政补贴的综合绩效。

1. 数据检验

本节所采用的指标数据来源于Z省人力资源和社会保障厅、《Z省统计年鉴》（2017）以及Z省各地区《国民经济和社会发展统计公报》。由于所选取指标的数据单位有绝对数，也有相对数，量纲差异较大，并考虑到选取的指标都是正向指标，本节在实证分析时对数据进行了如下的标准化处理：

$$a_{ij}=\frac{A_{ij}-\min(A_{ij})}{\max(A_{ij})-\min(A_{ij})}$$

其中，A_{ij}表示第j个市第i个投入/产出指标的取值，a_{ij}表示经过标准化处理后的指标数据，取值区间为［0，1］。经过标准化处理之后的指标波动幅度减小，运算过程简化，但不会改变各指标间的相对大小关系，也不会影响实证分析结果。

因子分析的出发点是原始变量的相关矩阵。如果各指标之间的相关性足够高，表明适合采用因子分析。目前，主要采用Bartlett球体检验 和KMO检验来进行判断。表9-3是由STATA15.0给出的Bartlett球体检验 和KMO检验结果。从表中可以看到，无论是投入水平评价指标，还是产出水平评价指标，Bartlett球体检验的P值接近于0，拒绝原假设，表明通过了Bartlett球体检验。同时，两类评价指标的KMO统计量均超过了0.6，表明反映基本医疗保险财政补贴投入产出情况的指标之间具有相关性，比较适合做因子分析。

表9-3　　KMO检验和Bartlett球形检验

基本医疗保险财政补贴投入水平评价指标			基本医疗保险财政补贴产出水平评价指标		
KMO统计量		0.642	KMO统计量		0.605
Bartlett球形检验	近似卡方值	100.462	Bartlett球形检验	近似卡方值	136.808
	自由度	28		自由度	28
	P值	0.000		P值	0.000

2. 因子提取

在STATA15.0中运用主成分因子法（principal - component factors）进行因子分析，根据特征值大于1原则提取公因子，结果如表9-4所示。

从表9-4可知，在投入指标中，前3个因子的累计方差贡献率为89.42%，表明能够解释原始变量近80%的方差，故选取这3个因子就可以代表原始投入指标的绝大部分信息；在产出指标中，前3个因子的累计方差贡献率已高达84.04%，表明选取这3个因子就可以代表原始产出指标的绝大部分

表 9-4 特征值大于 1 的各个因子的所解释的原始变量的方差

投入指标的特征根值和方差贡献率				产出指标的特征根值和方差贡献率			
因子	特征根值	方差贡献率（%）	累计方差贡献率（%）	因子	特征根值	方差贡献率（%）	累计方差贡献率（%）
1	3.640	45.50	45.50	1	3.411	42.64	42.64
2	2.222	27.78	73.28	2	2.111	26.39	69.03
3	1.291	16.14	89.42	3	1.201	15.01	84.04

信息。为了更直观地反映因子提取情况，图 9-1 提供了投入指标和产出指标的碎石图。可以进一步验证投入指标和产出指标的公因子提取数量。

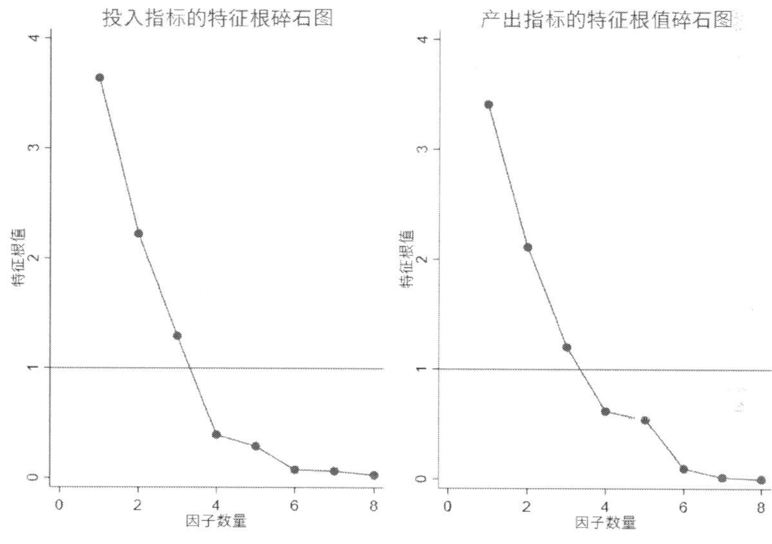

图 9-1 投入产出指标的特征根碎石图

3. 因子命名和解释

为进一步简化因子结构，在提取因子之后，对其进行最大方差正交旋转，得到投入指标和产出指标经旋转后的因子载荷矩阵，如表 9-5 所示。可以看出，在投入指标因子载荷矩阵中，公因子 1 在中央财政补贴（X1）、省级财政补贴（X2）、各级财政补贴总额（X3）等 3 个指标上的载荷系数较大，说明这几个指标有较强的相关性。从实际意义看，这 4 项指标反映了各级财政对基本医疗保险的总补贴规模，因此将公因子 1 命名为“财政补贴规模”因子；

公因子2在总财政补贴占筹资之比（X4）、人均上级财政补贴配套（X7）两个指标上的载荷系数最大，说明公因子2主要解释了这两个指标。根据2017年的数据统计，Z省十六市城乡居民医保所获得的补贴总额中，中央和Z省两级财政所承担的比例平均高达66.5%。其中，C2、B6等地的基本医疗保险财政补贴，100%依赖省财政和中央财政；B5、C3和C4等地，省财政和中央财政所提供的补贴也占90%以上。可见，对于样本地区而言，上级财政补贴配套是补贴资金来源的绝对主体。因此，这两个指标反映的是统筹地区的上级财政对特定地区基本医疗保险的投入力度，因此将公因子2命名为“上级财政支持”因子。公因子3在本级财政补贴占GDP之比（X5）、本级财政补贴占财政收入之比（X6）两个指标上的载荷系数最大，这两个指标反映的是统筹地区的财政对本地基本医疗保险的投入力度，因此将公因子2命名为“本级财政支持”因子。

表9-5　旋转后的因子载荷矩阵

投入指标因子载荷矩阵				产出指标因子载荷矩阵			
指标	因子1	因子2	因子3	指标	因子1	因子2	因子3
X1	0.9305	0.2094	-0.1759	Y1	0.498	0.7973	-0.1276
X2	0.7566	0.5779	-0.0914	Y2	0.3961	0.835	-0.1653
X3	0.9817	0.0284	-0.0224	Y3	0.586	-0.1334	0.4604
X4	0.2411	0.7765	0.3946	Y4	0.3351	-0.5352	0.4922
X5	-0.1515	-0.0483	0.9626	Y5	0.7156	-0.4579	-0.5032
X6	-0.0708	0.0857	0.9496	Y6	0.9092	0.0972	0.2345
X7	0.4031	0.8225	0.0836	Y7	0.6329	-0.4966	-0.5835
X8	0.08	-0.7706	0.4517	Y8	0.9005	0.0925	0.2336
因子命名	补贴规模	上级财政支持	本级财政支持	因子命名	保障水平提升	保障水平	受益范围

同时可以看出，在产出指标因子载荷矩阵中，公因子1在四个保障水平提升程度指标——门诊大病报销比例相对上一年增加（Y5）、住院报销比例相对上一年增加（Y6）、门诊大病报销比例变化率（Y7）和住院报销比例变化率（Y8）上的载荷系数较大，公因子2在政策范围内住院报销比例（Y3）和实际报销比例（Y4）两项指标上的载荷系数较大，公因子3在门诊大病就医率

（Y1）和住院就医率（Y2）两项指标上的载荷系数较大，因为报销比例反映了保障水平高低，就医率在侧面反映了参保人医疗服务可及性程度，我们将产出指标中的公因子1、公因子2和公因子3分别命名为“保障水平提升”因子、“保障水平”因子和“受益范围”因子。

4. 因子得分与综合得分

表9－6是用STATA15.0软件按照回归法估计的因子得分系数矩阵。因子得分就是观测量的共性因子的值，根据因子得分系数矩阵，可以将公因子表示为各变量的线性组合。将标准化后的变量值代入即可得到各个因子得分。有了各个因子得分，就可以把每个公因子的方差贡献率做权数，对每个因子得分进行加权，然后加总得到每个地区的综合因子得分。进而对各个地区进行综合评价和排序，如表9－7和表9－8所示。

表9－6　因子得分系数矩阵

投入指标因子得分系数矩阵				产出指标因子得分系数矩阵			
指标	因子1	因子2	因子3	指标	因子1	因子2	因子3
X1	0.3893	－0.1003	－0.0272	Y1	0.0002	0.4182	－0.0167
X2	0.2226	0.1454	－0.0089	Y2	－0.0445	0.4318	－0.0204
X3	0.4668	－0.2176	0.0505	Y3	0.3897	－0.1001	－0.1362
X4	－0.0438	0.3672	0.1753	Y4	0.3714	－0.3033	－0.1092
X5	－0.0016	－0.0152	0.4303	Y5	－0.1069	0.0041	0.5051
X6	0.0047	0.0409	0.4261	Y6	0.3227	0.0847	－0.0034
X7	0.0041	0.3622	0.0426	Y7	－0.1679	－0.0022	0.5455
X8	0.2508	－0.4619	0.2303	Y8	0.3205	0.0820	－0.0033

表9－7　Z省十六市基本医疗保险财政补贴投入水平评价结果

地区	补贴规模		上级财政支持		本级财政支持		综合评价	
	得分	排名	得分	排名	得分	排名	得分	排名
B5	2.978	1	1.76	1	0.29	13	1.568	1
C2	2.947	2	1.695	2	0.131	15	1.494	2
C3	2.479	3	1.5	3	0.388	9	1.356	3
C1	1.726	4	1.01	8	0.997	2	1.138	4
B3	1.651	5	1.053	4	0.737	3	1.052	5

续表

地区	补贴规模		上级财政支持		本级财政支持		综合评价	
	得分	排名	得分	排名	得分	排名	得分	排名
C6	1.213	6	1.043	6	0.553	6	0.852	6
C5	1.082	9	1.027	7	0.435	7	0.771	7
C4	1.123	7	1.049	5	0.301	12	0.754	8
B4	0.704	12	0.662	11	1.083	1	0.724	9
B1	1.087	8	0.871	10	0.316	11	0.696	10
B6	0.953	11	0.984	9	0.137	14	0.633	11
B2	0.7	13	0.442	12	0.69	4	0.55	12
A2	0.955	10	0.183	13	0.374	10	0.473	13
A4	0.583	14	-0.511	16	0.575	5	0.21	14
A3	0.082	16	0.119	14	0.4	8	0.173	15
A1	0.276	15	-0.181	15	0.124	16	0.075	16
平均	1.284	—	0.794	—	0.471	—	0.782	—

从表9-7可以看出，Z省十六市的基本医疗保险财政补贴投入水平存在明显差距。总体上看，财政补贴投入水平与各地经济发达程度有一定的相关关系，体现出向欠发达地区的明显倾斜。从综合得分来看，投入水平较高的地区有B5、C2、C3、C1和B3五市，得分在1.0以上，其中，B5、C2和C3是财政投入水平最高的地区。财政补贴投入水平较低的地区主要集中在A1、A3、A2、A4和B2等五个发达的地市，其中，A1市综合评分仅0.075，是财政补贴投入最少的地区；A3和A4两市的综合评分也只有0.2左右，远低于平均水平（0.782）。其余六个地区（包括C6、C5、C4、B4、B1、B6）的财政补贴投入处于中等水平，综合评分在0.63—0.85之间。

进一步分析各因子的影响可以发现，“补贴规模”和“上级财政支持”两个因子的得分排名与综合评价排名基本一致，说明各级政府的财政补贴总规模和上级财政支持是决定财政投入水平的关键。其中，B5、C2、B6、C4等欠发达地区主要依靠省级和中央政府的财政支持。但“本级财政支持”因子得分排名显示，地方对基本医疗保险的财政支持力度并未体现出明显的经济发展水平差距。A1和A2作为典型的发达城市，本级财政支持排名反而靠后，反而是B4、C1、B3、B2和A4等中等发达（甚至欠发达）地区的本级财政为基本医疗保险提供了相对较高水平的支持。特别是C1市，作为北部山区的欠发达城市，本级财政支持因子得分高达0.997，在样本地区中排名第2，体现出该市政府对基本医疗保险投入的高度重视。B4市的本级财政投入水平在样本地区中排名第一。从表中可以看出，尽管B4的补贴规模排名为12位，但是因为本级政府的大力支持，使得该地区的补贴投入水平跃至第9位。

从表9-8可以看出，Z省十六市的基本医疗保险财政补贴产出水平也存在明显差距，并呈现出与投入水平不一样的规律。根据综合评分，A4、A3、A1、C5和C3五市的基本医疗保险财政补贴产出水平较高；C2、B3、B4、B5和C6五市的产出水平最低；其余六市包括B1、C4、B2、B6、C1和A2则处于中等水平。其中，A4、A3和A1的产出水平占据了前“三甲”。这三个地区均为Z省发达地区且已经实现城乡医保一体化。因为医疗保险制度相对完善、保障水平总体较高，财政投入的效果显著。

进一步分析各因子的影响可以发现，反映产出水平的各项因子得分并未体现出与经济发展水平（或基本医疗保险制度发达程度）的相关性。例如，“保障水平”因子得分及排名显示，保障水平最高的地区既包括A1和A3这样的发达城市，也包括中等发达城市（B1）和欠发达城市（C3和C4）。其中，A1市“保障水平”因子得分高达0.963，远高于排名第二的A3市（因子得分0.575）和平均水平（0.226）。因为当前的保障水平已经很高①，提升空间有限，所以A1的“保障水平提升”因子排名15位。A2市作为发达的省会城市，财政补贴产出水平却属于较低的水平，保障水平在样本地区中排在末位。因为保障水平总体较低，过去一年的保障水平提升效果明显，提升程度排第5位。从“受益范围”因子得分来看，C5、B1和A4相对较高，说明财政补贴较大程度地提高了这些地区参保人的就医率；B5、C1、B4三地的受益范围相对最低，表明对这些地区而言，财政补贴有待惠及更多的受益人群。其中，C5市“受益范围”因子得分为0.968，远高于其他地区，因此尽管该市的“保障水平”和“保障水平提升”两项因子得分都在样本地区中处于最末水平，但是综合评价依然可以跃居第5位。这表明财政对C5市基本医疗保险的补贴绩效，主要体现在参保人受益面的扩大，而非总体保障水平的提升。

---

①　据统计，A1市2017年政策范围内实际住院报销比例已经高达88.1%，远超过Z省其他地区。

表 9-8　　Z 省十六市基本医疗保险财政补贴产出水平评价结果

地区	保障水平提升		保障水平		受益范围		综合评价	
	得分	排名	得分	排名	得分	排名	得分	排名
A4	1.196	1	0.183	7	0.472	3	0.534	1
A3	0.773	3	0.575	2	0.282	7	0.466	2
A1	0.354	15	0.963	1	0.193	11	0.424	3
C5	0.402	14	0.063	14	0.968	1	0.393	4
C3	0.502	10	0.419	3	0.416	4	0.376	5
B1	0.458	12	0.335	4	0.503	2	0.363	6
C4	0.685	6	0.233	5	0.335	6	0.358	7
B2	0.852	2	0.134	9	0.202	10	0.346	8
B6	0.677	7	0.192	6	0.17	13	0.301	9
C1	0.768	4	0.102	10	0.076	15	0.279	10
A2	0.696	5	-0.025	16	0.237	8	0.264	11
C2	0.54	9	0.139	8	0.225	9	0.26	12
B3	0.412	13	0.1	11	0.401	5	0.257	13
B4	0.6	8	0.089	12	0.081	14	0.226	14
B5	0.481	11	0.075	13	-0.072	16	0.146	15
C6	0.007	16	0.037	15	0.173	12	0.058	16
平均	0.588	—	0.226	—	0.291	—	0.316	—

5. 投入和产出水平的初步评价

分别以表 9-7 和表 9-8 中的综合评分均值为界，将样本地区的财政补贴投入水平和产出水平分别分为高、低两个档次，以对比各地的补贴投入产出状况，如表 9-9 所示。可以看出，有 8 个地区可归为“低投入、高产出”地区，包括 A4、A3、A1、B2、B1 等医保一体化地区或准一体化地区，也包括 C5 和 C4 两个欠发达城市。C3 市虽然也可以划归“高产出”地区，但这是以“高投入”为代价的。A2、B6 和 B43 市则处于“低投入、低产出”状态，这意味着对这些地区还需要进一步加大投入以促进产出水平提升。其余 5 个市，包括 C1、C2、B3、B5 和 C6 等五个欠发达地区，则处于“高投入、低产出”状态，表明财政补贴投入很可能并未在这些地区取得理想效果，基本医疗保险财政补贴绩效迫切需要得到有力改善。但上述结论只能是一种初步评价，对基本医疗保险财政补贴绩效的综合评价，还有待进一步的分析。

表 9－9　Z 省十六市基本医疗保险财政补贴投入水平和产出水平对比

地区	财政补贴投入水平			财政补贴产出水平		
	综合评分	排名	分档	综合评分	排名	分档
A4	0.21	14	低	0.534	1	高
A3	0.173	15	低	0.466	2	高
A1	0.075	16	低	0.424	3	高
C5	0.771	7	低	0.393	4	高
B1	0.696	10	低	0.363	6	高
C4	0.754	8	低	0.358	7	高
B2	0.55	12	低	0.346	8	高
C3	1.356	3	高	0.376	5	高
B6	0.633	11	低	0.301	9	低
A2	0.473	13	低	0.264	11	低
B4	0.724	9	低	0.226	14	低
C1	1.138	4	高	0.279	10	低
C2	1.494	2	高	0.26	12	低
B3	1.052	5	高	0.257	13	低
B5	1.568	1	高	0.146	15	低
C6	0.852	6	高	0.058	16	低

（三）基本医疗保险财政补贴绩效综合评价

数据包络分析（DEA）作为一种非参数方法，对于衡量地方政府的支出效率很有意义的。DEA 方法下得出的相对效率可以使不同地方政府之间的行为比较成为可能（陈诗一和张军，2008）。为了进一步分析各个统筹地区基本医疗保险财政补贴绩效，本节将采用 DEA 方法进行绩效评价。在分析过程中，利用上节因子分析结果，将提取的 3 个投入指标因子作为模型的输入指标，将提取的 3 个产出指标因子作为模型的输出指标。考虑到上述因子得分出现了负值，为满足 DEA 方法对投入和产出指标的要求，我们先对各个因子得分进行指数化处理：

$$a_{ij} = e^{A_{ij}^{*}}$$

其中，A_{ij}指第j地区第i个投入（产出）因子的原始得分，a_{ij}表示经标准化处理之后的因子得分，用来作为DEA方法下的输入（输出）指标值。经过指数化处理之后，所有的指标值都为正，但并不会改变指标数值之间的相对关系。按照DEA方法原理及引入具有非阿基米德无穷小的DEA模型，运用DEAP 2.1软件可计算出Z省十六市基本医疗保险财政补贴的DEA效率指标值，如表9-10所示。

表9-10　　Z省十六市基本医疗保险财政补贴绩效评价结果

地区	效率得分	S_1^-	S_2^-	S_3^-	S_1^+	S_2^+	S_3^+
A2	0.423	0.007	0.000	0.000	0.000	0.093	0.000
A1	1	0.000	0.000	0.000	0.000	0.000	0.000
A3	1	0.000	0.000	0.000	0.000	0.000	0.000
B6	1	0.000	0.000	0.000	0.000	0.000	0.000
C5	1	0.000	0.000	0.000	0.000	0.000	0.000
B1	1	0.000	0.000	0.000	0.000	0.000	0.000
C6	0.399	0.069	0.097	0.000	0.000	0.000	0.000
B2	0.686	0.000	0.442	0.000	0.000	4.595	0.559
A4	1	0.000	0.000	0.000	0.000	0.000	0.000
B4	0.390	0.000	2.894	0.000	0.000	1.454	0.088
C2	0.364	1.975	0.000	0.000	0.000	0.000	0.000
B5	0.387	0.549	0.000	0.000	0.000	0.000	0.036
B3	0.499	0.000	0.052	0.000	0.000	0.371	0.000
C1	0.228	0.000	0.749	0.000	0.000	3.669	0.618
C3	0.259	0.470	0.000	0.000	0.000	0.000	0.000
C4	0.858	0.000	0.133	0.000	0.000	0.304	0.000

说明：S_1^-、S_2^-和S_3^-分别表示3个投入因子对应的松弛变量，代表了基本医疗保险补贴投入的冗余程度，S_1^+、S_2^+和S_3^+分别表示3个产出因子对应的松弛变量，代表了基本医疗保险财政补贴产出的不足程度。

根据表9-10第一列的数据，Z省十六市中，只有A1、A3、A4、B1、C5和B6六市的相对效率值均等于1，并且对应的松弛变量值都为0，表明这3个评价单元的基本医疗保险财政补贴绩效达到相对理想状态。其他十个地区的相对效率都小于1，属于非技术有效单元，且除C4市的相对效率值接近于1之外，其他九市的相对效率值远小于1，表明存在显著的投入冗余和（或）产出不足现象。其中省会A2的非技术有效主要源自一定程度的产出不足；C6、C2、B5和C3四市存在明显的投入冗余，C1、C4、B4、B2和B3等市的低效率则主源自投入冗余和产出不足双重因素。十六个样本地区的平均相对效率为0.655，意味着相对于基本医疗保险财政补贴产出前沿，平均有34.5%的补贴资源被浪费掉了。这说明Z省基本医疗保险财政补贴绩效还有很大的提升空间。

从投入的角度分析，有九个地区存在不同程度的投入冗余。其中，C2、B5和C3三地全部体现在“财政补贴规模”因子上；C6市的投入冗余既体现在“财政补贴规模”因子，也体现在“上级政府支持”因子；B2、B4、B3、C1和C4五市全部集中在“上级政府支持”因子。基本医疗保险财政补贴投入的增加，对于整个医疗保险体系的发展是不可或缺的，但是一味扩大投入，或过多地依赖上级政府的财政补贴，有可能导致出现高投入、低产出的粗放式发展。

从产出的角度分析，财政补贴对保障水平提升产出的不足主要体现在“保障水平”因子和（或）“受益范围”因子。其中，B2和C1的产出不足程度相对最高，且集中在“保障水平”因子，表明这两个地区的财政补贴效率较低主要是因为产出不足造成的，特别是保障水平尚未得到应有的提高。B2和C1的产出不足还体现在“受益范围”因子，表明这两个地区的补贴效率提升还有待在扩大受益范围方面下功夫。

四、基于SEM的基本医疗保险财政补贴绩效评价：一个框架

应该指出的是，上一节对基本医疗保险财政补贴绩效的讨论，总体上还是比较粗略的。为了更加全面地评价基本医疗保险财政补贴绩效，理论与实务界都需要建立一个系统化的评价框架。其中关键是建立一套适合基本医疗保险财政补贴模式及特征的评价指标体系。从理论上看，评价基本医疗保险财政补贴绩效既有公平性、满意度等无法直接观测的主观标准，也有医疗服务数量、医疗费用降低程度等可以直接观测的客观标准。基本医疗保险具有准公共产品性质和广泛的社会影响。医疗保险财政支持问题更是涉及多级政府和多方利益主

体，存在复杂的利益博弈关系。如何进行绩效评价指标体系设计，以兼顾公平与效率、过程与结果，并体现客观绩效和主观满意度的结合，是需要考虑的关键问题。另一方面，指标体系的构建有逐对比较法、古林法（KLEE）、德尔菲法（DELPHI）等主观法，也有因子分析、主成分分析和R型聚类分析等客观法（田飞，2007）。纯粹主观法受到研究者的背景限制，结果可能有失偏颇；客观法则依赖于数据本身的高质量，而研究实践中的数据质量是很难完全保证的。最否存在某种方法，能够综合考虑绩效评估的主客观标准并能兼顾上述两种方法的特点呢？鉴于医疗保障的准公共产品特征和广泛的社会影响，城乡医保一体化背景下基本医疗保险财政补贴绩效需要考察效率，更要关注公平；需要评价“生产有效性”，更要突出“管理有效性”；需要重视受益程度等客观绩效，更要强调受众满意度等主观结果。总之，需要一种更全面的绩效评价方法。

结构方程模型（SEM）法能够完美地体现主客观标准相结合的思想，在理论上更加符合基本医疗保险财政补贴绩效评价的基本要求。本章的任务试图探讨基于SEM的基本医疗保险财政补贴绩效分析框架。SEM是一种验证性的方法，只有在理论的导引下才能构建模型和对模型进行修正（吴明隆，2010）。因此，模型构建过程中的一项重要任务是从理论上分析基本医疗保险财政补贴绩效构成及其影响因素。根据SEM原理，本部分的核心任务在于从理论上构建两个模型：一是结构模型，反映财政补贴绩效与其无法直接观测的各要素之间的因果关系；二是测量模型，用来研究和反映财政补贴绩效各要素与其观察变量之间的相互关系。结构模型中设定的经济性、效率性、公平性和受众满意度等潜变量分别可以由一组显变量（测量变量）来加以测量。为此，需要从理论上分析各要素的影响因素及其在现实社会中可观测到的具体表现，基以设计相应的测量变量。

（一）基本医疗保险财政补贴绩效指标构成

基本医疗保险财政补贴绩效应该从哪些方面进行评价？中国政府发展基本医疗保险的初衷，也是为了保障广大群众的利益，帮助国民应对疾病经济风险冲击，促进社会公平。每年中国各级财政投入巨额资金到基本医疗保险，是否达到了预期的政府目标？刘淑妍和王欢明（2013）通过对国外公共服务绩效评价的研究发现，公共服务绩效评价中经常使用的指标分为三类：一是经济和效率类指标，反映投入产出状况；二是结果类指标，强调服务质量；三是回应性和公平类指标，包括顾客满意度、公众满意度、提供者和供给者满意度等。

从“以参保人为中心，坚持公民导向和结果导向”的价值取向出发，借鉴“新公共管理运动”中强调的“4E”（Economy，Efficiency，Effectiveness，Equity）评价准则（秦国民，2008），笔者从经济性、效率性、公平性和受众满意度四个维度构建基本医疗保险财政补贴绩效的要素结构，并由此建构基本医疗保险财政补贴绩效概念模型，如图 9－2 所示。上述各要素和需要考察的基本医疗保险财政补贴绩效，均属于无法直接观测的潜变量。结构模型即反映这些潜变量之间因果关系的模型。

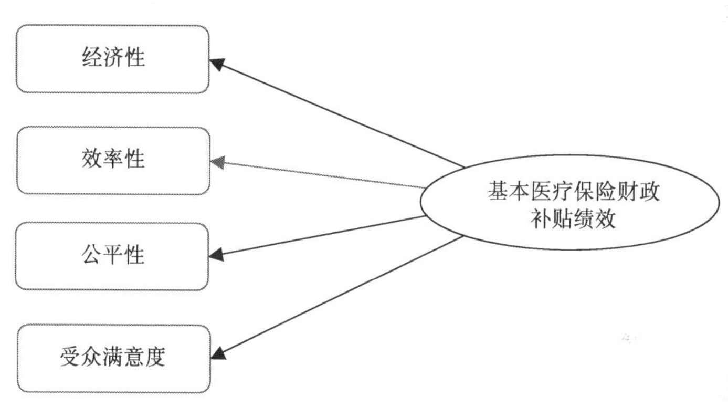

图 9－2　基本医疗保险财政补贴绩效结构模型图

（二）基本医疗保险财政补贴绩效构成变量阐释与定义

对基本医疗保险财政补贴绩效构成因素进行定义与阐述是进行变量测量的基础。为了对各要素进行测量，还需要对各构成要素进行定义与理论阐述，为测量模型的构建奠定基础。

1. 经济性

基本医疗保险财政补贴源自各级政府的财政收入。因为医疗保障的公共产品或准公共产品性质，为了维护基本医疗保险制度的相对公平，发挥医疗保障的收入再分配作用，政府不仅应该发挥主导作用，并且有义不容辞的责任。对于基本医疗保险，无论是缩小保障水平差距，还是提高统筹层次，都离不开政府以财政为主的多种支持。新农合和城居基本医疗保险的参保对象大多为非就业的农村居民和城市低收入群体，财政补贴是其参保最主要的资金来源。政府已有的财政补贴虽然对扩大覆盖面、缩小非就业群体与就业群体之间的保障水平差距起到了很大作用，但是从城乡医保一体化发展的角度来看，依然还不够。人口老龄化、医疗费用增长的长期趋势等因素，也决定了基本医疗保险筹资增长和财政补贴增长的必要性。

但是，鉴于财政资源的稀缺性和有限性，基本医疗保险财政补贴绩效与成本有着天然的联系。因为绩效的考核指标之一便是效率，即成本投入与效益产出的比例，强调的是以最少的投入取得最大的产出。在既定的“产出”目标约束下，控制财政支出成本是提高基本医疗保险财政绩效的基本条件和最有效的途径。换言之，成本与收益之间是一种此消彼长的关系。从成本收益视角分析，要提高基本医疗保险财政补贴的绩效，有两个方面的实现途径：要么尽可能扩大基本医疗保险财政补贴在社会经济、政治等方面的收益，要么尽可能控制和减少政府在基本医疗保险财政补贴方面的成本。为了实现既定的医疗保障目标，控制与降低基本医疗保险专项财政支出成本，优化财政补贴支出结构，使一定的投入获得尽可能多的产出，以实现公共资源的最大价值、促进社会公平和提高人民的健康水平。

2. 公平性

能否促进实现社会公平，是强的社会保障制度与弱的社会保障制度的分水岭。罗尔斯（John Rawls）于1971年发表的《正义论》，被视为“代表迄今为止现代西方思想界有关正义的最系统的论述”（沈宗灵，1992）。从重视人的基本权利出发，罗尔斯眼中的正义是“作为公平的正义”（justice as fairness），公平为其核心理念，集中体现在两个正义原则：一是平等自由原则，要求社会成员平等地分配基本权利和义务；二是不平等的自由原则，认为社会和经济的不平等只要其结果能给每一个社会成员（尤其是那些最少受惠的人）带来补偿利益，就是正义的。第二个原则是第一个原则的延伸和发展，又包括两个子原则——差别原则和机会平等原则。其中，差别原则集中体现了罗尔斯的特色和贡献。按照罗尔斯的观点，尽管收入和财富应当平等分配，但是在自然条件及自然命运不一样的前提下权利和机会的不平等是难以避免的，这就需要在安排社会经济制度时遵照“差别原则”，使之适合于“最少受惠者”的最大利益，从而实现对结果不平等的最大程度的限制，以维护社会公平正义（约翰·罗尔斯，2011）。可见，罗尔斯强调结果平等和实质上的平等，反对功利主义强调社会福利最大化而忽视不同群体之间的福利差异，对中国目前贫富差距日益加大、医疗保障的保障水平公平性问题突出的现实也有重要的启示意义。

罗尔斯正义论强调重视社会弱势群体的利益，被认为是最适合医疗卫生领域的公平理论（Ruger，2004）。作为20世纪最有影响的公平理论，罗尔斯将公平正义和社会制度联系起来，强调要向“最不利者”倾斜，一个主要前提是将社会看作一个“公平的合作体系”（fair system of cooperation）（约翰·罗尔斯，2000）。在社会合作体系中，分工与合作成为必然要求，每一个社会成员在对社会秩序承担责任的同时，社会也有责任帮助弱势地位的社会成员，并使其能够共享由社会发展所带来的成果。罗尔斯的公平理念和差别原则，正是契合了基本医疗保险互助共济和扶持弱势的价值追求。从罗尔斯的正义论来理解基本医疗保险对公平性的价值追求，可以体现在两个方面：一是每个社会成员无论其社会经济地位如何，应当拥有平等的健康权利；二是政府有责任通过制度调整和财政转移支付，帮助社会弱势群体获得基本的医疗保障，并使不同地区和人群的保障水平差距保持在合理的范围之内。

3. 效率性

在既定的投入水平下，效率强调的就是产出水平的高低。这种效率被称为技术效率或者生产效率，并在经济学和企业管理领域得到广泛应用。高效率意味着低成本、高回报和高利润。反之，当投入大于产出时，就导致“技术无效率”。这说明投入的资源未得到充分的利用，或者公共服务分配不合理（即配置无效率），没有以公众需求为导向。在科学管理运动以后，效率开始应用于公共行政领域（王春婷，2012）。就财政在基本医疗保险领域的支出而言，技术效率是指政府在基本医疗保险投入的财政资金与公民所获得的医疗保障服务等“产出”结果之间的比例。如果政府能够以越少的财政资金投入获得更多更好的“产出”结果，那么基本医疗保险财政补贴的效率就越高。基本医疗保险财政补贴的效率是基本医疗保险财政补贴能否取得良好绩效的重要考查指标，除了技术效率以外，理论上还可以从制度效率与配置效率两方面进行考察。制度效率是指是否存在激励政府减少成本并提高效率的制度基础。配置效率是指政府作为基本医疗保险制度的主导者能够根据民众的需求提供基本医疗保险服务的程度。当政府通过财政支持的有力手段能够提供公共普遍满意的医疗保障服务，就意味着很高的配置效率。

在强调基本医疗保险效率性的同时，必须正确处理好公平与效率的关系。

效率与公平是医疗保障发展中的一对互相影响、对立统一的矛盾关系。回顾新中国成立以来医疗保障的发展历程，我们曾经不同程度地走向两个极端。在计划经济时期，我们过于重视公平，在公平方面取得显著成绩，用占国内生产总值仅3%左右的卫生投入，大体上满足了所有社会成员的基本医疗卫生服务需求。但是，那时的基本医疗服务的水平很低，公费医疗等给财政造成很大的压力；在改革开放过程中，我们强调“效率优先”，强调发展是“第一要务”，相信医疗保障等问题会随着经济的发展会自然而然地得到解决，虽然提高了效率，激活了医疗服务市场，大幅度降低了财政负担，但是造成“看病难、看病贵”等严重问题，公平性问题日益突出。可见，缺乏效率的公平，是低层次的公平；缺乏公平的效率，是不可持续的效率。当前中国贫富差距加大，各种社会矛盾突出，民众对公平的诉求日益强烈。我们认为，医疗保障所体现的公平价值观，恰能调和激烈市场竞争中的社会矛盾冲突。市场经济讲究效率，而基本医疗保险作为一种疾病风险分担机制和国民收入的再分配机制，其核心理念就是对公平公正的价值追求。因此，现阶段应当把公平放在优先位置，同时兼顾效率。

4. 受众满意度

满意度源于商业领域，是公众对服务质量特征的感知和评价，其本质上是可感知的效果与期望值之间的差异。“新公共管理运动”以来，以结果和公民为价值取向已经成为公共服务绩效评价的价值追求。英美等国的顾客导向理念和公民宪章运动都将公民满意度置于重要地位。在基本医疗保险领域，受众是指广大参保人。受众满意度即参保人对基本医疗保险产品和服务的可感知效果与其期望值比较后所形成的感受状态的一种量化指标。从理论上看，基本医疗保险受众满意度受多种因素影响，如个人需求、生活认知、收入水平及社会经济状况等。受众对基本医疗保险可感知的效果主要体现在受益程度，包括保障水平、医疗服务可及性、医疗服务质量等。在不同的历史时期，受众对基本医疗保险的期望值可能都会有所不同。因此，受众满意度是一个动态变化的变量。而且，因为满意度与受众的感受和期望值密切相关，是一种主观性的感知状态，如何度量受众满意度，也是一个值得探讨的话题。

（三）基本医疗保险财政补贴绩效构成变量的测量指标

结构模型中设定的经济性、效率性、公平性和受众满意度等潜变量可以分别由一组显变量（观察变量）来加以测量。如何设计显变量来测量这些潜变量是研究的重点。因此，有必要在结构模型的基础上构建测量模型，用来研究和反映基本医疗保险财政补贴绩效各要素与其观察变量之间的相互关系。为此，需要从理论上分析各要素的影响因素，并分析其在现实社会中可观测到的具体表现，基以设计相应的测量变量并进行假设陈述。

1. 经济性的测量

鉴于前文的分析，经济性的测量主要体现为反映政府投入成本的指标，主要包括：人均财政补贴，反映各级财政对每位参保人的支持力度大小；财政补贴占总筹资之比，反映财政补贴在基本医疗保险筹资中的贡献率大小；财政补贴占当年财政支出之比，反映当年财政支出结构中用于基本医疗保险的资金占比。

另外，考虑到经济发展水平是基本医疗保险发展的重要基础，二者之间表现为源与流的关系，我们只能强调适度水平的保障。基本医疗保险制度的资金来源于经济部门，其运行受制于整个经济系统的运行状况。因此，保障水平不能过低，否则社会成员得不到应有的医疗保障，不能公平地分享到经济社会发展的成果；也不能过高，超越国家的总体经济发展阶段和经济负担能力，不利于基本医疗保险制度体系的可持续发展，也有可能对经济发展产生不良影响，对此西方福利国家已经为我们提供了经验教训。据此，我们还需要考察另一个指标——财政补贴增长率，即当年财政补贴相对于上一年的增长速度。通过将财政补贴增长率与经济（GDP）增长率、财政收入增长率等指标进行对比，来判断基本医疗保险财政补贴支出是否增长过快，是否与经济发展阶段和财政支付能力相适应。

2. 公平性的测量

申曙光和谢林（2005）指出社会保障制度承担着援助社会成员、调节国民收入分配和维护社会稳定的重任，其基本目标就是追求和实现社会公平；景天魁（2006）认为实现社会公平是社会保障制度的灵魂和首要社会功能。在相对统一的制度体系之下，所有的参保人能够得到程度相近的保障，意味着这一制度体系能够提供令大多数人满意的医疗服务水平和管理效率，并作为社会安全网和“稳定器”，能够促进经济社会全面协调发展。但是由于体系多元分割和制度的“碎片化”，当前城乡之间、不同制度、不同区域和不同群体之间保障水平差异很大，公平性问题成为最突出的问题。特别是长期城乡“二元”

分割造成的医疗保障制度差距，在一定程度上成为社会和谐和经济发展的制约因素。目前，尽管城乡医保一体化进程在加快，城乡之间、制度之间的差距在不断缩小，但是总体来看，职工医保的保障水平远远高于城乡居民医保。与此同时，即使是同一制度，在不同地区，甚至不同的县之间也存在很大差异。特别是，社会弱势群体要么因为贫困等问题游离在制度之外，要么因为现行基本医疗保险制度存在起付线等“门槛”限制，无法真正享受到制度的好处，不少人往往“因病致贫”或“因病返贫”。这种对弱势群体权益的保障不足，是目前基本医疗保险制度不公平的重要根源。

因此，公平性指标的测量，首先体现在城乡之间的保障水平差距和医疗服务利用差距，前者用城乡之间的住院报销比例、实际补偿比（当年基本医疗保险基金支出占全部实际发生的总医疗费用之比）差距来衡量，后者主要体现为城乡之间的门诊率、住院率、次均住院天数以及医疗服务可及性等方面存在的差距。其次，职工医保和城乡居民医保分别覆盖城镇就业群体和除城镇就业群体之外的城乡居民，在筹资模式和筹资水平方面差距依然很大，职工医保的保障水平总体上高于城乡居民医保（已经实现医保一体化的地区，如广东东莞、深圳等除外），还需要考察这两项制度之间的保障水平差距，衡量指标与城乡之间的差距类似。最后，从筹资来源看，巨额基本医疗保险财政补贴资金如何在各级政府间进行分摊？这种分摊是指合理考虑了不同地区之间的筹资需求及财政承受能力差距？我们可以用财政补贴指数，即人均 GDP 与人均财政收入为的比重来衡量地方政府的补贴责任大小，并以该地方政府实际分摊的责任比例进行对比，来体现基本医疗保险财政补贴的政府间责任分摊的公平性。

3. 效率性的测量

在促进公平的基础上，进一步提高财政补贴基本医疗保险制度的效率，才能使财政补贴在基本医疗保险制度体系中发挥应有作用。基本医疗保险财政补贴效率可以解释为政府公共资源投入与产出的比例，主要指在给定的投入和管理条件下，资源没有被浪费，或资源能被更大程度的利用。因而效率性的测量体现在资金筹集、运用和考核的各个环节。在资金筹资和运用环节，主要的测量指标包括：补贴到位及时率，用补贴资金未能及时到位的地区个数占辖区内总地区个数的比例来衡量；社会资金带动率，用财政补贴所带动的社会资金投入占总财政补贴的比例来衡量；补贴标准调整的及时性，反映各统筹地区对基本医疗保险财政补贴调整的及时程度。在考核环节，主要是绩效预算执行情况。绩效预算管理工作重点之一就是绩效预算。统筹地区是否在基金收入征缴、基本医疗保险覆盖面的扩大、基金支出控制等方面加强管理，是影响效率性的关键因素。因此，绩效预算执行情况还需要对参保率、基金收入征缴率、医疗费用增长率、基金支出增长率、基金结余率等指标进行综合评价。

4. 受众满意度的测量

受众满意度的测量包括客观性指标和主观性指标。客观性指标主要体现在保障（受益）水平、医疗负担降低情况和医疗服务可及性等指标。其中，保障水平主要用住院报销比例、实际补偿比（当年基本医疗保险基金支出占全部实际发生的总医疗费用之比）来衡量，医疗负担降低情况的核心指标是医疗负担，即参保人医疗自付费用占收入的比重。医疗负担降低情况需要运用反事实推断，即假定没有基本医疗保险基金报销时患病参保人的医疗负担与基本医疗保险基金报销之后的医疗负担之差来衡量。医疗服务可及性可用最近的医疗机构离家庭住址的距离（或公共交通所花费的时间）来反映。主观性指标是反映受众感受程度的指标，包括参保人对保障水平、医疗服务质量、医疗服务可及性等方面的满意度综合评价。显然，主观性指标需要通过调查问卷来获取。

（四）基本医疗保险财政补贴绩效评价的结构模型和测量模型

基于以上分析，城乡一体化背景下医疗保险财政补贴绩效的分析框架如图9－3所示。这一分析框架包括结构模型和测量模型。其中，结构模型反映基本医疗保险财政补贴绩效的四个方面——经济性、效率性、受众满意度和公平性等因素，这些因素因无法直接观测而被归结为“潜变量”，需要寻找可观测的变量来“测量”；测量模型就是为了解决这一问题。结构模型中设定的各项潜变量分别可以由一组显变量（测量变量）来加以测量。因此，测量模型用来研究和反映财政补贴绩效各要素与其观察变量之间的相互关系。

在图9－3中，公平性与效率性之间存在一种权衡关系。基本医疗保险要求兼顾公平与效率，意味着在相对统一的制度体系之下，所有的参保人能够得到程度相近的保障，意味着这一制度体系能够提供令大多数人满意的医疗服务水平和管理效率，并作为社会安全网和“稳定器”，能够促进经济社会全面协调发展。应当在促进公平的基础上，进一步提高制度运行效率，才能使这一

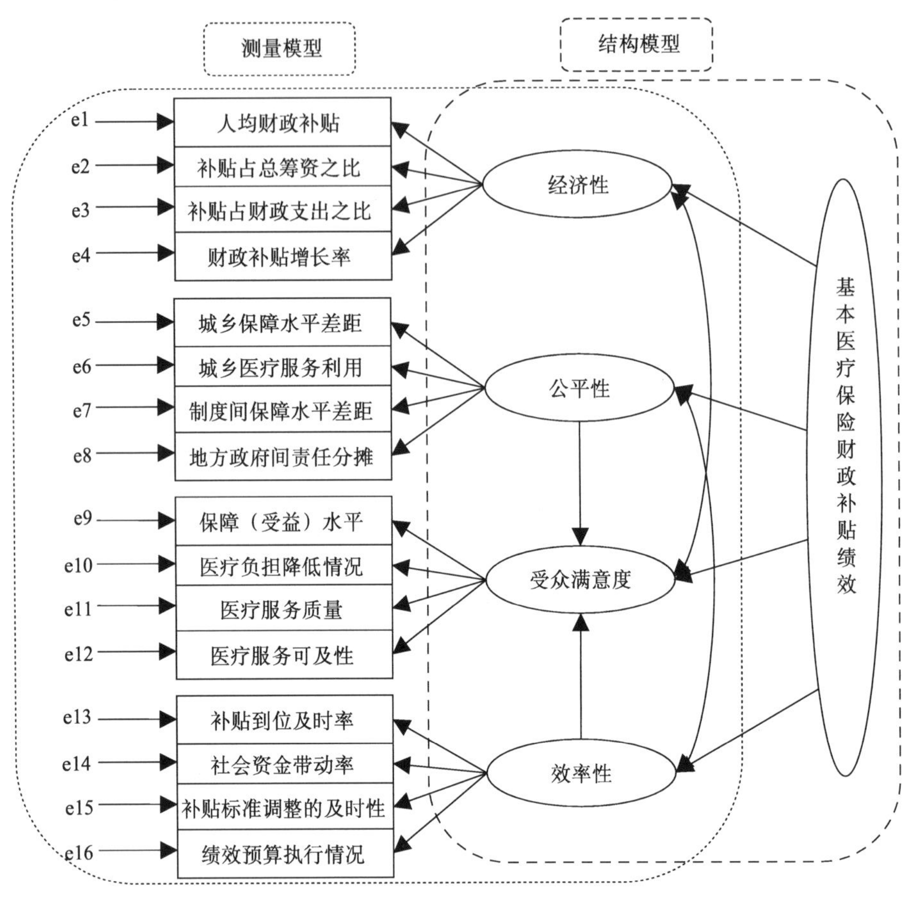

图 9-3 基本医疗保险财政补贴绩效评价分析框架

制度在中国经济社会发展中发挥应有作用。另外，需要指出的是，受众满意率除了受到保障水平、医疗负担、医疗服务质量和可及性等因素的影响，财政补贴的公平性与效率性也可能共同对受众满意度造成影响。如果财政补贴不公平，未能合理照顾贫困地区和弱势群体的利益，甚至出现发达地区、富人或高收入群体受益更多的“逆向再分配”现象，将极大地影响广大参保人对制度公平性的评价，降低他们对基本医疗保险制度的满意度。另一方面，尽管财政补贴逐年增长，但是资金的运用效率堪忧，住院率或药占比过高、不合理的医疗费用增长过快导致大量的医疗基金被浪费，群众的获得感必然难以与财政补贴水平同步增长。如果在政府补贴增多的同时，医疗费用支出更多，自费医疗负担并未有效降低，制度就难以获得参保人的普遍认同。

政府购买公共服务的监督与绩效评估机制。越来越多的政府都在试图通过建立监督与绩效评估机制来改进政府绩效，这些监督与评估机制可以来测量政府所提供的公共物品与服务的质量、数量及指标定位、产出以及测量政府行政行为所产生的后果和效应。建立监督与绩效评估机制并使其制度化的目的在于改进政府绩效。监督行为决定了监督的力度与效果。由于相关的监督约束机制并不健全，且相应的法律制度并不完善，使得相当多的政府购买行为没有纳入统一规范的政府购买范围之内，加大监督力度、规范监督行为是实现有效监督的前提条件。监督评估机制作为一种制度约束能够使监督工作顺利、有效地展开，监督约束机制实质上就是对政府购买性支出实施监控的一种有效形式。监督约束机制是保障政府购买公共服务工作健康运行的重点和关键。社会监督是监督体系的有效补充，主要借助公民参与来监督政府购买行为。社会监督机制的介入，不仅能促使政府购买公共服务更加公开透明，提高政府公信力，还能强化公民参与监督的意识。畅通的公民参与监督的渠道是实现社会监督的有力保障。政府购买公共服务绩效的评估标准与方法影响着政府购买行为选择，评估标准的制定反映着政府的价值取向，且直接影响着政府购买公共服务的绩效。

五、本章小结

医疗保障体系不能仅仅依赖扩大政府投入，而应当更加重视绩效评价和投入资源的有效配置，已经是越来越多学者的共识。但是，基本医疗保险财政补贴绩效涉及多级政府和多方利益主体，存在复杂的利益博弈关系。如何综合评价基本医疗保险财政补贴绩效？这是一个需要从多个维度回答的复杂问题。

本章内容安排可划分为相互联系的四个层次。第一个层次是研究背景文献综述。第二个层次是理论研究，包括阐述基本医疗保险财政补贴绩效的内涵、评价准则、价值取向，梳理关于政府绩效的主流评价方法并对比其特点。第三个层次是实证分析。以 Z 省十六个样本地区的数据为基础，引入因子分析和数据包络分析（DEA）方法，对基本医疗保险财政补贴绩效进行定量研究；第四部分是理论拓展。引入结构方程模型（Structural Equation Modeling，以下简称 SEM）方法，对基本医疗保险财政补贴绩效评价指标体系进行研究，并提出基于 SEM 方法的基本医疗保险财政补贴绩效评价框架。

本章的主要结论如下：

基本医疗保险财政补贴绩效评价是指“遵循一定的原则，运用科学、规范的绩效评价方法，对基本医疗保险财政补贴支出的经济效益、社会效益等综合效果进行分析和评价的动态过程”。从“新公共管理”的理论出发，基本医疗保险财政补贴绩效评价有必要考虑经济性（Economy）、效率性（Efficiency）、效益性（Effectiveness）和公平性（Equity）的“4E”原则。应当以参保人为中心，坚持公民导向和结果导向的价值原则，既要考虑过程评价，更要重视结果评价；既要重视对参保人个体的保障效果，也要强调对整个社会的总体效果；既要注重补贴资金的成本与效率，还应当重视对公平性的评价，以保护低收入者等困难群众的基本权益，促进社会和谐。

对 Z 省样本地区基本医疗保险财政补贴绩效评价的实证研究表明：从投入水平来看，Z 省十六市存在明显的地区差距，财政补贴投入水平与各地经济发达程度呈现出相关关系，体现出向欠发达地区的明显倾斜。上级财政支持（中央和省级）是决定财政投入水平的关键。地方政府对基本医疗保险的财政支持力度并未体现出明显的经济发展水平差距。相比 A1 和 A2 等发达地区，C1、B4 等欠发达地区的地方政府反而体现出对补贴投入的高度重视。但财政补贴产出水平有所不同，反映产出水平的各项因子得分并未体现出与经济发展水平（或基本医疗保险制度发达程度）的相关性。A1、A3 和 A4 等作为已实现城乡医保一体化的发达地区，财政补贴的产出水平最高，但 C5 和 C3 等欠发达地区的财政补贴的产出水平也比较高。通常保障水平本身就很高的地区，“保障水平”因子的贡献对补贴绩效的影响更小。C5 等欠发达地区的财政补贴绩效，主要体现在参保人受益面的扩大，而非总体保障水平的提升。投入和产出水平的初步评价表明，有 8 个地区可归为“低投入、高产出”地区，包括 A1、A3、A4、B2、B1 等医保一体化地区或准一体化地区，也包括 C5 和 C4 两个欠发达城市。C1、C2、B3、B5 和 C6 等五个欠发达地区或中等发达地区则处于“高投入、低产出”状态，表明财政补贴投入很可能并未在这些地区取得理想效果。数据包络分析结果表明，A1、A3、A4、B1、C5 和 B6 六市的基本医疗保险财政补贴绩效达到相对理想状态。其他十个地区除 C4 市的相对效率值接近于 1 之外，其他九市的相对效率值远小于 1，表明存在显著的投入冗余和（或）产出不足现象。样本地区的平均相对效率为 0.655，意味着相对于基本医疗保险财政补贴产出前沿，平均有34.5%的补贴资源被浪费掉了。这说明Z省基本医疗保险财政补贴绩效还有很大的提升空间。

限于数据的可得性，上述分析依然是比较粗略的。为了更加全面地评价基本医疗保险财政补贴绩效，理论与实务界都需要建立一个系统化的评价框架。考虑到结构方程模型（SEM）法能够完美地体现主客观标准相结合的思想，在理论上更加符合基本医疗保险财政补贴绩效评价的基本要求，根据SEM原理，本章的最后一部分是从理论上建立基本医疗保险财政补贴绩效评价框架，这一框架的核心包括结构模型和测量模型。笔者首先从经济性、效率性、公平性和受众满意度四个维度构建基本医疗保险财政补贴绩效的要素结构，以此构建结构模型，并对各项绩效构成变量进行了理论阐释与定义。因为这些因素因无法直接观测而被归结为“潜变量”，需要寻找可观测的变量来“测量”，笔者随后对绩效构成变量的测量指标进行了分析。在基本医疗保险财政补贴绩效评价中引入SEM方法，是理论上的重要尝试，也是一种比传统评价方法更加全面和综合性的评价框架。但是遗憾的是，因为缺乏满足质量要求的统计调查数据，笔者未能对这一评价框架进行实证检验。这还有待未来的研究们进一步完善。

第十章

研究结论和政策建议

一、研究结论

新时代中国基本医疗保险体系正经历着城乡一体化的重大变革。在此进程中，政府为城乡居民提供高比例的财政补贴，成为当前基本医疗保险筹资机制中的关键一环。近年来，补贴标准在不断向上调整，补贴规模依然在持续扩张。能否从全国层面建立起一个规范、长效、制度化的财政补贴机制，巨额补贴资金能否实现公平分配和安全有效运用，直接影响到筹资来源稳定性和整个基本医疗保险体系的公平可持续发展。为此，本书围绕“理论研究——现状与问题分析——补贴机制构建——关键机制研究”的研究主线，对这一问题进行了较全面、系统的研究。一是理论研究。对城乡医保一体化、基本医疗保险的本质和目标、城乡医保一体化进程中的政府责任及其理论边界进行了阐述。二是现状与问题分析。围绕全国总体情况和地区差异分析基本医疗保险财政补贴现状，挖掘存在的主要问题。三是在理论和现状分析的基础上，考虑资金筹集、资金分配、资金运营和管理的各个环节，分析和提出基本医疗保险财政补贴机制的理论构成。四是基于城乡医保一体化视角，针对其中四个关键机制进行了专项研究，包括基本医疗保险财政补贴的增长机制、动态调整机制、政府间责任分摊机制和绩效评价机制。

本书得出的主要结论如下：

第一，现行基本医疗保险财政补贴政策尽管有着其特殊的历史背景，对于基本医疗保险迅速实现对全体国民的覆盖起到了重大作用，但是，在城乡一体化进程中，也凸显出一系列有待改进的问题，主要体现在：政府承担了过多的筹资责任，政府间补贴责任分摊不明，财政补贴标准的确定与调整缺乏科学测算，补贴资金的分配存在地区失衡和城乡失衡，以及过于注重补贴投入规模的扩大而缺乏对财政补贴资金的追踪问效。

第二，基本医疗保险财政补贴机制是指与补贴标准、支补贴对象、补贴责任和补贴绩效有关的一系列相互影响及相互制衡的制度体系。这一制度体系应当考虑资金筹集、资金分配、资金运营和管理的各个环节，体现支出规模、支出结构、支出责任、支出管理与效果等多方面内容。其中，最为重要的是建立筹资增长的精算机制、财政补贴动态调整机制、财政补贴差异化分配机制、政府间责任分摊机制、财补贴资金到位机制和绩效评估机制。

第三，从医保城乡一体化和制度整合的大背景出发，在 2018 年之前，新农合和居民医保的人均筹资和财政补贴应以远大于医疗费用增长的速度增长；制度整合完成之后，人均筹资和财政补贴增长率只需要稳定在与医疗费用增长率相近的水平。未来城镇居民医保所需的人均筹资水平将远远大于新农合所覆盖的农村居民，预示着城镇居民所需要的筹资和补贴水平将会高于农村。因为人口老龄化和医疗费用增长的影响，基本医疗保险所需的总财政补贴呈持续增长趋势。尽管如此，未来基本医疗保险所需财政补贴占 GDP 和财政支出的比例较低，表明现有的财政补贴政策应该是长期可持续的。

第四，在“高补贴、频调整”的定额筹资政策运行十余年之后，基本医疗保险迫切需要建立起更加科学合理的财政补贴调整机制。这一动态调整机制的构建，需要坚持稳定性、可持续性和精算平衡三大原则。调整机制应当包括调整对象、调整依据、调整频率、调整时机和调整幅度、调整权限和决策程序等组成要素。其中，如何使筹资调整“有据可依”，是解决现行筹资标准确定的主观性和随意性问题的关键。应当从保障效果和基金风险两方面建立筹资调整的日常预警指标体系，综合考虑人口老龄化、医疗费用增长、基本医疗保险制度变动、筹资主体承受能力等制度内部的“拉动因素”和外部社会经济环境的“推动因素”对筹资调整进行定期评估，并基于日常预警和定期评估对筹资水平和筹资结构进行动态调整。

第五，通过运用保险精算方法构建动态调整模型研究发现，最低财政补贴比例与年度医疗费用增长率密切相关。在增长率为9%的情形下，最低财政补贴比例在2018年以前为57.6%左右，2019年以后将稳定在61.5%。但在增长率为8%的情形下，这一比例将逐年下降；在增长率为10%的情形下，这一比例则会逐年上升。对于未来的财政补贴需求的测算结果表明，在医疗费用增长率9%条件下，如果个人筹资责任逐步提升（财政责任相应降低），在个人筹资责任达到既定的上限（居民人均收入水平的2%）之前，财政补贴大约以每年1.8个百分点的速度下降，在个人筹资责任达到这一上限之后，如果医疗费用增长率保持在9%左右，财政补贴占比将稳定在61.5%的水平。

第六，基本医疗保险财政补贴的政府间责任分摊，应当遵循公平性、适度性、差异化和可持续发展四大原则。政府间责任分摊需要制度化、公式化，进一步考虑地区差异，尽可能避免“一刀切”式的政府间责任划分，才能够更好地保障基本医疗保险筹资来源的稳定性和促进社会公平。为此，本书分别引入了熵值法和“因素法”，将各省份划分为“自力更生”、“中央适当扶持”、“中央大力扶持”、“中央重点照顾”和“中央依赖”等五种类型，对政府间责任分摊问题进行了定量研究。其中，基于“因素法”原理和均衡性转移支付视角的研究，引入“补贴需求差异系数”以综合考虑地区之间在补贴人口、社会总抚养比、居民收入水平、和地方政府财政能力等方面的不同，并将其作为中央财政补贴差异化分配的核心变量。研究结果表明，除北京、上海、天津、江苏、浙江、广东和内蒙古等7个地区以外，全国有超过2/3的省份需要中央承担主要的补贴责任，而且中央和省（自治区、直辖市）两级政府之间的补贴责任分摊不能简单地依赖东、中、西部的区分。

第七，基本医疗保险财政补贴绩效评价有必要考虑经济性（Economy）、效率性（Efficiency）、效益性（Effectiveness）和公平性（Equity）的“4E”原则。应当以参保人为中心，坚持公民导向和结果导向的价值原则，既要考虑过程评价，更要重视结果评价；既要重视对参保人个体的保障效果，也要强调对整个社会的总体效果；既要注重补贴资金的成本与效率，还应当重视对公平性的评价，以保护低收入者等困难群众的基本权益，促进社会和谐。笔者认为，结构方程模型（SEM）法能够完美地体现主客观标准相结合的思想，在理论上更加符合基本医疗保险财政补贴绩效评价的基本要求。对此，笔者基于“4E”原则和SEM方法，建立了基本医疗保险财政补贴绩效的综合性评价框架。

第八，对Z省样本地区基本医疗保险财政补贴绩效评价的实证研究表明：财政补贴投入水平与各地经济发达程度呈现出相关关系，体现出向欠发达地区的明显倾斜，其中上级财政支持（中央和省级）是决定财政投入水平的关键。但财政补贴产出水平并未体现出与经济发展水平（或基本医疗保险制度发达程度）的相关性。除A1、A3、A4、B1、C5和B6六市的基本医疗保险财政补贴绩效达到相对理想状态以外，其他十个地区存在显著的投入冗余和（或）产出不足现象。这说明基本医疗保险财政补贴绩效还有很大的提升空间。

二、完善现行补贴机制的政策建议

在实施十余年之后，“摸着石头过河”的基本医疗保险财政补贴制度已经不合适城乡一体化发展的需要。未来有必要从“顶层设计”高度，建立和完善更加制度化、规范化的长效机制。具体而言，应重点考虑以下几个方面：

（一）建立以保险精算为核心的补贴标准测算机制和动态调查机制

为了改变当前财政补贴标准确定方面的短期性和随意性问题，财政补贴标准的确定，需要综合考虑收入水平、老龄化程度、医疗支出水平等因素定期进行科学测算。基本医疗保险是一个连续动态运行的系统。在“现收现付”模式下，这一系统尽管可能在短期内出现收不抵支，但是从长期来看，必须保持充分的基金偿付能力。保险精算方法能够从长期基金平衡的角度综合考虑多个方面的影响因素进行定量测算。因此，很有必要引入保险精算方法来解决补贴标准的科学测算和合理调整问题。一是建立财政补贴标准的科学测算机制，合理确定人均筹资水平。有必要在“以收定支、收支平衡、略有结余”的原则指导下，将影响人均筹资水平的主要因素，包括生育率、死亡率、人口迁移率、医疗费用支出等，纳入保险精算分析框架，并立足于城乡医保一体化的趋势，通过设定适合的财政补偿比，确定财政补贴标准。二是构建公平可持续的财政补贴动态调整机制，从制度上明确财政补贴标准的调整时机、调整频率和调整幅度，并进行科学测算，定期公布，让居民自发形成筹资水平的预期。这样能提高居民对基本医疗保险制度的信心，调动其参保的积极性，又有利于筹集基金的稳定性。通过建立制度化、规范化及具有导向性的财政补贴标准确定与动态调整机制，推动医疗保险政府补贴的精算化、制度化与法制化，确保财政补贴的持续性和稳定增长。本书第六章和第七章分别建立精算模型，对基本医疗保险财政补贴增长和动态调整问题进行了研究，是一个有益的尝试。

（二）构建制度化和长效化的政府间责任分摊机制

政府间责任分摊不合理，责任边界不清晰是中国基本医疗保险财政补贴存在的一大问题。只有将各级政府的补贴责任制度化、长效化，才能稳定财政筹资来源和实现基本医疗保险制度的可持续发展。为此，核心是建立与地方政府财政能力相联系的政府间补贴责任分摊制度。新农合和居民医保的财政补贴是带有配套要求的专项补助，即中央补助资金的下达要以各级地方政府提供配套补助为前提。2003 年新农合试点以来，财政补贴政策尽管频频调整，但一直未能从制度上明确省级及以下各级政府之间筹资责任。实践中，各省政府拥有“自由裁量权”，往往采取“一刀切”的方式，即不考虑辖区内地区之间的财政能力差异，同级政府一律承担相等的补助比例。这种做法容易导致基层政府“苦乐不均”，财力较强的地方政府“有钱不出力”，财力较弱的县乡政府则不堪重负，甚至视中央补助资金为压力。这种非制度化的、与地方支付能力脱节的补贴形式，不仅增加了地方财政逃避或转移财政补贴责任的风险，也容易导致“跑部钱进”及过分的游说行为，进一步加大了政府间横向转移支付的不均等程度（顾昕和方黎明，2006）。

因此，各级政府的财政补助责任应当通过制度化、甚至法制化方式固定下来。可尝试根据目标地区的收入水平、人口规模以及财政收入情况等因素，运用科学的统计方法和测算手段制定下级政府的责任分担公式，在此基础上实行差别化的补助比例。同时，从制度上建立稳定的财政收入增量分享机制，例如规定各级政府将财政收入增量的一定比重用于补贴基本医疗保险，以保障财政补贴的稳定持续增长。具体而言，一是中央在确定中央财政补贴和地方财政补贴时，要具体考虑到每个省的支付能力。根据每个省份的财政支付能力和居民人均收入、经济发展程度、医疗卫生支出、农民人口比重等指标把省份分类，根据这些指标建立具体的公式，能够得出不同类别的省份对应不同的中央补贴比例。二是每个省份在确定省市县分摊比例时也要具体考虑到每个市县的财政支付能力和居民支付能力等，合理安排各个市县的分摊比例。在此过程中，基本医疗保险财政补贴要适当向新农合和困难地区倾斜，实行财政补贴的差异化分配策略，缓解财政补贴的城乡失衡和地区失衡等问题。本书第八章所提出的五级分档的政府间责任分摊方案，是一种初步的探索。

（三）财政补贴标准应当进一步差异化

财政补贴是基本医疗保险发挥收入再分配作用的关键机制。特别在城乡一体化进程中，财政补贴向困难地区和弱势群体倾斜，对于缩小保障水平差距、建设公平和可持续的基本医疗保险体系意义重大。基本医疗保险财政补贴，是一种对参保人的保费补贴，应当重点考虑被补贴对象的支付能力。如果不能合理考虑城乡差异、地区差异和人群差异，均实行同等水平的财政补贴，不仅有失公平，也没有效率。因此，在每年全国指导性的基本医疗保险财政补贴标准确定之后，还很有必要考虑三个方面的补贴标准差异，以改善财政补贴资金分配的公平性。一是地区之间的补贴标准差异。当前仅仅区别东、中西部差异的财政补贴分配还比较粗略。考虑到中国区域之间发展的不平衡，很有必要结合全国 31 个省（自治区、直辖市）的实际情况，确定更为细致的差异化分配方案。第二，城乡之间的补贴标准差异。本书第六章的研究结果表明，当前对新农合和居民医保规定统一的定额补贴标准是不合理的。因为城乡医疗消费水平存在很大的差异，未来居民医保所需的人均财政补贴将远大于新农合。第三，不同年龄的补贴标准差异。财政补贴政策应进一步向老年人口和高龄人口倾斜。研究显示，未来新农合和居民医保面临的共同问题是参合（保）人口的老龄化。特别是随着青壮年人口向城市迁徙，农村人口将出现严重的老龄化，从 2040 年开始，农村老年抚养比超过 50%，将出现 2 个青壮年供养 1 位老年人的严峻局面。老年人医疗需求旺盛，经济承受能力较弱，如何在财政补贴方面合理体现对老年人口的照顾，是未来需要重视的一个方面。

（四）要继续强化中央和省级财政的出资责任

从中国的现实情况来看，未来财政补助的可持续增长，需要中央和省级财政继续扮演重要的角色。这是因为：一方面，本书的研究结论表明，城乡医保一体化需要财政补贴继续在基本医疗保险筹资中占据主体地位。本书第七章的精算结果表明，在医疗费用增长率为 9% 的情形下，最低财政补贴比例 2019 年以后将稳定在 61.5%。如果医疗费用在增长率为 10% 或更高，这一比例还将逐年上升。本书第九章的实证研究也显示，上级财政（中央和省级财政）

支持是决定财政投入水平的关键，对于广东省基本医疗保险的发展起到了重要作用。另一方面，“分税制”改革以来，财权向中央和省级政府集中，事权却进一步向基层政府转移。但基本医疗保险财政补贴通常是由中央政府承担一半，省、市、县各级地方政府分摊另外一半。这就造成了政府间事权和财权的错配甚至是倒置，影响了现有财政补贴机制的正常运行。因此，首先应进一步强化中央财政的筹资责任。对于财政困难的地方政府，应当改变必须落实配套资金的硬性要求，通过利用财政转移支付抵扣地方政府出资责任等办法来提供支持。其次，因省级政府因为掌握较为丰富的财政资源，在提供地方政府配套资金时应当承担主要责任，即省级财政的出资额应占配套资金总额的绝对比重。在此基础上，再因地制宜地确定市、县级财政的出资责任。

（五）逐步增加个人的筹资责任

以过高的补贴率弱化了个人应承担的筹资责任，按人头实行定额补贴忽略了个人的经济能力差异。目前，基本医疗保险个人筹资占居民平均收入水平的比例还比较低。以 2017 年统计数据来看，居民人均最低筹资额为 180 元，2017 年城乡居民人均可支配收入水平分别为 36396 元和 13432 元①。据此计算，2017 年城乡居民医保个人筹资占居民人均可支配收入的比重分别为 0.5% 和 1.3%。这一水平还远远低于 20 年前职工医保在全国推行的个人筹资水平②。这表明城乡居民医保的个人筹资责任依然还有提升空间。基本医疗保险是一种长期性的保障制度，需要从更长远的视角来考虑可持续发展问题。中国是全球第一人口大国。截至 2017 年年底，中国 60 岁及以上老年人口达到 2.41 亿人，占总人数比例已经高达 17.3%③。而早在 2012 年，中国慢性病老年人和空巢老年人口规模均已经突破 1 亿人大关，并且还在逐年增长；高龄老年人口达到 0.23 亿人，且年均增长 100 万人的态势将持续到 2025 年④。而根据第四次全国卫生服务调查，全国高血压、胃肠炎、糖尿病等慢性病患病率呈现上

---

① 国家统计局：《中华人民共和国 2017 年国民经济和社会发展统计公报》，2018 年 2 月 28 日。

② 1998 年，国务院《关于建立城镇职工基本医疗保险制度的决定》（国发〔1998〕44 号）提出，“用人单位缴费率控制在职工工资总额的 6% 左右，职工缴费率一般为本人工资收入的 2%。随着经济发展，用人单位和职工缴费率可作相应调整”。但目前很多地区对个人缴费依然沿袭 2% 的标准。

③ 国家统计局：《中华人民共和国 2017 年国民经济和社会发展统计公报》，2018 年 2 月 28 日。

④ 中国社会科学院：《中国老龄事业发展报告（2013）》蓝皮书，2013 年 2 月 27 发布。

升趋势，且随年龄的上升而增高。全国65岁及以上人口的慢性病患病率高达64.5%，其中城市地区老年人慢性病患病率高达85.2%①。慢性病疗程长，医疗费用支出持续性强，必然对基本医疗保险基金形成持续不断的压力。“未富先老”、庞大的老年人口基数和快速老龄化趋势下，政府财政在养老、医疗等民生领域正面临巨大的压力和挑战。本书第六章对中国医疗保险财政补贴在未来相当长一段时间的可持续性问题进行了定量评估，尽管得出了肯定的结论，但我们依然不能忽视人口老龄化带来的巨大挑战。从长期可持续的角度出发，未来仍有必要适当增加个人的筹资责任，并进一步强化以支付能力为依据的差别补贴原则。

（六）加强对财政补贴资金的绩效评价和结果反馈

强有力的财政扶持对医保一体化起到了关键性的支撑作用。但是，过度依赖高投入而忽视对产出和结果的追踪问效，已经被证明是2009年“新医改”以来医疗保障体系效率不佳的根源之一。在基本医疗保险实现制度全覆盖之后，未来在继续强化“扩大投入”的同时，要更加重视“有效投入”问题。为此，需要加强绩效预算管理，建立起有效的财政补贴绩效评价机制，才能及时发现和反馈问题，适时调整财政补贴政策，促进财政投入资金的有效运用。应当以参保人为中心，坚持公民导向和结果导向的价值原则，既要考虑过程评价，更要重视结果评价；既要重视对参保人个体的保障效果，也要强调对整个社会的总体效果；既要注重补贴资金的成本与效率，还应当重视对公平性的评价。

除此以外，要加强基金管理，在现有筹资水平的基础上提升基本医疗保险制度的运行效率，杜绝不必要的基金浪费或流失。为此，应进一步深化医疗保险付费方式改革，开展基本医疗保险付费总额控制，想方设法控制医疗费用的不合理增长。要改变“按服务项目付费”的付费方式，控制医生道德风险，以防止医疗费用的过快增长影响财政投入效果。另外，政府补贴要从制度设计等方面提高城乡居民对基本医疗保险制度的满意度。通过推进医疗费用实行联网结算、即时报销，推进与外地定点医疗机构的异地就医联网结算，建立城乡居民医保基金管理和医疗费用控制责任的合理分担机制和激励惩戒机制等途径，稳步提高参保居民待遇水平，缓解居民“看病难，看病贵”的问题。

---

① 卫生部统计信息中心：《2008中国卫生服务调查研究》，第31页。

参考文献

[1] Arrow, K. J. , Uncertainty and the welfare economics of medical care [J]. The American economic review, 1963, 53 (5): 941 – 973.

[2] Atim, C. , Social movements and health insurance: a critical evaluation of voluntary, non – profit insurance schemes with case studies from Ghana and Cameroon [J]. Social Science & Medicine, 1999, 48 (7): 881 – 896.

[3] Banker, R. D, Charnes, A, Cooper, W. W. , Swarts, J. , and Thomas, D. , An Introduction to Data Envelopment Analysis with some of its Models and Their Users [J]. Research in Government and Nonprofit Accounting, 1989 (5): 125 – 163.

[4] Bardach E. Practical guide for policy analysis: the eightfold path to more effective problem solving [M]. Sage, 2011.

[5] Bien, F. and D. Alary. Optimal health insurance contract: can moral hazard increase indemnity? working paper, University Paris Dauphine, 2006.

[6] Blomqvist, A. , Optimal non – linear health insurance [J]. Journal of Health Economics, 1997, 16 (3): 303 – 321.

[7] Breyer, F. , N. Lorenz, and T. Niebel, Population ageing and health care expenditures: the role of life expectancy. Working paper, 2011.

[8] Buchanan, J. L. , et al. , Simulating health expenditures under alternative insurance plans. Management Science, 1991: p. 1067 – 1090.

[9] Chen, Y. and G. Z. Jin, Does health insurance coverage lead to better health and educational outcomes? Evidence from rural China [J]. Journal of health

economics. 2012, 31 (1): 1 - 14.

[10] Chou, S. - Y., M. Grossman, and J. - T. Liu, The impact of national health insurance on birth outcomes: a natural experiment in Taiwan [J]. Journal of Development Economics. 2014. 111: 75 - 91.

[11] Cretin, S., et al., Modeling the effect of insurance on health expenditures in the People's Republic of China [J]. Health services research, 1990. 25 (4): 667.

[12] Dai B, Zhou L, Mei Y J, et al. Regional inequity in financing new cooperative medical scheme in Jiangsu, China [J]. The International journal of health planning and management, 2014, 29 (2): e97 - e106.

[13] Damrongplasit K, Melnick G. Funding, Coverage, and Access Under Thailand's Universal Health Insurance Program: An Update After Ten Years [J]. Applied health economics and health policy, 2015: 1 - 10.

[14] Deb P, Trivedi P K. The structure of demand for health care: latent class versus two - part models [J]. Journal of health economics, 2002, 21 (4): 601.

[15] Downe J., C. Grace, S. Martin and S. Nutley. Theories of Public Service Improvement: A Comparative Analysis of Local Performance Assessment Frameworks [J]. Public Management Review, 2011 (12): 663.

[16] Duan, N., et al., A comparison of alternative models for the demand for medical care [J]. Journal of business & economic statistics, 1983. 1 (2): 115 - 126.

[17] Ellis, R. P. and W. G. Manning, Optimal health insurance for prevention and treatment [J]. Journal of Health Economics, 2007. 26 (6): 1128 - 1150.

[18] Feldstein, M. and B. Friedman, Tax subsidies, the rational demand for insurance and the health care crisis. Journal of Public Economics, 1977. 7 (2): p. 155 - 178.

[19] Getzen T. Health care is an individual necessity and a national luxury: applying multilevel decision models to the analysis of health care expenditures. Journal of Health Economics, 2000, 19 (2): 259 - 270.

[20] Glauber J W. Crop insurance reconsidered [J]. American Journal of Agricultural Economics, 2004, 86 (5): 1179 - 1195.

[21] Gruber, J. and E. Washington, Subsidies to employee health insurance premiums and the health insurance market [J]. Journal of Health Economics, 2005. 24 (2): 253 -276.

[22] Hagist, C. and L. Kotlikoff, Who's going broke? Comparing growth in healthcare costs in ten OECD countries. National Bureau of Economic Research working papers, 2005.

[23] Hagist, C., et al., Social health insurance: The major driver of unsustainable fiscal policy? CESifo working papers, 2005.

[24] Hatry H P. Performance measurement: Fashions and fallacies [J]. Public Performance & Management Review, 2002: 352 -358.

[25] Hoel, M., Concerns for equity and the optimal co - payments for publicly provided health care. CESifo Working Paper Series No. 1620, 2005.

[26] Jaspersen J G, Richter A. The Influence of Premium Subsidies on Moral Hazard in Insurance Contracts [J]. Munich Risk and Insurance Center (MRIC) Working Paper, 2013 (17).

[27] Kaliappa Kalirajan, RicShand. Frontier Production Functions and Technical Efficiency Measures [J]. Journal of Economic Surveys, 1999, 13 (2): 149 -172.

[28] Kifmann, M. and K. Roeder, Premium subsidies and social health insurance: Substitutes or complements? [J]. Journal of health economics. 2011, 30 (6): 1207 -1218.

[29] Kowalski, A. E., Estimating the Tradeoff between Risk Protection and Moral Hazard with a Nonlinear Budget Set Model of Health Insurance [J]. NBER Working Paper, 2012.

[30] Krueger, A. B. and I. Kuziemko, The demand for health insurance among uninsured Americans: Results of a survey experiment and implications for policy [J]. Journal of health economics. 2013. 32 (5): 780 -793.

[31] Lagomarsino, G., et al., Moving towards universal health coverage: health insurance reforms in nine developing countries in Africa and Asia [J]. The Lancet. 2012. 380 (9845): 933 -943.

[32] Lei X, Lin W. The new cooperative medical scheme in rural China: Does

more coverage mean more service and better health? [J]. Health Economics, 2009, 18 (S2): S25 - S46.

[33] Lewin, A. Y. , R. C. Morey, and T. J. Cook. Evaluating the Administrative Efficiency of Courts [J]. Omega, 1982, 10 (4): 401 - 411.

[34] Lewin, A. Y. and W. M. John. Determining Organizational Effectiveness: Another Look, and an Agenda for Research [J]. Management Science, 1986 (32): 514 - 537.

[35] Liu J, Xu L, Cao X, et al. Analysis of satisfaction about new cooperative medical scheme and its influencing factors in Weihai, China [J]. Health policy, 2008, 86 (2): 239 - 244.

[36] Lu, J. R. , et al. , Horizontal equity in health care utilization evidence from three high - income Asian economies [J]. Social Science & Medicine, 2007. 64 (1): 199 - 212.

[37] Manning W G, Newhouse J P, Duan N, et al. Health insurance and the demand for medical care: evidence from a randomized experiment [J]. The American economic review, 1987: 251 - 277.

[38] Manning, W. G. and M. S. Marquis, Health insurance: the tradeoff between risk pooling and moral hazard [J]. Journal of Health Economics, 1996, 15 (5): 609 - 639.

[39] Mayer S E, Sarin A. Some mechanisms linking economic inequality and infant mortality [J]. Social science & medicine, 2005, 60 (3): 439 - 455.

[40] Newhouse J. P. Medical care costs: How much welfare loss? [J]. Journal of Economic Perspectives, 1992, 6 (3): 3 - 21.

[41] Parmar D, De Allegri M, Savadogo G, et al. Do community - based health insurance schemes fulfil the promise of equity? A study from Burkina Faso [J]. Health policy and planning, 2014, 29 (1): 76 - 84.

[42] Pauly, M. V. , The economics of moral hazard: comment. The American Economic Review, 1968. 58 (3): p. 531 - 537.

[43] Ruger, J. P. , Health and social justice [J]. Lancet, 2004. 364 (9439): 1075.

[44] Savedoff W D, de Ferranti D, Smith A L, et al. Political and economic

aspects of the transition to universal health coverage [J]. The Lancet, 2012, 380 (9845): 924 -932.

[45] Shih - Jen Kathy Ho, Yee - Ching Lilian Chan. Performance Measurement and the Implementation of Balanced Scorecards in Municipal Governments. The Journal of Government Financial Management, 2002, 51 (4): 8 -19.

[46] Spaan E, Mathijssen J, Tromp N, et al. The impact of health insurance in Africa and Asia: a systematic review [J]. Bulletin of the World Health Organization, 2012, 90 (9): 685 -692.

[47] Stone, D. A. The struggle for the soul of health insurance, Journal of Health Politics Policy and Law, 1993, 18 (2): 287 -318.

[48] Tanzi V, Schuknecht L. Reconsidering the fiscal role of government: the international perspective [J]. The American Economic Review, 1997: 164 -168.

[49] Van De Ven W. Response: The case for risk - based subsidies in public health insurance [J]. Health Economics, Policy and Law, 2006, 1 (02): 195 -199.

[50] Wagstaff A, Lindelow M, Jun G, et al. Extending health insurance to the rural population: An impact evaluation of China's new cooperative medical scheme [J]. Journal of health economics, 2009, 28 (1): 1 -19.

[51] Wagstaff A, Van Doorslaer E, van der Burg H, et al. Equity in the finance of health care: some further international comparisons [J]. Journal of health economics, 1999, 18 (3): 263 -290.

[52] Wagstaff, A. and E. van Doorslaer, Equity in the finance of health care: Some international comparisons [J]. Journal of Health Economics, 1992. 11 (4): 361 -387.

[53] Wang E C, Alvi E. Relative efficiency of government spending and its determinants: evidence from East Asian countries [J]. Eurasian Economic Review, 2011, 1 (1): 3 -28.

[54] World Health Organization. The World Health Report 2000: Health Systems: Improving Performance [M]. TheWorld Health Organization: Geneva. 2000.

[55] Yip W C M, Hsiao W C, Chen W, et al. Early appraisal of China's huge and complex health - care reforms [J]. The Lancet, 2012, 379 (9818): 833 -842.

[56] Yip W, Hsiao W C. Non – evidence – based policy: how effective is China's new cooperative medical scheme in reducing medical impoverishment? [J]. Social science & medicine, 2009, 68 (2): 201 –209.

[57] Yip W, Hsiao W C. The Chinese health system at a crossroads [J]. Health Affairs, 2008, 27 (2): 460 –468.

[58] Zeckhauser, R. , Medical insurance: A case study of the tradeoff between risk spreading and appropriate incentives. Journal of Economic Theory, 1970. 2 (1): p. 10 –26.

[59] Zweifel P, Breuer M. The case for risk – based premiums in public health insurance [J]. Health Economics, Policy and Law, 2006, 1 (02): 171 –188.

[60] 保罗·J. 费尔德斯坦．卫生保健经济学 [M]. 费朝晖等译，经济科学出版社，1998.

[61] 毕红霞，薛兴利．新型农村合作医疗财政补助问题研究：政策评价、补助需求与政策优化 [J]. 农业经济问题，2011 (1): 66 –72.

[62] 毕红霞．新型农村合作医疗财政补助问题研究：政策评价、补助需求与政策优化 [J]. 农业经济问题，2011 (1): 66 –72.

[63] 蔡立辉．科学实施政府绩效评估的难点问题分析及其解决 [J]. 社会科学战线，2011 (4): 166 –175.

[64] 蔡立辉．政府绩效评估：现状与发展前景 [J]. 中山大学学报（社会科学版），2007 (5): 82 –91.

[65] 曾红颖．中国基本公共服务均等化标准体系及转移支付效果评价 [J]. 经济研究，2012 (6): 20 –32.

[66] 曾化松．借鉴澳大利亚经验进一步完善中国医疗保险筹资渠道 [J]. 现代预防医学，2006, 33 (11): 2073 –2075.

[67] 曾益．中国基本医疗保险制度财务运行状况的精算评估 [J]. 财经研究，2012, (12): 26 –37.

[68] 陈东，赵丽凤．新型农村合作医疗的农户满意度调查与检验 [J]. 农业技术经济，2012 (10): 104 –111.

[69] 陈沁，宋铮．城市化将如何应对老龄化——从中国城乡人口流动到养老基金平衡的视角 [J]. 金融研究，2013 (6): 1 –15.

[70] 陈诗一，张军．中国地方政府财政支出效率研究：1978 –2005 [J].

中国社会科学，2008（4）：65－78.

［71］陈滔．医疗保险精算和风险控制方法［M］．成都：西南财经大学出版社，2002：68－79.

［72］陈友华，胡小武．低生育率是中国的福音？——从第六次人口普查数据看中国人口发展现状与前景［J］．南京社会科学，2011（8）：53－59.

［73］仇雨临，郝佳．城乡医疗保障制度统筹发展的路径研究——基于东莞、太仓、成都和西安的实地调研［J］．人口与经济，2011（4）：64－69.

［74］仇雨临，翟绍果，郝佳．城乡医疗保障的统筹发展研究：理论、实证与对策［J］．中国软科学，2011（4）：75－87.

［75］崔军，杨琪．应急财政支出绩效评价指标体系构建研究——基于模糊层次分析法的考察［J］．财贸经济，2013（3）：21－31.

［76］封进，余央央，楼平易．医疗需求与中国医疗费用增长——基于城乡老年医疗支出差异的视角［J］．中国社会科学，2015（3）：85－103.

［77］伏润民，王卫昆等．中国规范的省对县（市）均衡性转移支付制度研究［J］．经济学季刊，2011（1）：39－61.

［78］付立新，刘艳，苗苗．财政支出对于医疗保障的失衡及对策研究［J］．经济研究导刊，2010（12）：11－13.

［79］顾昕，方黎明．公共财政体系与农村新型合作医疗筹资水平研究——促进公共服务横向均等化的制度思考［J］．财经研究，2006（11）：37－46.

［80］关理，董叶菁．辽宁省基本医疗保险筹资额的预测模拟［J］．中国卫生经济，2014（1）：29－31.

［81］管彦庆，刘京焕，王宝顺．中国省级公共医疗卫生支出效率动态评价研究——基于医药卫生体制改革视角［J］．贵州财经大学学报，2014（1）：89－97.

［82］郭林．论中国医疗保险制度结构整合与体系完善［J］．人文杂志，2014（4）：110－116.

［83］郭玉清，袁静，李永宁．中国各省区财政偿债能力的比较与演进：2005－2012［J］．财贸研究，2015，01：80－90.

［84］郭志刚．六普结果表明以往人口估计和预测严重失误［J］．中国人口科学．2011（6）：2－13.

［85］郭志刚．中国的低生育率与被忽略的人口风险［J］．国际经济评

论，2010（6）：112－128.

[86] 郝佳，仇雨临．城乡医疗保障一体化的群众意愿及影响因素研究[J]．经济管理，2011（7）：167－173.

[87] 何世文．新型农村合作医疗制度绩效实证研究[J]．财政研究，2009（1）：29－32.

[88] 何文炯，杨一心等．基本医疗保险纵向平衡费率及其计算方法[J]．中国人口科学，2010（3）：88－94.

[89] 黄枫，甘犁．过度需求还是有效需求？——城镇老人健康与医疗保险的实证分析[J]．经济研究，2010（6）：105－119.

[90] 季建林．瓦格纳定律及其合理极值与中国行政成本上升[J]．经济体制改革，2009（6）：22－27.

[91] 贾晓俊，岳希明．中国均衡性转移支付资金分配机制研究[J]．经济研究，2012（1）：17－30.

[92] 贾跃千，宝贡敏．结构方程模型中的构成型测量模型研究前沿探析[J]．外国经济与管理，2009（5）：52－59.

[93] 蒋云赟，刘剑．中国统筹医疗保险体系的财政承受能力研究[J]．财经研究，2015（12）：4－14.

[94] 景天魁．社会保障：公平社会的基础[J]．中国社会科学院研究生院学报，2006（11）：16－22.

[95] 李佳佳．徐凌忠．统筹城乡医疗保险制度的筹资机制与社会福利——基于山东省高青县的调查分析[J]．农业技术经济，2015（8）：89－97.

[96] 李良军，杨树勤．农村健康保险的精算体系[J]．现代预防医学，1994，21（2）：69－76.

[97] 李良军，杨树勤等．医药费用预测模型及保险因子分析——中国农村健康保险试验项目之科学测算Ⅰ[J]．中国农村卫生事业管理，1994（5）：235－240.

[98] 李良军．医疗保险费的精算原理和方法[J]．中国卫生经济，1994（8）：19－22。

[99] 李琼．西部贫困地区新型农村合作医疗筹资公共财政补贴机制研究[J]．宁夏社会科学，2010b（11）：62－66.

[100] 李琼．西部贫困地区新型农村合作医疗筹资机制创新研究[J].

社会科学家，2010（7）：92－96.

［101］李晓嘉. 财政支持农村医疗保障的绩效分析［J］. 乡镇经济，2008（11）：54－57.

［102］李新平. 医疗保障制度的效率分析：OECD 国家的经验和启示［D］. 南开大学博士学位论文，2013.

［103］李亚青，许秋淑. 基本医疗保险财政补贴的政府间责任分摊问题初探［J］. 中国卫生政策研究，2015（12）：23－30.

［104］李亚青. 基本医疗保险财政补贴增长及可持续性研究——以医保制度整合为背景［J］. 公共管理学报，2015（1）：70－83.

［105］李亚青. 基本医疗保险的真实保障水平研究——兼论保障水平幻觉［J］. 人口与经济，2012（5）：65－71.

［106］李亚青. 基本医疗保险财政补贴的动态调整机制研究［J］. 公共管理学报，2017（1）：128－141.

［107］李亚青. 基本医疗保险的真实保障水平研究——兼论“保障水平幻觉”［J］. 人口与经济，2012a（5）：65－71.

［108］李亚青. 中国基本医疗保险的保障水平研究——基于制度整合的视角［D］. 广州：中山大学博士学位论文，2012b.

［109］李彦蓉. 新型农村合作医疗中政府财政供给职能研究［J］. 社会保障研究，2012，01：23－29.

［110］李珍，刘子兰. 西方社会保障主要理论及其政策主张回眸［J］. 经济学动态，2004（1）：82－85.

［111］林江，蒋涌. 新医改中的公共医疗支出效率探讨［J］. 现代财经（天津财经大学学报），2009（11）：19－23.

［112］刘国恩，蔡春光，李林. 中国老人医疗保障与医疗服务需求的实证分析［J］. 经济研究，2011（3）：95－107.

［113］刘昆，肖学. 推进财政支出绩效评价，带动绩效预算管理改革——兼谈广东财政支出绩效评价的实践［J］. 财政研究，2008（11）.

［114］刘倩文等. 基于优化地方财政视角的新型农村合作医疗实证分析［J］. 中国卫生经济，2014，33（8）：27－30.

［115］刘叔申. 中国公共卫生支出的绩效评价［J］. 财贸经济，2007（6）：69－75.

[116] 刘淑妍，王欢明．国外公共服务绩效评价的研究发现及对中国的启示［J］．国外社会科学，2013（2）：114－122.

[117] 鹿丽．中外财政支出的特点和构成的比较［J］．统计研究，2004（6）：25－27.

[118] 马超，顾海，韩建宇．中国健康服务利用的机会不平等研究——基于CHNS2009数据的实证分析［J］．公共管理学报，2014，11（2）：91－101.

[119] 马骏．中央向地方的财政转移支付——一个均等化公式和模拟结果［J］．经济研究，1997（3）：11－20.

[120] 毛翠英．新型农村合作医疗财政专项资金绩效评价研究［J］．中南财经政法大学学报，2011a（6）：107－140.

[121] 毛翠英．新型农村合作医疗政府间公共筹资标准分摊机制研究［J］．财政研究，2011b（12）：26－28.

[122] 毛瑛，汪浩，许殷子等．西部地区农民工医疗保险筹资水平测算［J］．人口与经济，2010（3）：51－56.

[123] 牟俊霖．中国医疗筹资的公平性研究——基于“中国健康与营养调查”的微观数据［J］．人口与经济，2010（6）：47－53.

[124] 倪星，李佳源．政府绩效的公众主观评价模式：有效，抑或无效［J］．中国人民大学学报，2010（4）：108－116.

[125] 平新乔．从中国农民医疗保健支出行为看农村医疗保健融资机制的选择［J］．管理世界，2003（11）：52－63.

[126] 秦国民．西方国家政府绩效评估的新趋势［J］．中国行政管理，2008（5）：102－104.

[127] 任金秋，曹淑芹．以服务型政府为导向的政府绩效评估体系的完善［J］．内蒙古大学学报（哲学社会科学版），2010（6）：5－9.

[128] 任仕泉等．统筹医疗保险保费测算方法研究［J］．中国卫生事业管理杂志，2001（3）：154－161.

[129] 申曙光，侯小娟．中国基本医疗保险制度的“碎片化”与制度整合目标［J］．广东社会科学，2012（3）：19－25.

[130] 申曙光，李亚青，侯小娟．医保制度整合与全民医保的发展［J］．学术研究，2012（12）：1－5.

[131] 申曙光，彭浩然．全民基本医疗保险的实现路径——基于公平视角的思考［J］．中国人民大学学报，2009（2）：18－23.

[132] 申曙光，谢林．构建和谐社会，发展社会保障事业［J］．社会保障制度，2005（10）：7－16.

[133] 申曙光．全民基本医疗保险制度整合的理论思考与路径构想［J］．学海，2014（1）：52－58.

[134] 沈宗灵．现代西方法理学［M］．北京大学出版社，1992年，第125页。

[135] 施华斌，杨波．新型农村合作医疗筹资瓶颈破解：制度解析与重构［J］．调研世界，2008（2）：11－13.

[136] 石人炳．低生育率陷阱：是事实还是神话？［J］．人口研究，2010（3）：107－112.

[137] 宋世斌．中国基本医疗保险体系的隐性债务和基金运行状况的精算评估［J］．管理世界，2010（8）：169－170.

[138] 宋世斌．中国医疗保障体系的债务风险及可持续性评估［M］．经济管理出版社，2009：79.

[139] 宋占军，朱铭来．大病保险制度推广对各地城居基本医疗保险基金可持续性的影响［J］．保险研究，2014（1）：98－107.

[140] 宋占军，朱铭来．中国医疗保障体系绩效及其影响因素：2007－2011［J］．江西财经大学学报，2014（5）：68－77.

[141] 孙翠芬．基于灰关联的新型农村合作医疗推广绩效评价［J］．中国农村经济，2009（9）：76－85.

[142] 孙菊，中国卫生财政支出的健康绩效及其地区差异——基于省级面板数据的实证分析［J］．武汉大学学报（哲学社会科学版），2011（6）：75－80.

[143] 孙世强，任佳宝．完善新型农村合作医疗中央财政补贴政策的建议［J］．经济纵横，2010（5）：62－65.

[144] 锁凌燕，完颜瑞云．国际商业健康保险发展与医疗体系绩效研究［J］．保险研究，2013（2）：61－ 68.

[145] 田飞．用结构方程模型建构指标体系［J］．安徽大学学报（哲学社会科学版），2007（6）：92－95.

[146] 汪德华，张琼. 公共医疗保险与居民医疗负担——全球视野下的中国“全民基本医疗保险”[J]. 南京大学学报，2008 (6)：30 - 39.

[147] 王春婷. 政府购买公共服务绩效与其影响因素的实证研究——基于深圳市与南京市的调查分析 [D]. 华中师范大学博士论文，2012 年.

[148] 王红漫，顾大男，杜远举等. 新型农村合作医疗参与、满意度及持续性的影响因素分析 [J]. 中国人口科学，2006 (5)：42 - 96.

[149] 王红漫，王霖. 新型农村合作医疗筹资报销模式实证研究与理论探讨——北京市大兴区实例分析 [J]. 中国软科学，2009 (7)：67 - 74.

[150] 王俊，昌忠泽. 刘宏. 中国居民卫生医疗服务需求行为研究 [J]. 经济研究，2009 (7)：105 - 117.

[151] 王小龙. 新型农村合作医疗政策性补偿支出与基层政府财政负担 [J]. 经济学家，2011 (6)：63 - 71.

[152] 卫生部统计信息中心.2008 年中国卫生服务调查研究：第四次家庭健康询问调查分析报告 [R]. 北京：中国协和医科大学出版社，2009：147.

[153] 翁小丹. 论商业保险基础风险原理对建立基本医疗保障制度的适用价值 [J]. 保险研究，2009 (10)：27 - 31.

[154] 吴海波. 基本医疗保险管办分离：理论依据、制度框架与路径选择 [J]. 保险研究，2014，01：108 - 113.

[155] 吴建南，刘佳. 构建基于逻辑模型的财政支出绩效评价体系——以农业财政支出为例 [J]. 中南财经政法大学学报，2007 (2)：69 - 75.

[156] 吴明隆. 结构方程模型——AMOS 的操作与应用 [M]. 重庆大学出版社，2010 年，第 2 页。

[157] 吴瑞林，杨琳静. 在公共管理研究中应用结构方程模型——思想、模型和实践 [J]. 2014 (3)：62 - 68.

[158] 夏芹. 城乡一体化全民基本医疗保险筹资可行性研究 [D]. 山东大学博士学位论文，2010.

[159] 谢国财. 财政支出绩效管理：内涵、问题及对策 [J]. 中共福建省委党校学报，2012 (12)：52 - 59.

[160] 熊正德，刘永辉. 效率测度方法 DEA 的研究进展与述评 [J]. 统计与决策，2007 (20)：149 - 151.

[161] 徐强. 基本医疗保险制度的公众满意度及影响因素——基于全国 4

个省份 1 600 余份问卷的实证研究 [J]. 保险研究，2012 (12)：116 - 123.

[162] 徐伟，许正圆，曹晶晶．基于公平性的中国城镇居民医保筹资结构研究 [J]. 中国卫生经济，2015 (11)：24 - 26.

[163] 许光建，魏义方．政府卫生支出绩效评价研究——以北京市为例 [J]. 经济理论与经济管理，2012 (7)：65 - 76.

[164] 杨红燕．美国财政医疗保障支出的均等化效果研究 [J]. 西北人口，2011 (3)：43 - 47.

[165] 杨金侠，李林贵，李士雪．新型农村合作医疗基金测算方法研究 [J]. 卫生经济研究，2005 (9)：16 - 17.

[166] 杨树勤．平衡农村健康保险金收支的粗估法 [J]. 中国农村卫生事业管理，1989 (12)：8 - 12.

[167] 叶明华．医疗服务于农民：奢侈品还是必需品？——基于 1990 - 2009 年城乡医疗需求收入弹性比较研究 [J]. 农业经济问题，2011 (6)：30 - 34.

[168] 于长永．新型农村合作医疗：政府的财政投入及绩效 [J]. 财政研究，2012 (6)：19 - 22.

[169] 俞彤，张曙光．参合农民对新型农村合作医疗制度满意度及其相关影响因素实证研究 [J]. 软科学，2010 (2)：92 - 98.

[170] 约翰·罗尔斯．政治自由主义 [M]. 南京：译林出版社，2000 年，第 16 页。

[171] 约翰·罗尔斯著，何怀宏等译．正义论 [M]. 北京：中国社会科学出版社，2001 年，第 303 页．

[172] 岳希明，蔡萌．现代财政制度中的转移支付改革方向 [J]. 中国人民大学学报，2014 (5)：20 - 26.

[173] 詹长春，周绿林．新型农村合作医疗筹资机制研究——基于江苏省的实践调研 [J]. 经济问题探索，2011 (8)：179 - 184.

[174] 张翠．上海城乡一体化的基本医疗保险体系研究 [D]. 上海工程技术大学硕士论文，2014.

[175] 张恒龙，秦鹏亮．转移支付、财政激励与基本公共服务均等化目标的匹配 [J]. 改革，2012 (9)：53 - 63.

[176] 张乐，李士雪，曹爽等．新型农村合作医疗满意度模糊综合评价

[J]. 中国卫生事业管理，2009 (11)：763 - 765.

[177] 张宁，胡鞍钢，郑京海. 应用 DEA 方法评测中国各地区健康生产效率 [J]. 经济研究，2006 (7)：92 - 105.

[178] 张扬金，于兰华. 中国新型农村医疗保险政策执行绩效评估的价值维度 [J]. 农村经济，2008 (8)：89 - 92.

[179] 张振刚，黄琳. 中国基本医疗保险的城乡差距及均等化研究 [J]. 改革与战略，2011 (11)：176 - 179.

[180] 张峥. 中国地方政府公共财政支出效率及影响因素分析——基于 DEA - TOBIT 模型框架的实证研究 [D]. 重庆大学博士论文，2012.

[181] 张仲芳. 新型农村合作医疗的筹资增长机制构建 [J]. 调研世界，2009 (9)：12 - 15.

[182] 赵绍阳，臧文斌. 偏好异质性视角下基本医疗保险筹资机制研究 [J]. 保险研究，2013 (9)：120 - 127.

[183] 郑功成. 社会保障：调节收入分配的基本制度保障 [J]. 中国党政干部论坛，2010a (6)：19 - 22.

[184] 郑功成. 中国医疗保障改革与发展战略——病有所医及其发展路径 [J]. 东岳论丛，2010b (10)：11 - 17.

[185] 周天勇，张弘. 有关政治体制改革的思考 [J]. 社会科学论坛 (学术评论卷)，2008 (7)：80 - 99.

[186] 周为. 医疗保险精算模型与方法研究 [D]. 成都：华西医科大学博士学位论文，1998.

[187] 周渭兵. 社会养老保险精算理论、方法及其运用 [M]. 北京：经济管理出版社，2004：111.